Das Große Haus

Insider berichten aus dem ZK der SED

Herausgegeben
von Hans Modrow

edition ost

Titelfoto:

*Demontage des riesigen SED-Emblems an der Vorderseite des
ZK-Gebäudes am 24. Januar 1990. Der Vorgang war mehr als nur
ein formeller Akt: Der Abriß dokumentierte sichtbar das endgültige
Ende der Diktatur des Parteiapparates.*

*Symbolisch war auch der Vorgang zehn Tage später an gleicher
Stelle (Rücktitel): Auf einem »DDR-weiten Arbeitstreffen von
Initiativgruppen« im nunmehrigen »Haus der Partei» diskutieren
rund tausend kritische Köpfe von der Basis den künftigen Kurs
ihrer Partei, die sich seit diesem 4. Februar 1990 PDS nennt.*

ISBN 3-929161-20-6
© edition ost 1994
Titel, Satz und Layout: Robert Schumann
Lektorat: Rosi Trebeß
Fotos: Archiv Berliner Linke
Druck: Nørhaven ᴬ/s Dänemark

Das Buch

Erstmals seit ihrer Entmachtung meldet sich eine größere Gruppe leitender Mitarbeiter des ZK-Apparates zu Wort. Die Phase der Sprachlosigkeit, von der die SED-Spitze vor der Wende befallen war, dauerte bei den meisten dieser Autoren fast fünf Jahre. Viele von ihnen haben die Zeit zu selbstkritischer Analyse und Einkehr genutzt. Sie verstehen ihre Darlegungen als Beitrag zu einer sachlichen Auseinandersetzung mit der Vergangenheit, was auch die Benennung eigener Verantwortung und Mitschuld zwangsweise mit einschließt. Zugleich polemisieren sie damit indirekt gegen manchen ihrer früheren Chefs, der schon bald nach der Wende das große Wort wieder führte und wie gewohnt Verantwortung delegierte. Und sie richten sich gegen eine Darstellung von DDR-Geschichte, die nicht von Sachkenntnis, wohl aber von ideologischen Vorurteilen geprägt ist.

Der Herausgeber

Dr. rer. oec Hans Modrow, Jahrgang 1928, steht für die Generation, die ihre Schule des Lebens in Krieg, in Gefangenschaft und in der Nachkriegszeit absolvierte. Seine Biographie gleicht in vielen Zügen den Lebensläufen der Autoren, die er für dieses Buchprojekt um sich gesammelt hat.

Modrow lernte Not kennen und den Völkermord hassen und engagierte sich deshalb wie viele bei dem Versuch, in Deutschland eine andere Gesellschaft zu gestalten. 1949 trat er der SED bei, wurde Maschinenschlosser und Abgeordneter im Landtag von Mecklenburg-Vorpommern, der 1952 von der DDR-Führung abgeschafft wurde. Später studierte Modrow in Moskau, 1966 promovierte er an der Berliner Humboldt-Universität. Seit 1973 stand er an der Spitze der Dresdner Bezirksleitung der SED und in wachsendem Widerspruch zur Politik Honeckers. Der Dissens führte dazu, daß er in der BRD (und in Europa), noch mehr aber für die kritischen Mitglieder seiner Partei zum Hoffnungsträger für eine notwendige demokratische Erneuerung des Landes wie der SED wurde. Der Wendeherbst trug ihn folgerichtig an die Spitze des Umbruchs. Er wurde Ministerpräsident und im Februar 1990 Ehrenvorsitzender der PDS.

Hans Modrow gehörte dem 11. und 12. Deutschen Bundestag an.

Die Autoren:

Arnold, Karl-Heinz, Dr. jur., stellvertr. Chefredakteur der
»Berliner Zeitung«; Rentner

Arnold, Otfrid, Dr. phil., politischer Mitarbeiter der Abteilung
Propaganda des ZK der SED; Rentner

Erbach, Günter, Staatssekretär für Körperkultur und Sport; Rentner

Frenzel, Günther, Dipl.-Militärwissenschaftler, Oberst a.D.,
politischer Mitarbeiter der Abteilung Sicherheitsfragen
des ZK der SED; Rentner

Herger, Wolfgang, Dr. phil., Leiter der Abteilung Sicherheitsfragen
des ZK der SED; Mitarbeiter einer Handelsfirma

Hübner, Werner, Dr. sc. phil., Generalmajor a.D., Sektorleiter der
Abteilung Sicherheitsfragen des ZK der SED; Rentner

Kühnert, Rolf, Bauingenieur, Dipl.-Gesellschaftswissenschaftler,
stellvertr. Leiter der Abteilung Bauwesen des ZK der SED; Rentner

Kirchhoff, Werner, Dipl.-Historiker, Vizepräsident des Nationalrats
der Nationalen Front der DDR; Rentner

Klemke, Heinz, Dipl.-Wirtschaftler, stellvertr. Leiter der Abteilung
Transport- und Nachrichtenwesens des ZK der SED;
Invalidenrentner

Leiterer, Siegfried, Dipl.-Wirtschaftler, stellvertr. Leiter der Abteilung
Maschinenbau/Metallurgie des ZK der SED; Vorruheständler

Münter, Christian, Dr. sc. med., stellvertr. Leiter der Abteilung
Gesundheitswesen des ZK der SED; Rentner

Meyer, Erhard, Dipl.-Wirtschaftler, Sektorleiter der Abteilung
Planung und Finanzen des ZK der SED; Vorruheständler

Poßner, Wilfried, Dr. phil., Vorsitzender der Pionierorganisation
»Ernst Thälmann«; Angestellter

Schirmer, Gregor, Prof. Dr. sc. jur., stellvertr. Leiter der Abteilung
Wissenschaften des ZK der SED; Rentner

Sieber, Günter, Botschafter a.D., Leiter der Abteilung
Internationale Verbindungen des ZK der SED; Vorruheständler

Inhalt

Vorwort

Seit der Wende in der DDR sind fünf Jahre vergangen. Bislang haben sich – von mitunter zweifelhaften Erinnerungen einzelner Politbüromitglieder abgesehen – keine Funktionäre und leitende Mitarbeiter des ZK der SED öffentlich und gemeinsam geäußert. Ein solcher Beitrag aber ist überfällig, um die Machtstrukturen der SED durch Insider sichtbar zu machen.

Die Autoren und der Herausgeber dieses Buches halten es für notwendig, den bisherigen Darstellungen über das Funktionieren und das Desaster von Politik und Entscheidungsmechanismen in der Spitze der SED ihren eigenen Bericht hinzuzufügen oder auch entgegenzusetzen. Sie werden dabei einzig von dem Gedanken geleitet, einen Beitrag zur Aufarbeitung von Geschichte zu leisten, die jenseits von Klischees und ideologischen Vorurteilen zu erfolgen hat. Ich bestreite nicht, daß uns auch der Wunsch motivierte, von anderen Autoren oder Kommissionen in die Welt gesetzte Legenden mit Tatsachen zu konfrontieren und sie als Hirngespinste zu offenbaren. Denn die Umkehrung einer verengten und einseitigen Geschichtssicht, wie sie gegenwärtig oft praktiziert wird, hilft bei der Wahrheitssuche nicht weiter.

Erstmals werden Strukturen und Wirken von Politbüro, Sekretariat und Abteilungen des Zentralkomitees der SED zusammenhängender und zugleich detaillierter dargestellt, als dies bisher geschehen ist. Dabei behandeln die Autoren vornehmlich die Situation in den achtziger Jahren, also das letzte Jahrzehnt vor dem Zusammenbruch der SED und der DDR. Allerdings fließen in die Betrachtungen eigene langjährige Tätigkeit und Erfahrung ein, die über das Endjahrzehnt hinausreichen.

Die Funktionen der meisten Autoren waren unmittelbar unter der Ebene von Politbüro und Sekretariat des SED-

Zentralkomitees angesiedelt. Keinem von ihnen, ich schließe mich da ein, ist an einer Verklärung eines letztlich pervertierten Umgangs mit dem Experiment Sozialismus auf deutschem Boden gelegen. Wir wollen konsequent kritisch und selbstkritisch die Vergangenheit beleuchten. Das schließt das eigene Tun und Handeln notwendig mit ein. Diese Position paart sich aber auch mit der energischen Weigerung, platte Verdammungsurteile anzunehmen und Reizwörter wie Unrechtsstaat, SED-Diktatur oder Nostalgie unwidersprochen stehen zu lassen. Die beste Entgegnung aber wird sein, die Frage »Wie war es wirklich?« ehrlich und wahrheitsgemäß zu beantworten.

Zur Wahrheit gehört beispielsweise auch, daß viele engagierte Mitglieder und Funktionäre der SED sich stärker ihren Mitmenschen verbunden fühlten als dem Politbüro. Was höherenorts zur Phrase verkam – »Im Mittelpunkt unserer Politik steht der Mensch« –, war ihnen innerer Handlungsantrieb. Sie haben das zu tun versucht, was ihnen ihr Gewissen und ihre politische Überzeugung auftrugen. Seriöse Untersuchungen aus dem von Honecker 1979 geschlossenen Institut für Meinungsforschung belegen, daß eine Mehrheit der DDR-Bevölkerung in den sechziger, siebziger Jahren diesen Staat akzeptierte und ihn auch trug. Das war nicht zuletzt dem Wirken solch ehrlicher Parteimitglieder geschuldet. Eine solche Einschätzung paßt natürlich nicht in das Bild vom »Volksgefängnis DDR« und von der »Verbrecherorganisation SED«, das heute mit Vorsatz verbreitet wird. Wie die DDR trotz aller Demokratiedefizite kein 108.000 Quadratkilometer großes Zuchthaus war, so war auch die SED kein monolithischer Block. Es war alles viel komplizierter – folglich kann es auch keine einfachen Wahrheiten geben.

Auch wir können nur versuchen, uns ihr zu nähern, indem wir aus verschiedenen subjektiven Sichten ein Mosaik zusammensetzen, das dem Bild vergangener Wirklichkeit nahekommt. Bei den Debatten um das Konzept für diese Anthologie wurde von einigen Autoren gelegentlich auch die Forderung nach Ausgewogenheit erhoben. Ich denke, daß ein solches Bedürfnis aus dem verständlichen Wunsch nach Selbstschutz rührt, und eigentlich ist es nur eine unauffällige Umschreibung für die härtere, aber zutreffendere Vokabel »Rechtfertigung«. Wenn sich denn aber Positives und Negatives die Waage gehalten hätten, mehr noch: wenn das Positive überwogen hätte, dann wäre der Zusammenbruch der SED und der DDR mit Sicherheit nicht so verlaufen, wie er passiert ist. Nein, wir müssen schonungslos, auch wenn es schmerzt, eingestehen, daß die Gesamtbilanz negativ war. Wenn aber die Gesamtbilanz negativ war, müssen folglich auch die einzelnen Posten mit einem Minuszeichen versehen werden. »Ausgewogenheit« in der Bewertung ist daher nicht möglich.

Das heißt nicht, Klima und Arbeitsweise und auch Arbeitsresultate seien in den verschiedenen Bereichen des Parteiapparats gleichermaßen und durchgängig schlecht gewesen. Es gab in der Tat gravierende Unterschiede. Folglich ist ein Bericht nicht unbedingt geschönt, wenn er den behandelten Gegenstand in ein freundliches Licht taucht. Es kann so gewesen sein. Aber Licht war wohl eher die Ausnahme, es dominierte der Schatten.

Die Leserinnen und Leser werden sich selbst ein Bild davon machen, wie weit es den Autoren gelungen ist, inneren Abstand zu ihrer früheren Tätigkeit zu gewinnen, um die Dinge aus der notwendigen kritischen Sicht und Wertung zu betrachten. Der Herausgeber wie die Autoren sind sich bewußt, daß nur aus dem weiteren Streit um distanzierte und differenzierte Bewertung größerer Zuwachs an Erkenntnis gewonnen werden kann.

Für einige Bereiche und Politikfelder konnten keine damals Verantwortliche als Autoren für die Mitarbeit an diesem Buch gewonnen werden.

Bei aller Einschränkung und trotz begründet kritischer Sicht auf die vorliegenden Texte handelt es sich doch um einmalige Zeitzeugnisse, die für sich selbst sprechen. Sie dokumentieren deutlich, daß das Auf- und Abarbeiten von

Geschichte ein Prozeß ist, der vermutlich kein Ende kennt. Das hier ist ein Schritt in diese Richtung und nicht das letzte Wort. Weitere müssen und werden folgen.

Hans Modrow   *Berlin, im September 1994*

Dr. Otfrid Arnold/Dr. Hans Modrow

Das Große Haus
Struktur und Funktionsweise des Zentralkomitees der SED

Das Haus am Werderschen Markt in Berlin, das einmal für die Deutsche Reichsbank errichtet wurde, später Sitz des DDR-Finanzministeriums und schließlich mit der neuen Adresse »Am Marx-Engels-Platz« Sitz des Zentralkomitees der SED war, hieß in der DDR bei Funktionären, die gelegentlich dorthin zitiert wurden oder auf andere Weise mit ihm zu tun hatten, meist nur »das Große Haus«. Woher hast du diese Information? Woher kommt diese Anweisung? Antwortete man auf solche Fragen »aus dem Großen Haus«, war alles klar. Denn dort tagte das ZK der SED, dort arbeitete sein »Apparat«. Vor allem aber kamen in diesem schmucklosen Gebäude das Politbüro und das Sekretariat des ZK zusammen. Sie waren die oberste Instanz im Lande. Hier fielen die wichtigsten Entscheidungen, hier wurde »die Linie« festgelegt, hier wurden die Weichen für eine Politik gestellt, die – wie es hieß – der »Verwirklichung der führenden Rolle der Partei der Arbeiterklasse« diente.

Die Spitze der Partei bildeten das Zentralkomitee, sein Politbüro und sein Sekretariat, dem wiederum der »Apparat« im engeren Sinne, also die Gesamtheit der Abteilungen des ZK mit etwa 2.000 Mitarbeitern, unterstand. Das Schema auf Seite 16 zeigt die Struktur der Leitungen und damit der gesamten Partei, wie sie dem Programm und dem Statut der SED entsprach.

Seit ihrem IX. Parteitag im Jahre 1976 definierte sich die SED als »marxistisch-leninistische Partei der Arbeiterklasse und des ganzen werktätigen Volkes der DDR« als die führende Kraft bei der Gestaltung der sozialistischen Gesellschaft.[1)] Ihre »führende Rolle« – seit 1968 auch in der Verfassung verankert[2] – und von allen anderen politischen Parteien sowie den Massenorganisationen gebilligt – zu sichern und zu festigen, betrachtete sie als eine ständige Voraussetzung und Aufgabe ihrer politischen Tätigkeit. In der Praxis war diese Führungsrolle eine im wesentlichen mit administrativen, aber auch mit ideologischen Mitteln durchgesetzte politische Herrschaft der SED-Führung über die Gesellschaft.

Aber die SED war zugleich Massenpartei mit 2,3 Millionen Mitgliedern und Kandidaten. Ihrer sozialen Struktur nach – fast 60 Prozent galten als Arbeiterinnen und Arbeiter[3] – besaß sie formal den Charakter einer Arbeiterpartei. Allerdings wurde der Begriff »Arbeiter« sehr weit gefaßt. Schon 1972 war festgelegt worden, daß zur Kategorie der Arbeiter auch gehörten »die hauptamtlichen Funktionäre und politischen Mitarbeiter der Partei- und Massenorganisationen sowie die leitenden und mittleren Funktionäre und Mitarbeiter des Staatsapparates, einschließlich der Angehörigen der bewaffneten Kräfte der DDR, wenn sie vor der Aufnahme ihrer Tätigkeit als hauptamtliche Funktionäre oder Mitarbeiter vorwiegend als Arbeiter tätig waren«.[4] 1988 wurde in einer Richtlinie bestimmt, daß zur Kategorie »Arbeiter« zudem das mittlere medizinische Personal, Helfer und Erzieher in Kinderkrippen, Kindergärten und Schulhorten, Offiziere und Offiziersschüler der bewaffneten Organe und einige andere Gruppen zu zählen seien.[5] Tatsächlich hat es nie eine Definition gegeben, welche sozialen Gruppen zur Arbeiterklasse gehörten, so daß für willkürliche Festlegungen viel Raum blieb.

Die SED besaß 59.103 Grundorganisationen in allen wichtigen Betrieben der Industrie, der Landwirtschaft, in den staatlichen Institutionen, Wissenschaftseinrichtungen, militärischen Einheiten, in den Dörfern und städtischen Wohngebieten. 4.673 dieser Grundorganisationen untergliederten sich in Abteilungsparteiorganisationen beispielsweise in Großbetrieben. Insgesamt bestanden 94.694 Parteigruppen.[6] In aller Regel waren die Chefs von Betrieben und

Institutionen, soweit sie der SED angehörten, Mitglied der Leitung ihrer Parteiorganisation, was auch dort zu einer Verquickung von staatlichem und parteipolitischem Einfluß führte.

Ursprünglich war die Gewinnung von SED-Mitgliedern darauf gerichtet, ausschließlich Bürgerinnen und Bürger mit hohem Ansehen in Beruf und Öffentlichkeit zu werben, Menschen, die aktiv in gesellschaftlichen Organisationen tätig waren, und Jugendliche, die engagiert für die antifaschistisch-demokratische Umgestaltung eintraten. Dieser Aufgabe widmeten sich viele erfahrene ältere Mitglieder, namentlich auch aus der früheren KPD und SPD, mit ganzem Herzen.

Später wurde dieser Weg der individuellen Auswahl verlassen und immer stärker dazu übergegangen, vor allem die quantitative Stärkung der Partei in den Vordergrund zu stellen und von oben durch Zahlenvorgaben für die Kandidatengewinnung zu steuern. Eigens dafür wurden Kommissionen für die Kandidatengewinnung in Grundorganisationen gebildet, wurden regelmäßige Rechenschaftslegungen und Rapporte vor übergeordneten Parteileitungen eingeführt, Beschlüsse von Kreis- und Bezirksdelegiertenkonferenzen gefaßt, Kampfprogramme sowie »Parteitagsaufgebote« zur Mitgliedergewinnung und entsprechende Parteiaufträge an Mitglieder festgelegt.

Infolge der starken Zunahme nahm der tatsächliche Arbeiteranteil in der Mitgliedschaft relativ ab. Deswegen wurde besonders nach dem VIII. Parteitag der SED im Jahre 1971 eine Umorientierung vorgenommen. Fortan sollten vorwiegend Arbeiterinnen und Arbeiter, möglichst aus der Produktion, und Jugendliche geworben werden. Infolge dieser Zielsetzung wurde vielen Studenten, Wissenschaftlern und Angestellten der Eintritt in die SED verweigert, obwohl sie freiwillig Mitglied der SED werden wollten.

Mit der Entwicklung der SED zu einer Massenpartei drangen die Stimmungen der verschiedenen Schichten der Bevölkerung stärker in die Partei ein, worunter nach Ansicht der Parteispitze die »Einheit und Geschlossenheit« litt. Darauf reagierte die Führung der SED nach dem XI. Parteitag im Jahre 1986 mit einer neuerlichen Richtungsänderung in der Mitgliederwerbung. Das zahlenmäßige Wachstum wurde nun begrenzt und wieder – zur Wahrung des »Vortrupp-Charakters« – auf die sogenannten qualitativen Faktoren, etwa die Klassenzugehörigkeit, Augenmerk gelegt. Es sollten nur so viele neue Mitglieder in die SED aufgenommen werden, wie durch Tod, Austritt und Ausschluß ausschieden. Der letzte Bericht des Sekretariats des ZK über »die Mitgliederbewegung der SED« vom 10. Januar 1989 sagte denn unter anderem auch aus, daß im Jahre 1988 von den Grundorganisationen 52.006 Kandidaten aufgenommen wurden, während im gleichen Zeitraum 55.885 Mitglieder und Kandidaten ausgeschieden waren.[7]

Wie auch immer der Versuch, in der DDR eine gesellschaftliche Alternative zum Kapitalismus zu schaffen, beurteilt wird, eines steht fest: Es hätte diesen Versuch ohne die SED nicht gegeben. Ihre Entschlossenheit, die Folgen der Nazidiktatur und des verheerendsten aller bisherigen Kriege zu überwinden, ihre Anstrengungen, im Inneren wie in der Außenpolitik Akzeptanz zu gewinnen, was auch über eine längere Zeit durchaus anerkannt wurde, sind nicht zu leugnende Positiva. Es war der SED in früheren Jahren gelungen, einen großen Teil ihrer Mitgliedschaft, viele Bürgerinnen und Bürger der DDR für die Grundzüge ihrer Politik zu gewinnen – für ihre Friedens- und Entspannungspolitik, die internationale Solidarität, soziale Sicherheit, das Wohnungsbauprogramm, das Bildungssystem, die Entwicklungsmöglichkeiten der Jugend, den Massen- und Leistungssport und vieles mehr. Die Ostdeutschen empfanden das als ein gemeinsam erreichtes Ergebnis ihres Handelns und fühlten sich darin ebenso bestärkt, wenn die Mitarbeit der DDR in vielen internationalen Organisationen, einschließlich der UNO, im Ausland gewürdigt wurde, wie durch die achtungsvolle Haltung ausländischer – und auch

westdeutscher – Staatsmänner gegenüber der Politik und
führenden Persönlichkeiten der DDR, vor allem auch gegenüber Erich Honecker. *(Dokumente, Anhang 1, 2, 3)*

Demokratischer Zentralismus

Das Statut der SED legte fest, daß der Organisationsaufbau
der Partei dem Prinzip des demokratischen Zentralismus
zu folgen habe.[8] Dieses Prinzip, einst von Marx und Engels
formuliert, das sich in seiner praktischen Form in einem
jahrzehntelangen Kampf der illegalen russischen bolschewistischen Partei und später der kommunistischen Partei-
en herausgebildet hatte, sah vor, alle Parteileitungen und -
organe von unten nach oben demokratisch zu wählen, die
gewählten Organe zur regelmäßigen Berichterstattung über
ihre Tätigkeit vor ihren Wählerinnen und Wählern zu verpflichten und alle Beschlüsse übergeordneter Parteiorgane
für die nachgeordneten als verbindlich festzulegen.

Wenn eine solche Verbindung von Demokratie und Zentralismus funktionierte, könnte sie die Initiativen der Basis
mit sachkundigen Leitungsentscheiden bündeln. Doch in der
Praxis der SED blieb von den aufgeführten Grundsätzen
im wesentlichen nur der letzte übrig: die Unterordnung der
Basis unter die Zentrale.[9]

Die Wahlen in der SED wiesen – bei aller Differenziert-
heit – beträchtliche Demokratiedefizite auf. Zwar wurden
die ehrenamtlichen Parteileitungen der Grundorganisationen und die Delegierten zu den Kreisdelegiertenkonferen-
zen von den Mitgliedern unmittelbar vorgeschlagen und in
geheimer Abstimmung gewählt. Aber es gab selten mehr
Kandidaten als Mandate. Die hauptamtlichen Sekretäre der
Kreis- und Bezirksleitungen hingegen wurden meist von den
übergeordneten Leitungen ausgewählt, auf jeden Fall aber
bestätigt und dann von der jeweiligen Delegiertenkonferenz
im Rahmen der Kandidatenliste für die Kreis- und Bezirksleitung geheim gewählt. Auch hier waren weder Gegen-

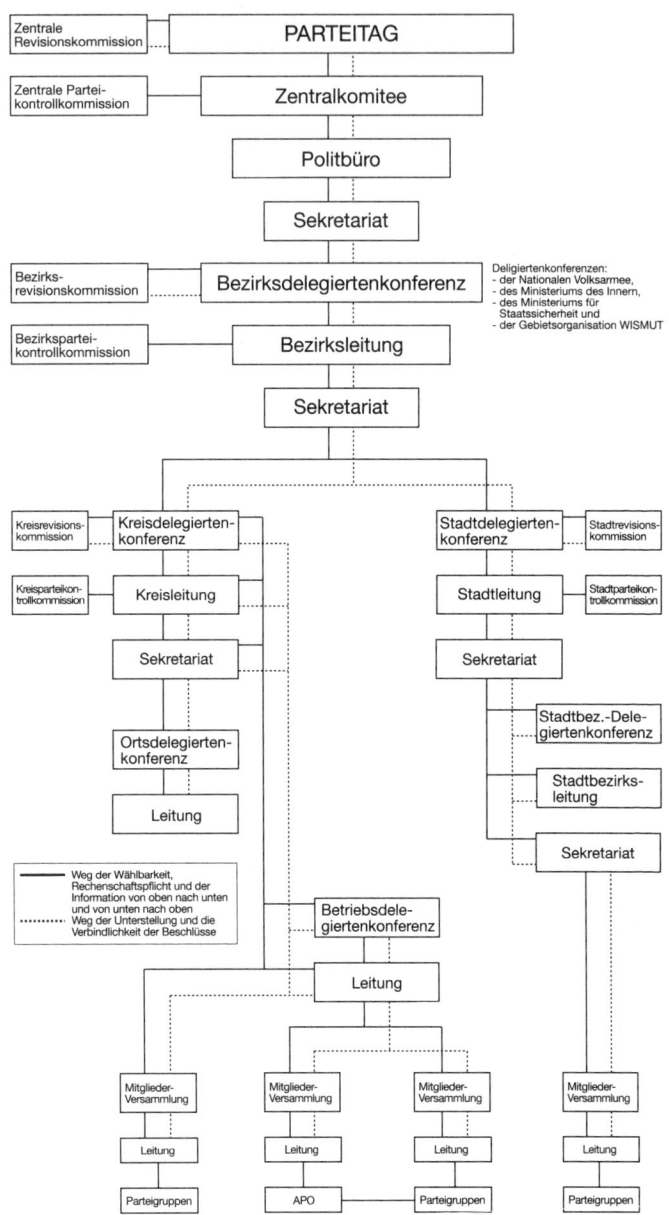

Zentrale Revisionskommission

PARTEITAG

Zentrale Partei-kontrollkommission

Zentralkomitee

Politbüro

Sekretariat

Bezirks-revisionskommission

Bezirksdelegiertenkonferenz

Deligiertenkonferenzen:
- der Nationalen Volksarmee,
- des Ministeriums des Innern,
- des Ministeriums für Staatssicherheit und
- der Gebietsorganisation WISMUT

Bezirksparteikontrollkommission

Bezirksleitung

Sekretariat

Kreisrevisionskommission

Kreisdelegiertenkonferenz

Stadtdelegiertenkonferenz

Stadtrevisionskommission

Kreisparteikontrollkommission

Kreisleitung

Stadtleitung

Stadtparteikontrollkommission

Sekretariat

Sekretariat

Ortsdelegiertenkonferenz

Stadtbez.-Delegiertenkonferenz

Stadtbezirksleitung

Leitung

Sekretariat

Weg der Wählbarkeit, Rechenschaftspflicht und der Information von oben nach unten und von unten nach oben
.... Weg der Unterstellung und die Verbindlichkeit der Beschlüsse

Betriebsdelegiertenkonferenz

Leitung

Mitglieder-Versammlung

Mitglieder-Versammlung

Mitglieder-Versammlung

Mitglieder-Versammlung

Leitung

Leitung

Leitung

Leitung

Parteigruppen

APO

Parteigruppen

Parteigruppen

16

kandidaten noch mehrere Kandidaten für die Funktion üblich. Überhaupt gab es kaum Personaldebatten für die in der Parteihierarchie der SED zu besetzenden Funktionen. Im Sprachgebrauch der SED spiegelte sich diese Praxis darin wider, daß nicht selten gesagt wurde: »Genosse X ist als 1. Kreissekretär eingesetzt worden.«

Die Parteitagsdelegierten wurden auf Bezirksdelegiertenkonferenzen geheim gewählt. Doch die Auswahl der zu wählenden Delegierten wurde von den Sekretariaten der Kreis- und Bezirksleitungen mit dem Sekretariat und dem Politbüro des ZK »abgestimmt«. Formell hatten die Parteileitungen der Grundorganisationen ein Mitspracherecht bei Vorschlägen für Delegierte zu den Parteitagen und für die Wahl als Mitglieder und Kandidaten des Zentralkomitees und der Zentralen Revisionskommission. Das führte mitunter – wenn auch in seltenen Fällen – zu Veränderungen der Kandidatenlisten. Das letzte Wort sprachen jedoch immer Sekretariat und Politbüro des ZK der SED. So war es praktisch unmöglich, daß etwa Parteimitglieder, die eine dem Politbüro entgegengesetzte oder auch nur von ihm abweichende Meinung geäußert hatten, zum Parteitag oder gar ins Zentralkomitee oder in die Zentrale Revisionskommission gelangen konnten. Dessen ungeachtet gab es in den Leitungen bis ins ZK hinein Mitglieder, die von großer Sorge über den Kurs der Führung und die Lage im Land erfüllt waren und trotz Androhung von disziplinarischen Maßnahmen ihre kritischen Meinungen offen bekannten – ohne allerdings die Generallinie in Frage zu stellen. Es existierte auch in der SED-Spitze eben nicht nur primitiver Konformismus und Opportunismus.

Die Rechenschaftspflicht der gewählten Organe gegenüber ihren Wählerinnen und Wählern blieb notgedrungen formal, da die Parteiführung verhinderte, daß über die wirklichen Probleme und Widersprüche in der Gesellschaft öffentlich und offen gesprochen wurde. Statt dessen gab es interne »Parteiinformationen«. Eine Direktive des ZK der SED von 1974 sah vor, daß die Leitungen allen Parteimitgliedern die Beschlüsse der Parteiführung zu erläutern, das bedeutet ihre Richtigkeit nachzuweisen hatten: »Das Zentralkomitee informiert systematisch und umfassend die Mitglieder der Partei, die Arbeiterklasse und das ganze Volk über die Politik der Partei [...], damit sie den Sinn der Politik der Partei und ihrer praktischen Schritte erfassen und mit ihrem bewußten Handeln [...] an der weiteren Gestaltung der entwickelten sozialistischen Gesellschaft teilnehmen.«[10]

In dieser Direktive wurde auch gefordert, bei der Information von den Grundorganisationen zu den übergeordneten Leitungen hin Vorschläge und Kritiken aufzugreifen und über die Stimmung der Menschen ohne Schönfärberei oder Verschweigen von Tatsachen zu berichten. Zur Information »von unten nach oben« wird dort gesagt: »Sie muß konkret, sachlich und wahrheitsgetreu berichten, das Neue [...] sichtbar machen und die Probleme zeigen.« Und weiter: »Gegen Übertreibungen und Schönfärberei sowie das Verschweigen von Tatsachen und Schwarzmalerei ist konsequent aufzutreten.«

Aber in zunehmendem Maße wurde Einfluß »von oben nach unten« darauf genommen, unangenehme Wahrheiten oder unbequeme Fragen aus den Berichten herauszulassen. Die Führungsspitze ignorierte also willentlich die wirkliche Lage.

Wenn – besonders in den achtziger Jahren – in Erklärungen des Generalsekretärs oder des Politbüros mit großem Nachdruck betont wurde, »Einheit und Geschlossenheit der Partei« und »das Vertrauen in die Führung und zum Generalsekretär persönlich« seien »noch nie so groß gewesen wie jetzt«, so war das ein sicheres Anzeichen dafür, daß es so nicht war. Solche Erklärungen zielten darauf ab, beim kritischen Parteimitglied Zweifel an sich selbst und seinen Überlegungen zu säen und es daran zu gemahnen, sich nicht »aus der Reihe« zu begeben.

In der DDR wie in allen staatssozialistischen Ländern waren Macht und Einfluß der Parteiführungen fast unbeschränkt. Zentral gefaßte Beschlüsse besaßen für alle Ebenen der SED bindenden Charakter, und Widerspruch wurde nicht geduldet. Trotzdem nahm besonders in den achtziger Jahren infolge sich mehrender und sich zuspitzender Konflikte im Alltag die Suche nach neuen Lösungen an der Parteibasis zu. Das Politbüro freilich sah das anders: Es wertete diese Suche als Ausdruck nachlassender Disziplin und Geschlossenheit der Partei, wogegen energisch vorzugehen war.

Wenn im vereinten Deutschland mitunter von Justiz und parlamentarischen Ausschüssen die Disziplinierung, die in der SED zweifellos vorherrschte, dazu herhalten muß, praktisch alle SED-Funktionäre und -Mitglieder zu kriminalisieren, indem ihnen vorgeworfen wird, sie hätten »mit allen«, also auch illegalen Mitteln die »Befehle« von oben ausgeführt, geht das an den geschichtlichen Realitäten weit vorbei.

Auf charakteristische Weise zeigte sich das Verhältnis zwischen Mitgliedschaft und Führung der SED im Sommer 1989 bei den »persönlichen Gesprächen« der Leitungen der Grundorganisationen mit den Mitgliedern und Kandidaten der Partei anläßlich des fälligen Umtauschs der Mitgliedsbücher. Solche Gespräche wurden periodisch durchgeführt. Sie dienten einerseits zur Disziplinierung der Partei, bildeten aber andererseits auch eine Art Ventil zum Ablassen von Mißstimmungen und Vorbehalten gegenüber der Politik der Führung. Die Gespräche im Sommer 1989 offenbarten, daß bei vielen Parteimitgliedern ein starker Schwund des Vertrauens in die Parteiführung eingetreten war, weil sich das Politbüro und der Generalsekretär den vielfältigen Problemen in der Partei und im Volk nicht stellten, sondern sprachlos den Fragen auswichen. Das betraf die immer deutlicher hervortretenden Verfallssymptome in der Volkswirtschaft ebenso wie das Verhalten des Politbüros zu oppositionellen Gruppen, zur Ausreisewelle, zum Verbot sowjetischer Publikationen oder zum innerparteilichen Leben. Nicht zuletzt wurde auf den immer krasser werdenden Widerspruch zwischen der den Medien aufgezwungenen Erfolgspropaganda und den Realitäten des Alltags verwiesen. Besonders die monatlich in den Massenmedien veröffentlichten Erfolgsstatistiken über die Planerfüllung, die immer stärker den Erfahrungen der Bürgerinnen und Bürger widersprachen, ließen die Glaubwürdigkeit der Parteiführung zunehmend schwinden.

Doch die schwieg zu alledem beharrlich, wiederholte bis zum Überdruß ihre politischen Formeln, behauptete das Gegenteil von dem, was viele Parteimitglieder täglich erlebten, und veranlaßte sogar, daß Genossinnen und Genossen, die sich kritisch zur Politik des Politbüros äußerten, zur Verantwortung gezogen, das heißt mit Parteistrafen bis hin zum Ausschluß belegt wurden.

In den letzten Jahren äußerte Honecker im engeren Kreis mehrfach, niemand, der anderer Meinung sei als die Führung, brauche in der Partei zu bleiben. Das war im Grunde die Umkehrung des früher verkündeten Prinzips, jeden geduldig zu überzeugen und für die Beschlüsse der Partei zu gewinnen. Das war die unverhohlene Aufforderung, Aufmüpfige und sogenannte Nörgler aus der SED zu entfernen. Tatsächlich nahm die Zahl der Parteistrafen und Streichungen der Parteimitgliedschaft in den Grundorganisationen zu. *(Dokumente, Anhang 4)*

Die im Statut der SED fixierten demokratischen Normen des Parteilebens existierten nur auf dem Papier, die offene Diskussion wurde gelähmt. Zwar gab es immer wieder Versuche kompetenter Persönlichkeiten aus Wissenschaft, Wirtschaft und Kultur, in solchen Bereichen wie dem Bauwesen, der Mikroelektronik, im Bildungs- und Dienstleistungswesen oder in der Landwirtschaft neue Wege zu gehen, effektivere Lösungen vorzuschlagen, die bei vielen Fachleuten dieser Bereiche, in Abteilungen des SED-Parteiapparats und auch in den anderen Parteien Unterstützung fanden. Sie betrafen z.B. Planung und Leitung in der Volkswirtschaft, Förderung der Grundlagenforschung, Infrastruktur, Versorgung mit Waren und Handwerksleistungen, Maßnahmen gegen den Verfall von Städten und Altbaugebieten, die Verringerung der Subventionen, die Preispolitik, differenzierte Mietpreise oder die Durchsetzung des Leistungsprinzips. Doch diese Vorschläge blieben unbeachtet, weil die Parteiführung nicht bereit war, sie aufzugreifen oder zur Diskussion zu stellen. Viele konstruktive, nützliche Ideen gingen dadurch verloren, wurden vom öffentlichen Diskurs ausgeschlossen und oft sogar als »gegnerische Auffassungen« denunziert.

Nicht wenige Parteimitglieder gerieten dadurch in die mißliche Lage, aus Parteidisziplin Positionen der Parteiführung zu verteidigen, die sie selbst nicht teilten. Hinzu kam noch: Manche dieser Positionen wurden plötzlich und ohne Erklärung vom Politbüro wieder zurückgenommen und durch neue, nicht minder unsinnige ersetzt. Das untergrub nicht nur die eigene Autorität, sondern auch die Glaubwürdigkeit der Genossinnen und Genossen an der Basis. Immer mehr Parteimitglieder wurden in die Defensive gedrängt und entmutigt. Dazu kamen Verweise auf Privilegien führender Funktionäre, über deren Entfremdung von der Parteibasis und den Alltagssorgen der Menschen sowie Kritik an der Überalterung und Unbeweglichkeit des Politbüros. Damit wuchsen Zweifel an der Kompetenz der Führung nicht nur im Volk, sondern auch in der eigenen Gefolgschaft..

Der Leitungsstil der SED prägte den Leitungsmechanismus des gesamten Staates und aller anderen von der SED geführten Organisationen. Nicht der Dreiklang von Analyse, Problemfindung und neuen Lösungen wurde gefordert, sondern die »abstrichlose« Durchführung von Beschlüssen, die oftmals auch dann noch als »heilig galten«, wenn sie vom Leben längst überholt worden waren. Die anderen Parteien und die Massenorganisationen, besonders auch die Gewerkschaften, besaßen kaum Eigenständigkeit und Handlungsspielraum. Die Wirtschaft wurde per Kommando »von oben« geleitet, die Entscheidungsmöglichkeiten der Kombinate und Betriebe wurden trotz gegenteiliger Beteuerungen der Parteiführung nicht erweitert, sondern eingeengt. Die Möglichkeiten der DDR, auf die sich zuspitzenden Probleme im Inneren wie auf die veränderte außenpolitische Lage konstruktiv zu reagieren, nahmen stetig ab.

Unter der Jugend verlor die SED weiter an Vertrauen. Auch die FDJ konnte die wachsenden Zweifel an der Politik der SED und den verständlichen Drang nach Veränderungen in der DDR nicht zerstreuen. Wie gründlich Honecker auch auf diesem Gebiet die tatsächliche Situation verkannte, belegt eine Bemerkung, die er am 9. Juni 1989 in einem Gespräch gegenüber dem sowjetischen Außenminister Schewardnadse machte. Er äußerte sich dort über die Kampagne westlicher Länder, die behauptete, der Sozialismus sei bankrott: »Die Entwicklung in der DDR beweist das Gegenteil. Das zeigt sich in der beeindruckenden Breite der Maidemonstration, den hervorragenden Ergebnissen der Volkswahlen und ganz besonders auch in dem großartigen Treffen der Jugend zu Pfingsten in Berlin. [...] In der DDR wird am Kurs der Kontinuität und Erneuerung festgehalten.«[11]

Statut und Wirklichkeit

Laut Statut der SED war ihr höchstes Organ der Parteitag. Parteitage fanden bis 1971 alle vier Jahre statt, danach alle fünf Jahre. Damit wurde die Periode zwischen den Parteitagen mit den Fünfjahrplänen in Übereinstimmung gebracht, so daß der kommende Fünfjahrplan jeweils auf der Tagesordnung des SED-Parteitages stand. Der Parteitag nahm den Rechenschaftsbericht bzw. den Bericht des Zentralkomitees und der Zentralen Revisionskommission entgegen und bestätigte sie. Er beschloß Programm und Statut der SED, wählte das Zentralkomitee und die Zentrale Revisionskommission.

Öffentliche Einberufung des Parteitages und Bekanntgabe der Tagesordnung wurden dazu genutzt, in der DDR eine Mobilisierung der Gesellschaft zu bewirken. Verpflichtungen und Meinungsäußerungen, abgefordert aus den Reihen der SED, aber auch aus den anderen Parteien, den Massenorganisationen – besonders der Gewerkschaft und der Freien Deutschen Jugend – und von nichtorganisierten Bürgerinnen und Bürgern der DDR, überschwemmten die Medien.

Die Entwürfe für die Parteitagsdokumente – zum Beispiel für Programm und Statut oder für die Direktive zum Fünfjahrplan – wurden stets von der Zentrale herausgegeben und veröffentlicht. Darüber gab es Diskussionen in Partei und Bevölkerung, die in den Medien stets als »breit und intensiv« bezeichnet wurden, selbst noch zu einer Zeit, als das öffentliche Interesse an derlei Kampagnen längst einen breiten Desinteresse gewichen war. Kommissionen werteten die Diskussionsbeiträge und Zuschriften aus. Dabei wurde allerdings nur das publiziert, was Vorschläge und Ergänzungen zu den Entwürfen enthielt, aber keine grundsätzlichen Kritiken oder Gegenvorschläge – sofern es sie überhaupt einmal gab. In einem »Bericht über die Volksaussprache zu den Entwürfen der Dokumente des IX. Parteitages« 1976 wurde zwar immerhin auf Mängel im Planungs- und Leitungssystem aufmerksam gemacht, wenn es hieß: »Die Senkung der Erzeugerpreise [...] darf in der Planabrechnung nicht zum Nachteil der Produzenten führen«, oder wenn festgestellt wurde, daß die vorgesehene Steigerung der Warenproduktion im Fünfjahrplan höher sei als die der Transportleistungen. Mitgeteilt wurde auch, daß in Anträgen aus Kreisstädten, kleinen Städten und Gemeinden gefordert werde, »auch hier zügiger den Wohnungsneubau und die Modernisierung von Altbauten in Angriff zu nehmen«, daß es »zahlreiche Anträge und Vorschläge zur Herabsetzung des Rentenalters« gebe, daß angeregt werde, die Schulferien innerhalb der DDR zu staffeln, den schulfreien Sonnabend einzuführen, den Grundurlaub zu verlängern und anderes. Darüber hinausgehende Kritiken allerdings wurden nicht vermeldet. Und auch die zitierten Vorschläge und Forderungen wurden zwar dem Sekretariat des ZK zur Kenntnis gebracht, nicht aber der Öffentlichkeit zur Diskussion unterbreitet.[12]

Die Parteitage wurden von einem Sekretariat geleitet, an dessen Spitze der Generalsekretär stand und in dem Mitglieder des Politbüros eine dominierende Rolle spielten. Dieses Sekretariat steuerte die »Diskussion«, es bestimmte, wer reden durfte und verhinderte jede Art von Polemik. Diskussion steht hier in Anführungszeichen, weil tatsächlich keine gegensätzlichen Ansichten zu den Kernfragen des Parteitages dargelegt und keine Alternativen genannt wurden. Kaum ein Redner ging auf Äußerungen von Vorrednern ein. Vielmehr wurden vorher ausgearbeitete und – zumindest in nicht wenigen Fällen – überprüfte schriftliche Beiträge vorgelesen. Unter dem Vorwand, daß die Beiträge für die Übersetzung und Veröffentlichung schriftlich vorliegen müßten, wurden sie vom Parteitagssekretariat kontrolliert und sortiert. Dabei achtete es streng darauf, daß durch diese »Diskussionsbeiträge« alle Bereiche des gesellschaftlichen Lebens repräsentiert wurden – von der Armee bis zur Kinderorganisation, von der Landwirtschaft bis zur Akademie der Wissenschaften usw.

Hatten die Parteitagsdelegierten also keine Möglichkeit, Varianten politischer Entscheidungen zu debattieren und darüber zu befinden, so wurde ihnen zumindest die vom Politbüro vorher ausgearbeitete politische Linie zur Bestätigung vorgelegt. Doch selbst das fand zum letzten Mal 1971 auf dem VIII. Parteitag statt, als Honeckers »Wende« gegenüber der Politik Ulbrichts vollzogen wurde. Die nachfolgenden Parteitage hatten immer wieder nur die Konzeption der »Einheit von Wirtschafts- und Sozialpolitik« und der friedlichen Koexistenz zwischen Staaten unterschiedlicher Systeme zu bestätigen bzw. zu bekräftigen. Grundlegende Folgerungen aus der sich dramatisch verändernden inneren wie äußeren Situation der DDR wurden nicht gezogen.

Ernsthaft reagierte die Parteiführung allerdings auf sehr wichtige Entwicklungen der äußeren Situation, indem sie – mitunter entgegen der Linie der KPdSU-Führung – etwa gegen die Stationierung der Mittelstreckenraketen in beiden deutschen Staaten eigenständig vorging oder mit der Idee einer »weltweiten Koalition der Vernunft« der Politik der friedlichen Koexistenz eine breitere Basis zu gewinnen suchte, oder auch mit einseitigen Abrüstungsmaßnahmen und vielfältigen Verhandlungen mit der SPD. *(Dokumente, Anhang 5)*

Wieviel Macht hatte das Zentralkomitee?

Vom Parteitag wurden das Zentralkomitee und die Zentrale Revisionskommission gewählt. Dem ZK oblag es laut Statut der SED, für die Durchführung der Parteitagsbeschlüsse zu sorgen, also zwischen den Parteitagen als höchstes Organ der Partei zu fungieren.[13] Die Zentrale Revisionskommission hatte vor allem die Organisation der Parteiarbeit, den ordnungsgemäßen Umgang mit den finanziellen und materiellen Mitteln der Partei, die Arbeitsweise der örtlichen Parteiorganisationen, die Bearbeitung der Eingaben von Parteimitgliedern und Bürgern zu kontrollieren.[14] Allerdings war ihre Wirkung eingeschränkt, weil die von ihr zu überprüfenden Leitungen ihr nicht immer umfassenden Einblick in die Arbeit gewährten. Das einseitige Verständnis des demokratischen Zentralismus und der Parteidisziplin verhinderten, daß sie ihren statutengemäßen Auftrag erfüllte.

War also das ZK die eigentliche Parteiführung? Das ZK wählte statutengemäß das Politbüro, das Sekretariat des ZK, den Generalsekretär, und es berief die Zentrale Parteikontrollkommission. Es bestätigte die Leiter der Abteilungen des ZK und setzte die Redaktionskollegien der zentralen Parteizeitungen und -zeitschriften ein. Mindestens einmal in sechs Monaten hatte es zu einer Plenartagung zusammenzutreten.[15]

Tatsächlich entstand die Liste mit den Namen der entscheidenden Funktionäre nicht im Ergebnis einer Debatte des Zentralkomitees, sondern sie wurde ihm lediglich zur

Bestätigung vorgelegt. Gegenstimmen gab es weder bei der Besetzung des Politbüros noch des Sekretariats des Zentralkomitees und schon gar nicht beim Generalsekretär.

Bei den zweimal im Jahr stattfindenden Plenartagungen des ZK war die Tagesordnung vom Politbüro, also letztlich vom Generalsekretär, vorgegeben. Während in den sechziger und frühen siebziger Jahren noch thematische Beratungen etwa zu Wirtschaftsfragen oder – wie auf dem berüchtigten 11. Plenum 1965 – zur Kultur stattfanden, galt von Mitte der siebziger Jahre an als Regel, im Juni nur den Bericht des Politbüros und im Dezember den Bericht des Politbüros und den Volkswirtschaftsplan des nächsten Jahres auf die Tagesordnung zu setzen. Das ZK war damit aus der Beratung der meisten Probleme ausgeschaltet.

Im Zentralkomitee fand keine freimütige Aussprache statt – weder über die politische Linie noch über Alternativen, die sich aus der aktuellen Situation ergaben. Meist wurden die ZK-Mitglieder, die sprechen sollten, von Sekretären des ZK dazu aufgefordert. Viele Redner legten ihre Beiträge vor der Tagung ihrem zuständigen Sekretär des ZK zur Beurteilung oder Genehmigung vor. So war vorgesorgt, daß auf den ZK-Sitzungen nichts gesagt wurde, was der »Linie« widersprach. Versuche von ZK-Mitgliedern, auf Tagungen eine wirkliche Diskussion in Gang zu bringen, wurden vom Generalsekretär oder von Mitgliedern des Politbüros unterbunden. Schuld der ZK-Mitglieder ist es, daß sie diese Entmündigung duldeten.

Aus diesem Grunde konnten auch die Redebeiträge der Plenartagungen fast wörtlich im »Neuen Deutschland« veröffentlicht werden. Viele Genossinnen und Genossen an der Basis hofften, die »eigentlichen Debatten« im ZK würden aus Geheimhaltungsgründen nicht publiziert. Aber in Wirklichkeit fanden sie gar nicht statt. Die ZK-Tagungen waren genauso eintönig wie die Veröffentlichungen darüber. Dennoch verstanden manche, »zwischen den Zeilen zu lesen«. Wer die Beiträge genauer verfolgte, konnte Nuancen entdecken und auch Unterschiede erkennen, wie verschie-

dene Redner die – für jedes ZK-Mitglied verbindliche –
Lobpreisung des Generalsekretärs formulierten, ob als
»Pflichtübung« oder mit dem Ziel, sich selbst als besonders
treuen, enthusiastischen und ergebenen Anhänger des Generalsekretärs darzustellen.

Das gewählte ZK und seine Mitglieder, deren Vollzugs-
organ der hauptamtliche Parteiapparat offiziell war, hatten
auf dessen Tätigkeit im Grunde genommen keinerlei Einfluß, soweit sie nicht selbst als Mitglied des Politbüros und
des Sekretariats oder als Abteilungsleiter im Apparat tätig
waren. Viele ZK-Mitglieder, die nicht dem Apparat angehörten, erfuhren außerhalb der üblichen »Lesestunden« vor
den ZK-Tagungen, bei denen ihnen schriftliche geheime
oder als Verschlußsachen eingestufte Informationen zugänglich gemacht wurden (zuletzt übrigens nur noch die
Protokolle über Gespräche des Generalsekretärs oder anderer Politbüromitglieder mit ausländischen Delegationen),
offiziell kaum etwas über die aktuellen Veränderungen in
der »Linie« des Politbüros. Sie besuchten deshalb möglichst
oft die Abteilungen des ZK, mit denen sie wegen ihrer beruflichen Arbeit zu tun hatten, um sich dort zu informieren,
was Politbüro und Sekretariat beschlossen hatten.

Die Wahrnehmung der Verantwortung des gewählten
Zentralkomitees, wie sie das Statut vorsah, wurde auch dadurch eingeschränkt, daß viele ZK-Mitglieder zugleich gewählte oder berufene hauptamtliche Funktionäre der Partei waren – Mitglieder und Kandidaten des Politbüros, 1. Sekretäre von Bezirksleitungen, einige 1. Kreissekretäre, Abteilungsleiter des ZK. Sie waren von der jeweils höheren Leitung der Partei bzw. vom Generalsekretär auch materiell
abhängig.. Zusammensetzung und Atmosphäre im Zentralkomitee ließen Kritik am Generalsekretär und am Politbüro nicht zu, so daß selbst vorsichtige Ansätze dazu –
mit Duldung der Mehrheit der ZK-Mitglieder – erstickt
wurden.

Macht übten die Mitglieder des ZK nicht durch ihre Teilnahme an den ZK-Tagungen aus, wohl aber in ihren jewei-

ligen hauptamtlichen Funktionen in der SED, im Staat, in der Wirtschaft oder in anderen Bereichen.

Zwar beriefen sich Leitungen der Partei- und Staatsorgane in ihrer Tätigkeit stets auf »die Beschlüsse des Zentralkomitees«; doch damit waren gewöhnlich nur die Reden des Generalsekretärs oder die Berichte des Politbüros an das ZK gemeint.

Wie unbedeutend Parteitage und Tagungen des Zentralkomitees für Honecker waren, zeigte sich besonders in den letzten Jahren daran, daß er Änderungen in der taktischen Linie seiner Politik in Reden verkündete, die er sich erst im nachhinein vom ZK oder auch nur vom Politbüro bestätigen ließ.

Manche seiner taktischen Wendungen teilte er offiziell überhaupt nicht mit. Das betraf vor allem das Verhältnis zur KPdSU und zur Sowjetunion nach 1985. Die »ewige Freundschaft zur Sowjetunion« und die führende Position der KPdSU waren im SED-Programm festgeschrieben. Das konnte Honecker nicht ändern.[16] Da er aber mit Gorbatschow und dessen Perestroika nicht übereinstimmte, übernahm er Ceausescus These, daß die Perestroika eine innere Angelegenheit der Sowjetunion sei.

Innerhalb der Partei wurde auf fast allen Ebenen lebhaft darüber diskutiert, ob sich »Neues Denken«, wie es Gorbatschow propagierte, nur auf die Außenpolitik, auf die KSZE und ihre Verwirklichung, beziehen könne, oder ob die SED nicht auch in ihrer Innenpolitik auf Glasnost und Perestroika reagieren müsse. Honecker jedoch diktierte Hager die berüchtigte Äußerung in ein »Stern«-Interview, daß es keinen Grund gebe, die Wohnung zu renovieren, wenn der Nachbar die Tapete wechsele. Er veranlaßte über den zuständigen ZK-Sekretär Herrmann die Medien, aus der Sowjetunion mit großer Ausführlichkeit über Katastrophen zu berichten und aus der sowjetischen Presse Artikel von Perestroika-Gegnern zu übernehmen, bis er schließlich die namentlich in Kreisen der Intelligenz vielgelesenen sowjetischen Publikationen in deutscher Sprache – »Sputnik« und

»Neue Zeit« – kurzerhand verbieten oder nicht ausliefern ließ. Noch 1992 schrieb Honecker dazu: »Ich gebe zu, daß die Veranlassung der Streichung des »Sputniks« von der Postzeitungsliste ein Beispiel dafür ist, daß man nicht aus Emotionen Entscheidungen treffen darf, die sich später als falsch erweisen.« Selbst zu diesem Zeitpunkt noch hielt er also nur seine »emotionale« Entscheidung für falsch, nicht die Tatsache, daß sich in den staatssozialistischen Ländern ein Generalsekretär das Recht herausnehmen konnte, selbstherrlich darüber zu bestimmen, was die Menschen zu lesen bekamen und was nicht.[17]

Während er in offiziellen Reden die Freundschaft zur KPdSU und zur Sowjetunion beschwor, versuchte er so in der SED und in der DDR-Bevölkerung zumindest starke Vorbehalte gegenüber der KPdSU zu schüren. In den Protokollen der Sitzungen von Politbüro und Sekretariat des ZK finden sich entsprechende Hinweise, die allerdings nur für Insider verständlich waren. So etwa, wenn zu einer vorgesehenen Beratung mit Leitern und Parteisekretären zur »Auswertung der Rede des Genossen Erich Honekker auf der Beratung mit den 1. Kreissekretären der Partei am 6. Februar 1987« festgelegt wurde: »Dabei ist herauszuarbeiten, daß für die SED die Verwirklichung der vom XI. Parteitag gefaßten Beschlüsse maßgebend ist. Argumente für eine formale Übernahme von Erfahrungen anderer Bruderparteien sind überzeugend zu widerlegen.«

Das sollte heißen, und so wurde es auch verstanden: Die SED richtet sich ausschließlich nach ihren eigenen Beschlüssen, sie braucht von der KPdSU keine Anregungen zu übernehmen; wer das fordert, ist in die Schranken zu weisen.

In der gleichen Sitzung wurde beschlossen: »Es ist zu prüfen, wie [...] in Zukunft die Geschichte der KPdSU behandelt und studiert wird.« Dahinter verbarg sich die Aufforderung, keinesfalls die in der Sowjetunion zunehmende Kritik am Stalinismus zu übernehmen. »Es sind Vorschläge für die künftige Gestaltung der Delegierung an die Moskauer Parteihochschule der KPdSU zu unterbreiten« – dieser

Beschluß lief auf eine Reduzierung der Zahl und eine »sorg-
fältige Auswahl« der zum Studium an die Moskauer Parteihochschule zu Delegierenden hinaus.

»Die Veröffentlichung von Publikationen aus Bruderlän-
dern [...] ist entsprechend der Linie des XI. Parteitages der
SED mit den Chefredakteuren zu besprechen.« Das hieß auf
gut deutsch: Es sind keine sowjetischen Veröffentlichungen
nachzudrucken, die nicht der Linie der SED entsprechen.
Das – wenn auch nicht offen ausgesprochene – Ziel all dieser Maßnahmen war, die Einflüsse der Perestroika so weit
wie irgend möglich abzublocken.[18)]

Selbst wenn die Art und Weise der Reformen in KPdSU
und Sowjetunion kritisch bewertet und für wenig erfolg-
versprechend gehalten werden konnte, so erwarteten sehr
viele SED-Mitglieder, daß die Parteiführung ihre Politik
selbstkritisch überprüfte sowie offensichtliche Mängel und
Irrtümer entschieden korrigierte. Das aber unterblieb. Einer der Gründe für Honeckers Haltung mag gewesen sein,
daß er die weltpolitische Bedeutung der DDR und die Rolle
der eigenen Person maßlos überschätzte. Gorbatschows Perestroika war ihm zutiefst suspekt, wie jeder Gedanke an
eine durchgreifende Demokratisierung des Staatssozialis-
mus.[19)]

Heutige Erklärungen Gorbatschows lassen bei vielen
Menschen starke Zweifel am Sinn und an den Zielen der
von ihm vertretenen Perestroika aufkommen. Unbestritten
bleibt, daß die Zeit für eine Umgestaltung des Sozialismus
damals mehr als reif oder vielleicht schon verpaßt worden
war. Wie immer nach dem Untergang der Sowjetunion die
Perestroika zu werten ist – die demokratische Veränderung
der sozialistischen Gesellschaft im Sinne der Verwirklichung
der politischen Menschenrechte bei Sicherung wirtschaftlicher Stabilität und sozialer Sicherheit stand auch in der
DDR auf der Tagesordnung.

Doch die Vorbehalte der SED-Führung verhinderten das.
Sie verhinderten auch einen Wandel in den Beziehungen
zwischen dem Parteiapparat der SED und seinen Partnern

in der KPdSU und den anderen regierenden kommunistischen Parteien. In den siebziger, noch mehr in den achtziger Jahren gab es regelmäßige Beratungen zwischen den Sekretären der Zentralkomitees dieser Parteien. Wurde dort anfangs noch der Erfahrungsaustausch gepflegt, so gerieten diese Beratungen später zu Foren der Selbstdarstellung jeder Partei. Im Politbüro der SED wurde über die Treffen in der Weise berichtet, daß jeweils die Darlegungen der SED-Delegation als besonders inhaltsreich, wichtig und bestimmend gewertet wurden.

Zwar wurde im schriftlichen Bericht auch immer die Rede des Vertreters der KPdSU wörtlich wiedergegeben, dies wurde jedoch in der zweiten Hälfte der achtziger Jahre zunehmend mit kritischen Wertungen versehen. Gegenseitige Besuche der ZK-Sekretäre waren in den siebziger Jahren noch relativ häufig. In der zweiten Hälfte der achtziger Jahre gab es sie nur noch selten, sie wurden meist durch Besuche auf der Ebene der ZK-Abteilungen ersetzt. Der ZK-Apparat wurde mehr und mehr angehalten, im Verkehr mit den anderen kommunistischen Parteien die Erfahrungen der SED zu propagieren, während die Erfahrungen der anderen kaum oder überhaupt nicht dazu verwendet wurden, einen kritischen Maßstab an die eigene Arbeit zu legen. All das wirkte vor allem als Abschottung gegen die Perestroika in der Sowjetunion, und es sollte nach dem Willen Honeckers und des Politbüros auch so wirken. Das führte bei großen Teilen der Parteimitgliedschaft zu erheblichen Irritationen.

Politbüro und Sekretariat – das eigentliche Machtorgan

Nach dem Statut war das Politbüro ein vom Zentralkomitee gewähltes Organ, das den Auftrag hatte, die Arbeit des Zentralkomitees zwischen den Plenartagungen politisch zu leiten.[20] In Wahrheit war es das eigentliche Zentrum der

Macht. Es bestand zuletzt aus 26 Mitgliedern und Kandidaten, darunter nur zwei Frauen. Es wurde vom Generalsekretär geleitet und tagte in der Regel jeden Dienstag.

Welche Machtkonzentration das Politbüro darstellte, geht auch daraus hervor, daß der Generalsekretär zugleich die Funktionen des Vorsitzenden des Staatsrates und des Nationalen Verteidigungsrates innehatte. Dem Politbüro gehörten außer den Sekretären des ZK der Vorsitzende des Ministerrats, der Präsident der Volkskammer, der Minister für Nationale Verteidigung, der Minister für Staatssicherheit und andere Staatsfunktionäre, der Vorsitzende des Bundesvorstandes des FDGB sowie Mitglieder des Staatsrates an. Man kann es auch so sagen: Politbüromitglieder hatten die wichtigsten Ämter in Staat und Gesellschaft inne, was nach ihrem Verständnis ohnehin ein und dasselbe war.

Innerhalb des Politbüros war der Generalsekretär keineswegs Primus inter pares, sondern allen anderen übergeordnet. So heißt es in einer Vorlage für die 8. Tagung des ZK der SED am 24. Mai 1984 über die Arbeitsverteilung für die Mitglieder und Kandidaten des Politbüros, die »zustimmend zur Kenntnis genommen« wurde, zu »1. Genosse Erich Honecker«: »Generalsekretär des ZK der SED, Vorsitzender des Staatsrats der DDR, Vorsitzender des Nationalen Verteidigungsrates, Verantwortlich für Fragen der Innen- und Außenpolitik, Abteilung für Kaderfragen des ZK, Abteilung Verkehr des ZK«.[21] Weisungen des Generalsekretärs waren bindend wie Politbürobeschlüsse, praktisch galten sie oft sogar mehr.

Politbüro und Sekretariat waren die Kommandozentrale für die SED, die Staatsmacht, die innere und äußere Sicherheit sowie die gesamte Innen- und Außenpolitik. Insofern hat nicht das Zentralkomitee zwischen den Parteitagen die Politik bestimmt, sondern Politbüro und Sekretariat taten dies. Und in diesen wiederum führte der Generalsekretär das entscheidende Wort.

Da es im ZK keine Diskussionen über den Vorschlag für die Zusammensetzung des Politbüros, sondern nur eine

Abstimmung darüber gab, die stets Einmütigkeit und nie Gegenstimmen brachte, konnte sich der Generalsekretär seine »Mannschaft« praktisch nach seinen persönlichen Sympathien und Wünschen zusammenstellen. Dabei war Honecker stark auf Kontinuität in der Zusammensetzung des Politbüros bedacht. Glaubte er ein Mitglied des Politbüros loswerden zu müssen, so »empfahl« er ihm den Rücktritt aus gesundheitlichen Gründen, was dann auch prompt befolgt wurde – wie etwa in den Fällen Häber und Naumann. Die Mitglieder des Politbüros waren sich dessen bewußt, daß sie ihre Stellung nicht dem ZK, sondern dem Generalsekretär verdankten und verhielten sich entsprechend.

Am Wochenende vor den jeweils am Dienstag stattfindenden Sitzungen des Politbüros erhielten die Mitglieder die Beschlußvorlagen, mitunter bis zu 20 für eine Tagung von wenigen Stunden. Die Vorlagen reichten von Volkswirtschaftsplänen bis zu den Plänen für die Gestaltung eines wichtigen öffentlichen Gebäudes, von der Konzeption einer wissenschaftlichen Institution bis zur Festlegung der Preise für Autos oder das Drehbuch für einen Festumzug in der Hauptstadt. Es gab praktisch kein Gebiet des gesellschaftlichen Lebens, über das im Politbüro keine Beschlüsse gefaßt wurden.

Eingaben an den Generalsekretär oder andere Politbüromitglieder und Informationen, die sie eher beiläufig von Verwandten oder Freunden bekamen, führten oft zu Beschlüssen, die zwar ein Einzelproblem lösten, an anderer Stelle aber neue Schwierigkeiten hervorriefen. Subjektivismus und Zufall diktierten viele Entscheidungen. Informationen und Berichte, die dem Politbüro zugingen, beispielsweise über Mißstände in der Ersatzteilversorgung, zunehmenden Verschleiß der Grundmittel in vielen Industriebetrieben, ineffektiven Aufwand in der Mikroelektronik, Verärgerung der Bevölkerung über die Wohnungspolitik oder über den Abzug von Baukapazitäten aus den Bezirken und Kreisen in die Hauptstadt Berlin, bewirkten keine grundlegenden Veränderungen in der Politik des Politbüros. Die Verantwortung für Mißstände und Probleme wurde ver-

Sekretariat des Zentralkomitee der SED

Generalsekretär des ZK: Erich Honecker	Abteilung Büro des Politbüro	Sekretär beim ZK: Joachim Herrmann	Abteilung Agitation
	Abteilung Kaderfragen		Abteilung Propaganda
	Abteilung Verkehr		Abteilung Befreundete Parteien
Sekretär des ZK: Hermann Axen	Abteilung Internationale Verbindungen	Sekretär des ZK: Werner Jarowinsky	Abteilung Handel, Versorgung und Außenhandel
	Abteilung Internationale Politik und Wirtschaft		Arbeitsgruppe Kirchenfragen
	Abteilung Auslandsinformation	Sekretär des ZK: Egon Krenz	Abteilung Sicherheitsfragen
Sekretär des ZK: Horst Dohlus	Abteilung Parteiorgane		Abteilung Staats- und Rechtsfragen
	Abteilung Finanzverwaltung und Parteibetriebe		Abteilung Jugend
	Abteilung Verwaltung der Wirtschaftsbetriebe		Abteilung Sport
	Leitung der Parteiorganisation	Sekretär des ZK: Günter Mittag	Abteilung Planung und Finanzen
	Leitung der Betriebsgewerkschafts- leitung beim ZK der SED		Abteilung Forschung und technische Entwicklung
	Redaktion »Neuer Weg«		Abteilung Grundstoffindustrie
Sekretär des ZK: Kurt Hager	Abteilung Wissenschaften		Abteilung Maschinenbau und Metallurgie
	Abteilung Kultur		Abteilung Bauwesen
	Abteilung Volksbildung		Abteilung Leicht-, Lebensmittel und Bezirksgeleitete Industrie
	Abteilung Gesundheitspolitik		Abteilung Transport- und Nachrichtenwesen
	Redaktion »Einheit«		Abteilung Gewerkschaften und Sozialpolitik
	Akademie für Gesellschaftswissen- schaften beim ZK der SED		Abteilung Soz. Wirtschaftsführung
	Parteihochschule »Karl Marx« beim ZK der SED		Zentralinstitut für Soz. Wirtschaftsführung beim ZK der SED
	Institut für Marxismus-Leninismus beim ZK der SED	Sekretär des ZK: Inge Lange	Abteilung Frauen
Sekretär des ZK: Werner Krolikowski	Abteilung Landwirtschaft	Sekretär des ZK: Günter Schabowski	1. Sekretär der Bezirksleitung Berlin

Mitglieder und Kandidaten des Politbüros des Zentralkomitees der SED

Generalsekretär des ZK der SED, Vorsitzender des Staatsrates der DDR, Vorsitzender des Nationalen Verteidigungsrates: Erich Honecker	Sekretäre des ZK der SED: Hermann Axen Horst Dohlus Kurt Hager Joachim Herrmann Werner Jarowinsky Egon Krenz Werner Krolikowski Günter Mittag Inge Lange

Präsident der Volkskammer: Horst Sindermann	Minister für Nationale Verteidigung: Heinz Keßler	Minister für Staatssicherheit: Erich Mielke

Vorsitzender des Ministerrates: Willi Stoph	1. Stellverstreter des Vorsitzenden des Ministerrates: Günter Kleiber	1. Stellvertreter des Vorsitzenden des Ministerrates: Alfred Neumann	Vorsitzender der Plankommission: Gerhard Schürer

1. Sekretäre von Bezirksleitungen: Hans-Joachim Böhme Werner Eberlein Siegfried Lorenz Gerhard Müller Günter Schabowski Werner Walde	Vorsitzender des Bundesvorstandes des Freien Deutschen Gewerkschaftsbundes: Harry Tisch

Vorsitzender der Zentralen Parteikontrollkommission: Erich Mückenberger

Vorsitzender einer Agrar-Industrie-Vereinigung: Margarete Müller

Kommissionen und Arbeitsgruppen beim Politbüro:
Außenpolitische Kommission:
Hermann Axen
Agitationskommission:
Joachim Herrmann
Kulturkommission:
Kurt Hager
Frauenkommission:
Inge Lange
Wirtschaftskommission:
Günter Mittag
Jugendkommission:
Egon Krenz
Kommission der Leiter gesellschaftswissenschaftlicher Institute beim ZK der SED:
Kurt Hager
Kommission zur Koordinierung der ökonomischen, kulturellen und wissenschaftlich-technischen Beziehungen der DDR zu Ländern Asiens, Afrikas und des Arabischen Raumes:
Günter Mittag
Arbeitsgruppe Zahlungsbilanz:
Günter Mittag

stärkt nach unten abgeschoben. Unangenehme ökonomische Probleme wie die Preispolitik, die Subventionen oder das Leistungsprinzip behandelte die Parteiführung nicht mehr. Sie gehörten zu den Tabuthemen, die vor allem dem zuständigen Wirtschaftssekretär Mittag überlassen wurden. Dessen »Prüfung« der von der Bevölkerung kritisierten Zustände ergab dann meist, daß die Politik der Parteiführung richtig sei und nur auf lokaler Ebene Fehler gemacht worden waren.

Mindestens ebenso wichtig wie die Beschlüsse des Politbüros selbst waren für die Politik der SED-Führung die Schlußbemerkungen des Generalsekretärs zu den verschiedenen Tagesordnungspunkten. Sie lieferten gewissermaßen die Auslegung der Beschlußtexte. Die Sekretäre des ZK nahmen mehr oder weniger regelmäßig mit den ihnen unterstellten Abteilungsleitern, mit Mitgliedern des Ministerrates, Medienchefs, Verbandspräsidenten und anderen leitenden Funktionären sogenannte Auswertungen der Sitzungen des Politbüros und des Sekretariats vor, in denen sie darüber informierten, was der Generalsekretär zu diesem oder jenem Punkt gesagt hatte. Das war dann die eigentliche »Linie«. Sie wurde folglich von den oft subjektivistischen Ansichten Honeckers bestimmt, aber auch von dem, was das eine oder andere Politbüromitglied aus seinen mitunter diffusen Bemerkungen herausgehört hatte. So kam es nicht selten vor, daß im Bereich des einen Sekretärs ein Beschluß anders ausgelegt wurde als in dem eines anderen.

In den letzten Jahren der SED wurden vom Politbüro immer mehr Beschlüsse gefaßt, die völlig unreale Festlegungen trafen, etwa in der Art: »Die Versorung mit Obst und Gemüse in allen Bezirken ist zu gewährleisten. Verantwortlich: Minister für Handel und Versorgung« oder »Die Zulieferbeziehungen zwischen den Kombinaten und Betrieben sind zu sichern. Verantwortlich: Minister für.« Honecker glaubte ernstlich, das Politbüro brauche nur zu beschließen und die festgelegten Verantwortlichen die Beschlüsse nur ordentlich umzusetzen, dann werde jedes Problem gelöst.

Auch mit dieser subjektivistischen Vereinfachung hielt er an Stalinschen Dogmen fest.

Tatsächlich gab es in den letzten zwanzig Jahren keinen Volkswirtschaftsplan mit ausreichenden Sicherheiten für eine ordentliche Versorgung der Bevölkerung. Die Anzahl der offenen, also nicht ausreichenden Positionen im Versorgungsplan wuchs von Jahr zu Jahr. Die Disproportionen zwischen dem Kauffonds (verfügbare Geldmittel der Bürgerinnen und Bürger) und dem Warenfonds (Angebot im Handel) nahmen ständig zu. Über das Anwachsen der Außenverschuldung der DDR gegenüber dem »nichtsozialistischen Wirtschaftsgebiet« war selbst das Politbüro nicht informiert. Erst nach der Entmachtung Honeckers und Mittags wurde dem Politbüro am 30. Oktober 1989 in einer Vorlage zur Kenntnis gegeben: »Die Verschuldung im nichtsozialistischen Wirtschaftsgebiet ist seit dem VIII. Parteitag gegenwärtig auf eine Höhe gestiegen, die die Zahlungsfähigkeit der DDR in Frage stellt.«

Und weiter: »Allein ein Stoppen der Verschuldung würde im Jahre 1990 eine Senkung des Lebensstandards um 25 bis 30 Prozent erfordern und die DDR unregierbar machen.«[22]

Die Regierung hatte Beschlüsse des Politbüros zu übernehmen. Schon am 12. Juli 1960 war vom Politbüro festgelegt worden, daß alle Beschlüsse des ZK und des Politbüros, die die staatliche Tätigkeit betreffen, dem Ministerrat oder seinem Präsidium unverändert als Vorlagen zu unterbreiten sind.[23] Die Regierung wurde damit nicht nur bevormundet, sondern ihr wurde auch ein Großteil der Verantwortung entzogen, womit in den Ministerien Verantwortungslosigkeit und Rückversicherei regelrecht organisiert wurden. Das wollte Honecker auch Jahre nach seinem Sturz noch nicht wahrhaben. Zu entsprechenden Vorwürfen, wie sie auch von Willi Stoph erhoben wurden, schrieb er: »Das Gerede über die Einengung der Tätigkeit des Vorsitzenden des Ministerrates durch den ehemaligen Generalsekretär ist verantwortungslos.« Auch dies ist ein Zeichen dafür, in welchem Maße Honecker geistig in einer von ihm geschaffenen Scheinwelt gelebt haben muß.[24]

Die Tagungen der Volkskammer – laut Verfassung das gesetzgebende Organ der DDR[25] – wurden mehr und mehr zur Farce. Sie hatten vorwiegend vom Politbüro bereits beschlossene Gesetze – wie den jährlichen Volkswirtschaftsplan – zu bestätigen und Verträge und Abkommen zu legitimieren, die nach internationalem Recht vom Parlament ratifiziert werden mußten.

Trotz der unsinnigen Menge von Beschlüssen, die von Politbüro und Sekretariat verabschiedet wurden, kamen bestimmte Gebiete, ja ganze gesellschaftliche Bereiche oft jahrelang nicht als Thema auf die Tagesordnung der beiden Gremien. Folglich waren immer noch die oft völlig überholten Beschlüsse gültig, und niemand durfte ihnen zuwiderhandeln, auch wenn sie offensichtlich nicht mehr brauchbar waren. Man mußte warten, bis es gelang, das Thema neuerlich auf den Tisch des Politbüros zu bringen, ehe längst überfällige Änderungen möglich wurden. Diese widersinnige Methode trug dazu bei, daß in der DDR auf vielen Gebieten notwendige Veränderungen verschleppt wurden, bis es dafür zu spät war.

Zur Leitung der laufenden Aufgaben der SED, hauptsächlich zur Durchführung und Kontrolle der Parteibeschlüsse und zur Auswahl der Kader – so legte es das Statut fest[26] – wählte das Zentralkomitee das Sekretariat. Ihm gehörten neben dem Generalsekretär weitere 10 Sekretäre an – darunter übrigens nur eine Frau –, die für bestimmte Arbeitsgebiete und damit für eine oder mehrere Abteilungen des ZK-Apparats zuständig waren. Das Sekretariat war also eine Art verkleinertes Politbüro.

Offiziell tagte es einmal in der Woche (in der Regel am Mittwoch), praktisch aber täglich. Beim gemeinsamen Mittagessen der Sekretäre des ZK an einer langen Tafel im Restaurant des ZK-Gebäudes äußerte der Generalsekretär zu dieser oder jener aktuellen Angelegenheit oftmals spontan seine Meinung, die als verbindliche Anweisung aufgenommen und dementsprechend in der politischen Arbeit behandelt wurde.

Dem Landwirtschaftssekretär und der Sekretärin für Frauenfragen unterstand jeweils nur eine Abteilung. Der Wirtschaftssekretär Günter Mittag hingegen brachte es immerhin auf neun. Die Zuordnung der Abteilungen zu den Sekretären war nicht immer logisch, sondern ergab sich in manchen Fällen aus rein persönlichen Entscheidungen.

So war Werner Jarowinski verantwortlich für die Abteilung Handel, Versorgung und Außenhandel – was durchaus seiner fachlichen Qualifikation entsprach –, aber auch für die Arbeitsgruppe Kirchenfragen. Die hatte ihm Honekker aus irgendwelchen Gründen nach dem Ausscheiden Paul Verners aus dem Politbüro übertragen.

Die Parteihochschule »Karl Marx« beim ZK unterstand viele Jahre dem Sekretär für Agitation und Propaganda. Das gefiel der Direktorin Hanna Wolf eines Tages nicht mehr und sie bat, dem Sekretär für Wissenschaft, Bildung und Kultur zugeordnet zu werden, was der ihr sehr zugetane Honecker auch alsbald veranlaßte.

Kurt Hager unterstanden außer Abteilungen im ZK-Apparat auch die Akademie für Gesellschaftswissenschaften, das Institut für Marxismus-Leninismus und die Parteihochschule, Günter Mittag neben den wirtschaftspolitischen Abteilungen auch das Zentralinstitut für sozialistische Wirtschaftsführung.

Diese Parteiinstitute, die gesellschaftswissenschaftliche Forschung betrieben, waren damit fest an den Parteiapparat gebunden. Das hatte die verhängnisvolle Folge, daß diese Institute einen großen Teil ihrer Arbeit weniger der Forschung als vielmehr der »theoretischen« Begründung der Linie des Politbüros widmen mußten. Dennoch erzielten sie wie auch andere gesellschaftswissenschaftliche Institute der DDR auf einigen Gebieten beachtliche Forschungsergebnisse, die jedoch meist von der Parteiführung ignoriert wurden. Das hing auch mit einer gewissen Intellektuellenfeindlichkeit zusammen, die aus der früheren KPD herrührte.

Die Disziplinierung der SED

Die SED verstand und bezeichnete sich selbst als »bewußten, organisierten Vortrupp« der Arbeiterklasse. Diese aus
dem Sprachgebrauch der KPdSU stammende Formulierung
sollte bedeuten: Die SED war mit dem »Marxismus-Leninismus« im Besitz der einzig richtigen Theorie von der Gesellschaft und ihrer Entwicklung und mit dem Organisati-
onsprinzip des »demokratischen Zentralismus« in der Lage,
die Erkenntnisse dieser Theorie in die Arbeiterklasse und
das ganze Volk hineinzutragen und in praktische Politik
umzusetzen.

Seit der 1. Parteikonferenz der SED im Jahre 1949 galt
als »Lehre von der Partei« das, was 1938 eine Redaktions-
kommission unter Leitung Stalins in der »Geschichte der
KPdSU (B) – Kurzer Lehrgang« niedergelegt hatte. Danach
war die »Partei neuen Typus«, also die kommunistische Partei bolschewistischen Typs, der »bewußte, organisierte Vortrupp der Arbeiterklasse«. Der Begriff »bewußt« bezog sich
auf den Besitz des Marxismus-Leninismus, von dem es hieß:
»Die Kraft der marxistisch-leninistischen Theorie besteht
darin, daß sie der Partei die Möglichkeit gibt, [...] den Gang
der Ereignisse vorauszusehen und zu erkennen nicht nur,
wie und wohin sich die Ereignisse gegenwärtig entwickeln,
sondern auch wie und wohin sie sich künftig entwickeln
müssen.«[27] Eine Partei, die sich in dieser Weise im Besitz
der absoluten Wahrheit und Weisheit wähnte, brauchte eine
schlagkräftige, disziplinierte, einheitliche Organisation, mit
der diese »Wahrheit« in der Praxis durchgesetzt wurde.
Dazu mußte sie ihre »Einheit und Reinheit« mit allen Mitteln
erhalten: »Die Entwicklungsgeschichte des inneren Lebens
unserer Partei ist die Geschichte der Bekämpfung und Vernichtung der opportunistischen Gruppen innerhalb der Partei – der ›Ökonomisten‹, Menschewiki, Trotzkisten, Bucha-
rinleute, Vertreter der nationalistischen Abweichungen.«[28]

Zwar wurde der »Kurze Lehrgang« seit der zweiten Hälfte
der fünfziger Jahre in der SED nicht mehr als Schulungs-

material benutzt, doch die darin niedergelegte Auffassung von der Partei neuen Typus wurde später nie einer prinzipiellen kritischen Auseinandersetzung unterzogen, geschweige denn verworfen. Infolgedessen wirkten viele dort formulierte Positionen weiter: der theoretische Unfehlbarkeitsanspruch ebenso wie die Kriminalisierung von abweichenden Meinungen, von Gruppen oder Plattformen.

In der Praxis verwirklichte die SED ihre Führungsrolle vor allem durch die Besetzung aller »Kommandohöhen« – also der entscheidenden Leitungspositionen in Staat, Wirtschaft, Wissenschaft, Kultur, Militär- und Sicherheitsorganen – mit Funktionären der SED und durch die Tätigkeit ihrer Parteiorganisationen sowie ihrer Mitglieder in nahezu allen Lebensbereichen. Damit suchte sie unmittelbar alle Bevölkerungsschichten zu beeinflussen, nach dem Willen der Partei zu handeln. Der Hauptzweck der vielstrapazierten Losung »Wo ein Genosse ist, da ist die Partei« bestand darin, alles unter Kontrolle zu halten. Dennoch verstanden viele Parteimitglieder an der Basis diese Losung als Anspruch an ihre Initiative und Einsatzbereitschaft, durch politisches Wirken und Verhalten das Vertrauen der Nichtmitglieder zu erwerben.

Das Streben einer Partei nach Verantwortung in der Politik ist an sich nichts Verwerfliches, das gehört zu den Zielen aller politischen Parteien. Um so mehr galt dies für eine proletarische Partei, die stets – selbst bei numerischer Überlegenheit – von den in den kapitalistischen Staaten Herrschenden daran gehindert worden war, eine bestimmende Funktion im Staat auszuüben. Die Unterdrückungsversuche reichen vom Bismarckschen Sozialistengesetz bis zur faschistischen Diktatur in Deutschland, von der Beseitigung der Volksfrontregierungen in Frankreich und Spanien bis zum Militärputsch in Chile 1973 gegen die Undidad Popular.

Das ursprüngliche Ziel, die führende Rolle vor allem mit politisch-ideologischen Mitteln zu erlangen und zu behaupten, verkehrte sich jedoch in der Tätigkeit der regierenden kommunistischen Parteien, also auch der SED, immer mehr in administrative Machtsicherung der herrschenden Kräfte, die schließlich den Interessen der arbeitenden Menschen und auch der Mehrheit der Parteimitglieder zuwiderliefen. Die Diktatur des Proletariats verkam zur Diktatur der Parteiführung, sie schränkte eigenständiges Mitwirken und Demokratie ein, statt sie zu entfalten.

Scheinbar faßten Politbüro und Sekretariat des ZK kollektive Beschlüsse. Tatsächlich aber konnten sich die meisten Politbüromitglieder zu den Vorlagen oft keine eigene Meinung bilden, da ihr Einblick in den jeweiligen Sachverhalt oft sehr gering war. Wenn etwa Mittag eine in fürchterlichem Fachjargon abgefaßte Vorlage zu bestimmten Finanzfragen einreichte, so konnten die nicht mit Ökonomie befaßten Politbüromitglieder kaum beurteilen, welche Folgen der Beschluß auslösen würde. Alternativen, mögliche negative Konsequenzen und Probleme wurden in den Beschlußvorlagen kaum dargestellt.

Die Politbüromitglieder waren zudem außerstande – selbst, wenn sie es gewollt hätten –, sich mit Fachleuten darüber zu beraten. Denn diese Fachleute gehörten zum Verantwortungsbereich von Mittag, und es war ein ungeschriebenes Gesetz im Apparat des ZK, daß kein Sekretär oder Abteilungsleiter im Verantwortungsbereich eines anderen »wilderte«. Mitarbeiter durften nicht ohne Zustimmung ihres Vorgesetzten zu Besprechungen in andere Abteilungen eingeladen werden. Daß dennoch viele informelle Beziehungen zwischen Mitarbeitern verschiedener Sekretariatsbereiche und Abteilungen bestanden, steht auf einem anderen Blatt.

Ferner war es üblich, daß die Einreicher bestimmte Vorlagen, die sie für besonders wichtig hielten, zunächst dem Generalsekretär vorlegten und sich seiner Zustimmung versicherten. Wer aber wollte in der Sitzung noch etwas gegen einen Beschluß einwenden, der auf dem Deckblatt das berühmte Zeichen trug: »Einverstanden E. H.«? Das wäre einer Konfrontation mit dem Generalsekretär gleichgekommen. Also empfahl es sich dringend zuzustimmen. Die scheinbar kollektiv gefaßten Beschlüsse waren genaugenommen also in sehr vielen Fällen Einzelbeschlüsse oder zumindest Beschlüsse von ganz wenigen. (Diese Praxis existierte im übrigen auch außerhalb des ZK.)

Kollegialen Gedanken- und Meinungsaustausch zwischen dem Sekretariat des ZK und den Sekretariaten der Bezirks- und Kreisleitungen gab es nicht. Allerdings fand fast in jedem Jahr eine »Beratung des Sekretariats des ZK mit den 1. Sekretären der Kreisleitungen« statt. Die »Beratung« bestand darin, daß Honecker – mitunter 4 bis 5 Stunden lang – den 1. Kreissekretären ein Referat vorlas, zu dem alle Sekretariatsbereiche ihre Zuarbeiten geliefert hatten, so daß kaum ein gesellschaftliches Gebiet ausgelassen wurde.[29] Hatte Honekker die 1. Kreissekretäre in dieser Weise »beraten«, durfte einer von ihnen noch ein kurzes Wort des Lobes für den Generalsekretär und seine »gute Politik« äußern. Eine Diskussion fand nicht statt.

Mit den 1. Bezirkssekretären traf sich Honecker regelmäßig nach den Plenartagungen des ZK, also zweimal im Jahr. Er monologisierte dann, äußerte mehr oder weniger aus seiner aktuellen Gefühlslage heraus seine Meinung zu verschiedenen aktuellen Fragen. Auch im Kreis der 1. Bezirkssekretäre ließ er eine realitätsbezogene, offene Diskussion nicht zu.

Bei diesen und anderen Gelegenheiten betonte Honecker zunehmend öfter die These, die Partei sei für das Volk da und nicht das Volk für die Partei. Subjektiv glaubte er vermutlich, selbst nach diesem Grundsatz zu handeln. Er benutzte ihn aber auch als Keule der Kritik an Funktionären, die ihm nicht paßten. Ihnen warf er vor, sich nicht energisch genug für die Interessen des Volkes einzusetzen. Gegen diesen Vorwurf war eine Verteidigung kaum möglich.

Der Grundsatz der Verbindlichkeit von Beschlüssen der übergeordneten Leitungen für die nachgeordneten, der ursprünglich den Sinn gehabt hatte, geschlossenes Handeln der Gesamtpartei zu ermöglichen, wurde zu einem Instrument der Disziplinierung der Parteimitgliedschaft durch Politbüro und Generalsekretär. Diese erzwungene Disziplin bezog sich aber nicht allein auf das Handeln, sondern auf die politischen Äußerungen der Mitglieder, also letztlich auf ihr Denken. Da Denken nicht dekretiert werden kann, gerieten viele Mitglieder in die Situation, anders zu sprechen, als sie dachten, und über manches zu schweigen, was ihnen wichtig war und ausgesprochen werden mußte.

Als richtig galt einzig die Meinung des Politbüros, in dem wiederum der Generalsekretär das entscheidende Wort sprach. Kritik am Generalsekretär war ein Sakrileg. Da der erste Mann außerhalb der Kritik stand, wurde die – im Parteistatut geforderte[30] – Kritik von unten auch gegenüber den anderen Mitgliedern des Politbüros und des Sekretariats des ZK unterbunden. Dem Personenkult waren so kaum Grenzen gesetzt.

Das war im stalinistischen und poststalinistischen System so angelegt, also keineswegs eine Besonderheit der DDR oder Honeckers. Freilich gab es innerhalb dieses Systems Spielräume, wie etwa die Unterschiede im Regime eines Ceausescu in Rumänien oder eines Kadar in Ungarn beweisen. Honecker nutzte diese Spielräume weniger im demokratischen als im autoritären Sinne. Wenn er damit für viele nachgeordnete SED-Funktionäre negative Maßstäbe setzte, so gab es dennoch große Unterschiede in der Handhabung der ihnen übertragenen Verantwortung – von den Bezirkssekretären über die Kreissekretäre bis zu den Sekretären der Grundorganisationen. Die meisten von ihnen verstanden sich als Diener an der sozialistischen Sache, als Verantwortungsträger im Interesse der Bürgerinnen und Bürger. Auch Erich Honecker glaubte das von sich bis zuletzt. Doch er und mancher Kamerad herrschten objektiv wie absolute Fürsten.

Eine wichtige Funktion bei der Sicherung der »Einheit und Reinheit« der SED erfüllte die Zentrale Parteikontrollkommission. Parteikontrollkommissionen lösten 1948 die Schiedskommissionen ab, die seit dem Gründungsparteitag der

SED 1946 bestanden hatten. Damit wurde eine demokratische Tradition verlassen, nach der die Schiedsorgane relativ unabhängig handelten. Denn die Parteikontrollkommissionen waren Organe der Leitungen, in der Praxis jedoch Organe der Sekretariate. Sie trugen zur Disziplinierung der Mitglieder bei. Im Statut der SED gab es die klare Formulierung: »Die Beschlüsse der Zentralen Parteikontrollkommission müssen vom Zentralkomitee bestätigt werden«.[31] Diese Aussage wurde später durch einen Sekretariatsbeschluß ersetzt: »Die Parteikontrollkommissionen sind Organe der gewählten Leitungen, des Zentralkomitees, der Bezirks- und Kreisleitungen. Sie sind ihnen rechenschaftspflichtig. Über ihre Tätigkeit haben sie in Vorlagen und Informationen an die Sekretariate zu berichten.«[32] Damit waren alle Entscheidungen der Parteikontrollkommissionen vom Zentralkomitee bis zu den Kreisleitungen abhängig von den jeweiligen Sekretariaten. Die Kontrollkommissionen hatten kein Recht, Beschlüsse ihrer Leitungen zu kontrollieren oder unabhängig von den Sekretariaten Parteiverfahren zu entscheiden. Seitdem gab es auch im gewählten Zentralkomitee keine Beschlußbestätigung mehr zu Vorlagen der Zentralen Parteikontrollkommission.

Die Kontrollkommissionen waren kein unabhängiges Kontrollorgan der SED mehr, sondern ein Anhängsel der Sekretariate und manchmal auch »bloß noch« ihres 1. Sekretärs. Der entschied letztlich in vielen Fällen über ein Parteiverfahren oder über die Ablösung eines Funktionärs. Dabei galt für die Kontrollkommissionen eine doppelte Unterstellung. So erhielten die Leiter der Bezirksparteikontrollkommissionen von der Zentralen Parteikontrollkommission – das heißt von ihrem Leiter oder seinem Stellvertreter – nicht schlechthin »Anleitung«, sondern sie waren ihr unterstellt und rechenschaftspflichtig. In den achtziger Jahren verstärkte sich nehmend der Einfluß der Zentrale; die Bezirksleitungen wurden bei wichtigen Vorgängen immer häufiger ausgeschaltet.

Nach dem letzten Statut der SED waren die Aufgaben

der zentralen Parteikontrollkommission folgendermaßen festgelegt: »Sie schützt die Einheit und Reinheit der Partei, kämpft gegen feindliche Einflüsse sowie gegen jede fraktionelle Tätigkeit. Sie befaßt sich mit den Mitgliedern und Kandidaten, die mit opportunistisch-revisionistischen Auffassungen oder durch dogmatisches Verhalten die Politik der Partei verfälschen und entstellen.«[33]

Tatsächlich erhielten nicht selten Parteimitglieder, die sich kritisch mit Mängeln in der Wirtschaft oder der Versorgung auseinandersetzten, Strafen – bis hin zum Parteiausschluß – mit der Begründung, sie seien gegen die Einheit von Wirtschafts- und Sozialpolitik, hätten den Klassenstandpunkt verlassen oder wären prinzipienlos und kapitulantenhaft geworden. In manchen Parteileitungen und Parteikontrollkommissionen setzte sich die Meinung fest, jeder Kritiker sei ein Feind der Politik der SED. Die Zahl der Ausschlüsse stieg folgerichtig: Sind es bis 1987 jährlich etwa 7.000 gewesen, so stieg die Zahl 1988 auf rund 11.000 und bis Oktober 1989 auf ca. 18.000. Viele von den Ausgeschlossenen hatten bereits die DDR in Richtung Westen verlassen beziehungsweise einen Ausreiseantrag gestellt.

Obwohl die Zentrale Parteikontrollkommission vom Zentralkomitee berufen wurde, war sie praktisch ein Teil des ZK-Apparats. Alle ihre Mitglieder und zwei von sechs Kandidaten waren hauptamtliche ZK-Mitarbeiter, der Vorsitzende war Mitglied des Politbüros. Die Kommission, also völlig in den Zentralismus der Parteihierarchie eingebunden, handelte entsprechend.

Der Apparat des ZK

Der Apparat des ZK der SED bestand – was der technische Begriff »Apparat« eher verschleiert – aus sehr unterschiedlichen Menschen. Er umfaßte Kraftfahrer und Köchinnen, Sekretärinnen und Verkäuferinnen (die übrigens in einem Laden tätig waren, der allen Gerüchten zum Trotz nichts anderes anzubieten hatte als andere Geschäfte des staatlichen Einzelhandels und auch keine anderen Preis nahm), Handwerker und Fernmeldetechniker, die alle die »eigentliche« Arbeit unterstützten und absicherten – nämlich die der politischen Funktionäre.

Nur von diesem Teil – im weitesten Sinne also vom Generalsekretär bis zum »einfachen« politischen Mitarbeiter – soll hier die Rede sein. Dieser Apparat bildete eine streng hierarchisch gegliederte Organisation.

»Chef« des Hauses am Marx-Engels-Platz war der Generalsekretär. Seine Meinung, seine Weisungen waren für alle und jeden verbindlich. Sie wurden über die Sekretäre des ZK an die Leiter der Abteilungen weitergegeben, soweit es für deren Arbeit notwendig erschien.

Die Leitungsstrukturen der Abteilungen des ZK veränderten sich im Laufe der Jahre verschiedentlich. Um es am Beispiel zu demonstrieren: Die früheren Arbeitsgruppen »Befreundete Parteien» und »Sportpolitik« waren in den Rang von Abteilungen erhoben, die Abteilung Agitation und Propaganda in zwei selbständige Abteilungen aufgegliedert sowie die Zahl der wirtschaftspolitischen Abteilungen vergrößert worden.

Die Arbeitsweise des Parteiapparats trug zwiespältigen Charakter. Einerseits mußte er zentrale Beschlüsse unter allen Bedingungen durchsetzen. Andererseits war er durchaus keine bloße Ansammlung von seelenlosen Bürokraten oder Karrieremachern. Viele fachlich kompetente, aufopferungsvoll arbeitende und mit dem täglichen Leben der Menschen verbundene Mitarbeiterinnen und Mitarbeiter bemühten sich, die Parteibeschlüsse für die Interessen der DDR und ihre Stärkung zu verwirklichen.

Es wäre falsch, sich den Mitarbeiterstab des ZK-Apparats als eine monolithische Einheit vorzustellen. So verschieden wie die Bedingungen in den einzelnen Bereichen waren auch Herkunft, Bildung und Lebenserfahrung ihrer Mitarbeiterinnen und Mitarbeiter. Es gab Abteilungsleiter, Stellvertreter, Sektorleiter und Mitarbeiter, die jede Meinungsäußerung, jede Anweisung des Politbüros und Sekretariats als der Weisheit letzten Schluß ansahen, sich diese ohne jedes eigne kritische Urteil zu eigen machten und bedingungslos umsetzten, ja, die diese »Ergebenheit« gegenüber Generalsekretär und Politbüro sogar als höchsten Ausdruck der Parteimoral betrachteten. Aber viele Mitarbeiterinnen und Mitarbeiter des Apparats urteilten selbständig und sahen sehr wohl die Probleme im Leben der DDR, suchten nach vernünftigen Lösungen, versuchten dazu ihren Handlungsspielraum zu nutzen und standen kritisch zu vielen Entscheidungen des Politbüros.

Besonders seit Anfang der achtziger Jahre nahm die kritische Einstellung vieler Mitarbeiter gegenüber der »Führung« stark zu. In Gesprächen unter vier oder sechs Augen wurde sehr offen darüber gesprochen, daß die politische und vor allem die ökonomische Entwicklung so nicht weitergehen könne. Es wurden Informationen über die wirkliche Lage und die sich zuspitzenden Probleme ausgetauscht – meist mit der ausdrücklichen Mahnung, keinesfalls die Quelle preiszugeben. Denn die Mitarbeiter der ZK-Abteilungen waren angewiesen, Informationen vertraulich zu behandeln – auch gegenüber anderen ZK-Mitarbeitern. Dennoch gab es eine einigermaßen funktionierende inoffizielle Nachrichtenbörse im Hause des ZK.

Vor allem in den letzten Jahren begriffen nicht wenige Mitarbeiterinnen und Mitarbeiter durchaus, daß verschiedene Leitungspraktiken und Beschlüsse der Parteiführung sowohl dem Programm und Statut der SED als auch den Erfordernissen des Lebens im Lande und der internationalen Verantwortung der DDR widersprachen. Doch trotz verbreiteten Mißbehagens über die Politik der Führung, trotz der wachsenden Erkenntnis, daß die Fortsetzung dieser Politik unweigerlich in die Katastrophe führen würde, trotz verschiedener Versuche, einen Ausweg aus der verfahrenen Lage zu finden, entstand im Apparat keine auf die Erneuerung von Partei und Gesellschaft gerichtete Bewegung gegen den Kurs des Politbüros. Der Apparat war bis zum bitteren Ende ein funktionierendes Instrument der Führung. Er trägt keine geringe Mitverantwortung für die Praxis, die Ergebnisse und das Scheitern der Honecker-Politik.

In der Regel unterhielten die Mitarbeiter des ZK-Apparats vertrauensvolle Beziehungen zu Parteisekretären und Leitern verschiedener Ebenen und versuchten, gemeinsam mit ihnen Lösungswege für viele Probleme zu finden und einen gewissen, wenn auch nur begrenzten Ausgleich zu den unrealistischen Forderungen und Festlegungen der Parteiführung zu schaffen und damit ihre geringen Möglichkeiten bei der Gestaltung der Politik zu nutzen.

Die am wirklichen Leben der DDR häufig vorbeigehende Politik des Politbüros führte zur Herausbildung einer Art von eigenständigem Engagement vieler Partei- und Staatsfunktionäre. Sie erkannten, daß die SED-Führung vielfach fern der Realität Beschlüsse annahm, und sie versuchten daher, aus eigener Verantwortung die Probleme zu lösen oder wenigstens zu mildern. Unter ihnen bildeten sich aktive Gruppen, die informelle Zusammenhänge aufbauten, »offene Stellen« in den Politbürobeschlüssen suchten, um sich Handlungsspielräume zu schaffen. Wenn die Wirtschaft der DDR trotz wachsender Disproportionen, hoher Belastung durch Auslandsschulden und Überforderung der Fähigkeit zu sozialen Ausgaben immer noch beachtliche Leistungen vollbrachte, so war dafür nicht zuletzt dieses Engagement »unterhalb« der SED-Führung mitentscheidend.

So zu handeln, war nicht ohne Risiko, zeugte aber von Verantwortungsbewußtsein und dem Willen, Schaden zu begrenzen. Das Engagement verband sich in den achtziger Jahren mit der Hoffnung auf eine Umgestaltung in der DDR.

Wohl die meisten Mitarbeiterinnen und Mitarbeiter des ZK-Apparats erfüllten die vom Sekretariat des ZK gestellten Aufgaben in der Überzeugung, damit dem Sozialismus zu nützen. Diese Aufgaben bestanden laut Arbeitsordnung vor allem darin, Einschätzungen, Analysen und Beschlüsse für die Parteiführung vorzubereiten, die Durchführung dieser Beschlüsse zu organisieren, zu kontrollieren und darüber wahrheitsgemäß zu informieren, Erfahrungen in der politisch-ideologischen und organisatorischen Tätigkeit der Parteileitungen und Grundorganisationen aufzubereiten und die vorgegebenen Grundsätze bei der Auswahl, Förderung und Entwicklung der Kader strikt einzuhalten.

Viele in diesen Ausarbeitungen enthaltenen kritischen Hinweise und Vorschläge wurden auf dem Leitungswege nach »oben« im vorauseilenden Gehorsam abgeschwächt, ihrer Substanz beraubt, gefiltert oder auch gänzlich zurückgehalten. Sie konnten also nicht in Entscheidungen der Parteiführung einfließen oder Fehlentscheidungen verhindern.

Symptomatisch dafür kann die operative Arbeit von ZK-Mitarbeitern gelten – vor allem aus Abteilungen wie Parteiorgane, Landwirtschaft, Bauwesen, Gewerkschaften und Sozialpolitik, die wochenlang in den Bezirken, Kreisen, Grundorganisationen unterwegs waren und dort mit vielen Parteimitgliedern sprachen. Sie berichteten darüber in ihren Abteilungen und benannten Probleme, Widersprüche zwischen den Forderungen der Parteiführung und der konkreten Situation »vor Ort«, berichteten über Schwierigkeiten und Mißstimmungen. Die Sekretäre des ZK erhielten davon Kenntnis, ließen sich auch schriftlich berichten. Doch sie behielten sich die Entscheidung vor, was sie an die Parteiführung weiterleiteten und was nicht. Das hing jeweils von der »Großwetterlage« im Politbüro ab – und die war gewöhnlich so, daß es ihnen ratsam erschien, den Informationen von der Basis den kritischen Kern zu nehmen.

Als Anfang des Jahres 1989 die Kritiken aus den Parteiorganisationen der Bezirke – z.B. an der Versorgungslage oder den Zulieferschwierigkeiten in der Industrie – stark zunahmen, wurde das Politbüro darüber auch von ZK-Mitarbeitern, Ministerien und örtlichen Parteiorganisationen informiert. Ohne darauf einzugehen, hieß es statt dessen im Bericht des Politbüros an die 8. Tagung des ZK im Juli 1989, die Versorgungslage sei gut und gesichert.[34)] Das nahmen viele Parteiorganisationen nicht mehr hin. Als über die erbosten Reaktionen informiert wurde, wischte Mittag die Kritiken mit der Bemerkung vom Tisch, es gehe nicht an, daß Parteikollektive den Bericht des Politbüros anzweifelten. Er verlangte, den betreffenden Parteiorganisationen Stellungnahmen abzufordern, in denen sie sich von der Kritik am Bericht des Politbüros distanzierten. Das wurde sogar von einigen befolgt.

Nach dem Statut der SED hatte sich die gesamte Leitungstätigkeit von oben nach unten von gewählter Leitung zu gewählter Leitung zu vollziehen.[35] Demzufolge waren weder die Leiter der Abteilungen des ZK-Apparats noch ihre Mitarbeiter berechtigt, Entscheidungen nachgeordneter Leitungen aufzuheben oder zu verändern. Sie hatten aber den Auftrag, an der Arbeit der Parteiorganisationen an der Basis teilzunehmen, in Leitungssitzungen, Mitgliederversammlungen und öffentlichen Versammlungen die Politik der Partei, also die Linie des Politbüros und die Beschlüsse der Parteiführung zu erläutern. Das bedeutete in der Praxis, daß die Mitarbeiter des ZK-Apparats an der Basis als »Vertreter des ZK« auftraten und auch so behandelt wurden; denn hinter dem Apparat stand die Autorität der Parteiführung, zumindest wurde das unterstellt. Dagegen wurde die Linie »von gewählter Leitung zu gewählter Leitung« fast ausschließlich durch die ZK-Beschlüsse und durch Informationsberichte realisiert, was den Leitungen an der Basis nur sehr ungenügende, oft auch inaktuelle Einblicke in die politischen Ambitionen des Politbüros gab.

Bürokratisierung des ZK-Apparats

Viele Leiter im Apparat des ZK wurden in den achtziger Jahren zunehmend unbeweglicher und dogmatischer. Es gab kaum noch eine Verjüngung bei der Besetzung der leitenden Funktionen in den Abteilungen. Die Mehrheit war 20 bis 30 Jahre in ihren Ämtern tätig. Die neuen Probleme kannten sie nicht aus eigenem Erleben. Stagnation und

Bürokratisierung der Tätigkeit des ZK-Apparats und des Staates wuchsen in starkem Maße.

Die streng hierarchische Ordnung im ZK-Apparat unterschied sich in nichts von der in einer Behörde. Sie wurde durch viele Äußerlichkeiten unterstrichen. Abteilungsleiter, ihre Stellvertreter und die Sektorleiter hatten Dienstausweise mit der Unterschrift Honeckers. Wurden solche Ausweise den uniformierten Wachmannschaften im Hause des ZK vorgezeigt, hatten die militärisch zu grüßen. Dagegen besaßen die politischen Mitarbeiter Ausweise ohne diesen Namenszug, deren Vorzeigen von den Wachmannschaften bestenfalls mit einem freundlichen Kopfnicken zu quittieren waren. Für politische Mitarbeiter gab es eine Selbstbedienungskantine. Abteilungsleiter und Stellvertreter durften in einem Restaurant essen, in dem sie bedient wurden. Manche Ferienheime des ZK waren nur Abteilungsleitern und ihren Stellvertretern zugänglich. Genau geregelt war auch, wer im Hause mit wem sprechen durfte. So konnte ein politischer Mitarbeiter einer Abteilung nicht einfach zum Leiter einer anderen Abteilung gehen, um etwas mit ihm zu beraten. Dazu bedurfte es einer Erlaubnis seines Vorgesetzten. Das alles waren Merkmale einer hierarchisch aufgebauten Organisation, wie es sie anderenorts in anderen Systemen auch gibt. Nur paßten sie eben in keiner Weise zu einer sozialistischen Partei, wohl aber gehörten sie zu einem Machtinstrument – das war der ZK-Apparat durchweg.

Wie in einer beliebigen Behörde, wie in allen hierarchischen Organisationen war die Abstufung der Informiertheit von oben nach unten im ZK-Apparat von entscheidender Bedeutung. Es lag im Ermessen der Sekretäre des ZK, was sie den ihnen unterstellten Abteilungsleitern an schriftlichen und mündlichen Informationen zukommen ließen. Die Abteilungsleiter wiederum entschieden darüber, was sie an ihre Stellvertreter und Mitarbeiter weitergaben. So war immer gesichert, daß Leiter in der höheren Funktion über mehr Informationen verfügten als die Untergeordneten.

Daraus ergab sich, daß die Vorgesetzten stets als die klügeren Menschen mit dem besseren, mit dem sicheren politischen Urteil erschienen. Informationsvorteile wurden auch in der SED als Mittel der Machtausübung genutzt.

Die ZK-Abteilungen waren so aufgebaut, daß sich dort alle staatlichen und gesellschaftlichen Leitungstrukturen der DDR widerspiegelten oder doppelten. Das heißt, der Aufbau des Apparats war so gestaltet, daß seine Abteilungen alle Ministerien, Institutionen, Organisationen des Landes über die dortigen Parteiorganisationen kontrollieren und beeinflussen konnten.

Was die Beziehungen zwischen den ZK-Abteilungen und den staatlichen oder gesellschaftlichen Leitungen betraf, so waren sie sehr unterschiedlich. Beispielsweise ließen sich die beiden Minister, die im Politbüro vertreten waren – also der Minister für Nationale Verteidigung und der Minister für Staatssicherheit – von der Abteilung Sicherheitsfragen des ZK-Apparats weder beraten noch anleiten. Auch Politbüromitglied Harry Tisch erachtete es nicht für nötig, als FDGB-Vorsitzender vor seinen Entscheidungen die Meinung der Abteilung Gewerkschaften und Sozialpolitik einzuholen. War ein staatlicher Leiter Mitglied des ZK und der für ihn zuständige Abteilungsleiter im ZK-Apparat nicht Mitglied dieses Gremiums, war das Verhältnis anders als bei der umgekehrten Konstellation. Und schließlich hing das Verhältnis nicht zuletzt von den persönlichen Beziehungen der ZK-Mitarbeiter und der von ihnen angeleiteten Personen ab.

Es gab daher sowohl offene Kommandiererei von leitenden Mitarbeitern des ZK-Apparats gegenüber staatlichen und anderen Leitern als auch sehr kollegiale Zusammenarbeit. Im übrigen hatten es die leitenden ZK-Mitarbeiter gar nicht nötig, sich eines Kommandotons zu bedienen. Ihre Stellung sorgte dafür, daß das, was sie kollegial empfahlen, für viele Funktionäre den Charakter einer Anweisung besaß.

Da »die Partei immer recht hatte«, war es gewöhnlich so, daß Erfolge auf ihre »gute Politik« zurückgeführt, während

Mißerfolge und Fehler dem Mangel an »straffer Leitung« durch den Staatsapparat zugeschrieben wurden. Manchmal hatte es den Eindruck, daß es die Hauptfunktion der staatlichen Leitungen war, für das geradezustehen, was schiefging, obwohl sie natürlich nichts anderes getan hatten, als die Weisungen der SED-Führung zu befolgen. Dies bedeutete allerdings nicht, daß die Mitarbeiter des Staatsapparats nichts zu verantworten gehabt hätten, daß sie ausschließlich gegängelt worden wären und keinerlei Entscheidungsbefugnisse gehabt hätten.

Nach der Wende im Herbst 1989, als die »führende Rolle der SED« aus der Verfassung der DDR gestrichen worden war und die Regierung ihre Verantwortung unbeeinflußt von der Parteiführung wahrnahm, zeigte sich, daß der Staatsapparat nicht nur über Kompetenz, sondern auch über eine große Zahl verantwortungsbewußter, entscheidungsfähiger Mitarbeiter verfügte, die unter kompliziertesten Bedingungen die Funktionen der staatlichen Leitung aufrechtzuerhalten und im positiven Sinne zu verändern vermochten.

ZK-Apparat und Staatssicherheit

Eine oft gestellte Frage ist die nach den Beziehungen zwischen dem Apparat des ZK insgesamt und dem Ministerium für Staatssicherheit. Häufig wird in der Öffentlichkeit das »Schild und Schwert der Partei« sehr einseitig dargestellt. Das MfS war gewiß für DDR-Bürgerinnen und Bürger ein geheimnisumwitterter Begriff, für nicht wenige auch begründet furchterregend. Wieviel hier auch noch zu untersuchen und zu werten sein wird, so sollte dabei nie übersehen werden, daß diesem Ministerium als Teil des staatlichen Systems der DDR auch eine ganze Reihe von Aufgaben zugeordnet waren – und zwar nach außen wie nach innen –, wie sie in jedem Staat wahrgenommen werden. Gerade diese »normalen« Aufgaben machten das Zusammenwirken mit anderen staatlichen Organen und Parteien, dem Parteiapparat der SED, den Kirchen, den Massenorganisationen, Institutionen und Einrichtungen erforderlich. Als Beispiel sei nur die Gewährleistung der Sicherheit bei Großveranstaltungen erwähnt.

Die bisherigen Forschungen und Selbstdarstellungen von MfS-Mitarbeitern kommen stets zu dem Ergebnis, daß die in der DDR gültigen Strukturen kein Unterstellungsverhältnis des MfS unter den Apparat des ZK der SED unterhalb des Generalsekretärs und des Politbüros ausbwiesen.[36)]

Es ist heute kaum daran zu zweifeln, daß selbst die meisten Mitglieder des Politbüros sehr wenige oder keine Kenntnisse über wesentliche Entscheidungen und über die operativen Maßnahmen des MfS besaßen. Um so mehr gilt das für die Mitarbeiter in den Abteilungen des Apparats. Wem das unwahrscheinlich erscheint, der stelle sich die Frage, welcher Geheimdienst seine topvertraulichen Kenntnisse Hunderten von Leitern außerhalb des eigenen Apparats zur Verfügung stellt? Das widerspräche jeglichem geheimdienstlichen Prinzip. Als gesicherte Erkenntnis gilt, daß sich Erich Honecker und Erich Mielke in der Regel wöchentlich trafen und dabei Festlegungen für die Arbeit des MfS vereinbarten, die Mielke in Befehle umsetzte. Der Abteilung für Sicherheitsfragen des ZK hingegen war es streng untersagt, sich für die operative Arbeit des MfS auch nur zu interessieren.

Die Beziehungen der Mitarbeiter des ZK-Apparats zu Dienststellen oder Offizieren des MfS waren abhängig vom Charakter der Abteilung. Niemand kam ohne Sicherheitsüberprüfung in den Apparat des ZK. Die Kaderabteilung veranlaßte das je nach Rang und Bedeutung für den Vertraulichkeitsgrad der zu leistenden Arbeit. Das war keine SED-Besonderheit, sondern wird in ähnlicher Weise in allen Staaten bei Geheimisträgern gehandhabt, etwa unter dem Rubrum »Regelanfrage«.

Die Außenpolitik – ob im Parteiapparat oder im Außenministerium – war immer ein besonderes Objekt der Aufklärung, speziell von seiten der BRD, und da die außenpolitischen Mitarbeiter häufig zwischen Staats- und Parteiapparat wechselten, auch stark beachtet. Weil die Gestaltung der Außenpolitik in hohem Maße von der Auswertung von Informationen abhängt, flossen hier vielfältige analytische Erkenntnisse zusammen, wozu auch das MfS beitrug.

Der gesamte Wirtschaftsbereich des ZK-Apparats war in bestimmten Situationen gleichfalls auf Informationen des MfS angewiesen. Alle Katastrophen und Havarien wurden vom Ministerium für Staatssicherheit untersucht, und damit war es die wichtigste Quelle für notwendige Wertungen und das Aufdecken von Ursachen. Wie die Strukturen des MfS ausweisen, wurden von ihm beinahe alle gesellschaftlichen Bereiche mit geheimdienstlichen Methoden bearbeitet, und es bestanden auch – wie in Kombinaten und Großbetrieben, größeren Instituten und Einrichtungen – Dienststellen des MfS, die öffentlich bekannt waren.

Bei der großen Anzahl von Großveranstaltungen, die natürlich abzusichern waren, kamen Mitarbeiter des ZK in den entsprechenden Leitungsstäben in Kontakt mit den Beauftragen des MfS, die dort mitarbeiteten. Beziehungen dieser Art ergaben sich auch in anderen Bereichen aus den Strukturen des gesellschaftlichen Systems der DDR.

Da solche Beziehungen sich nicht aus der offiziellen Arbeitsordnung des ZK und keinesfalls aus einem Verhältnis der Unterstellung oder Unterordnung ergaben, vollzogen sie sich häufig in Form des Meinungsaustausches, um gemeinsame Wertungen oder Standpunkte zu finden. Weil Mitarbeiter des ZK-Apparats nicht als IM für das MfS geworben und verpflichtet werden durften, gab es für das MfS nur den Weg einer solchen Kooperation.

Kaum etwas Bündiges kann darüber ausgesagt werden, ob und in welchem Maße Mitarbeiterinnen und Mitarbeiter des ZK über die geheimdienstlichen Methoden des MfS und ihre Folgen wußten oder von ungerechtfertigten Strafen in politischen Prozessen erfuhren. Es ist jedoch anzunehmen, daß bei dem ideologischen Klima im Hause des ZK die Meinung überwog, es sei richtig, für den Schutz der Arbeiter-und-Bauern-Macht alle Mittel einzusetzen, daß Sicherheitsapparat und Justiz als Organe der »Arbeiter-und-Bauern-Macht« nicht nach »formaljuristischen« Gesichtspunkten zu bewerten seien. »Formaljuristisch« war für die meisten ein Negativbegriff, und im allgemeinen war das Urteil verfestigt, daß die bürgerliche Justiz, etwa in der BRD, ebenfalls ihren Klassenauftrag erfülle, wenn sie das auch »formaljuristisch« bemäntele. Die vielen Prozesse gegen Kommunisten und die Justizopfer des Kalten Krieges in der BRD stützten diese These.

Andererseits ist nicht zu leugnen, daß es auch bei nicht wenigen ZK-Mitarbeitern eine gewisse Unsicherheit gab, ob ihre eigenen Persönlichkeitsrechte vom MfS respektiert wurden. Das betraf z.B. das Abhören von privaten Telefonanschlüssen. Es war ein offenes Geheimnis, daß das MfS zum Anzapfen von Telefonleitungen keiner staatsanwaltschaftlichen oder richterlichen Genehmigung bedurfte, sondern die Entscheidung selbst traf. Wie weit dieser »Lauschangriff« oder die Postkontrolle gingen, wußte niemand. Nur wenigen ZK-Mitarbeitern war bekannt, daß sie selbst – wenn sie als Geheimnisträger galten – von Zeit zu Zeit, ohne daß sie davon etwas erfuhren, einer Sicherheitsüberprüfung unterzogen wurden.

Spürbar kritisch hinsichtlich der Tätigkeit des MfS und anderer staatlicher Organe wurde die Stimmung eines Teils der ZK-Mitarbeiter erst 1988. Die Inhaftierung von Menschen, die bei der Demonstration zu Ehren von Karl Liebknecht und Rosa Luxemburg das Transparent mit dem Ausspruch »Freiheit ist immer die Freiheit der Andersdenkenden« mitgeführt hatten, oder die Relegierung von Oberschülern in Berlin-Pankow, die sich an der Wandzeitung gegen militärische Aufmärsche und ähnliches ausgesprochen hatten, führten zum Nachdenken.

Diese ablehnende Haltung wurzelte in der Erkenntnis: Hier zeigt sich nicht die Stärke der Staatsmacht, sondern die Schwäche der Partei, die augenscheinlich nicht in der Lage war, sich mit abweichenden Meinungen von Bürgerinnen und Bürgern geistig auseinanderzusetzen, sondern zu Mitteln des Drucks und der strafrechtlichen Verfolgung griff. Das paßte nicht mehr in die internationale politische Landschaft und mußte der DDR schaden. Viele Mitarbeiter befürworteten einen offenen Disput mit den »Oppositionellen« und lehnten staatliche Repressionen ab.

Zudem befanden sich viele Mitarbeiter des ZK-Apparats selbst in der Situation, daß sie mit manchen Entscheidungen der SED-Führung nicht mehr übereinstimmten, aber selber keinen Ausweg wußten. Sie wünschten eine offene Diskussion, die ihnen aber um so weniger möglich schien, je drakonischer gegen Andersdenkende im Lande vorgegangen wurde. Auch hier lag ein Motiv dafür, daß im ZK-Apparat die kritische Haltung gegenüber der Tätigkeit des MfS und anderer Staatsorgane zunahm. Freilich wurde sie nicht offen vorgetragen. Auch darüber wurde nur im vertrauten engen Kreis gesprochen.

Der Apparat als Willensvollstrecker

Die Abteilungen des ZK hatten für Sekretariat und Politbüro über Probleme ihres Arbeitsgebiets Berichte und Analysen anzufertigen und Beschlußvorlagen auszuarbeiten. Zur Behandlung solcher Beschlüsse wurden die betreffenden Abteilungsleiter hinzugezogen und gelegentlich aufgefordert, zur Begründung ihres Vorschlags im Politbüro oder Sekretariat zu sprechen. Solche Papiere begannen mit dem stets wiederkehrenden Versatzstück:»Ausgehend von dem Beschluß des ZK vom Soundsovielten und der Rede des Generalsekretärs vom Soundsovielten.« wurde das und das getan. Dann folgte eine lange Aufzählung von Erfolgen.

Nun wollte die Abteilung erreichen, daß in ihrem Beschluß für einen bestimmen Zweck mehr Mittel zur Verfügung gestellt wurden. Der Mißstand, der damit behoben werden sollte, durfte aber als solcher nicht benannt werden. Also hieß es: Um noch größere Erfolge im Sinne der Aufgabenstellung zu erreichen, wie sie der Generalsekretär in seiner Rede vom Soundsovielten formuliert hat, ist es erforderlich, die und die Mittel einzusetzen.

Nach dem gleichen Prinzip wurden Berichte abgefaßt, in denen die Abteilungen auf Probleme aufmerksam machen wollten. Stets wurde erst von den großen Erfolgen berichtet, bevor auf Seite 4 oder 5 folgte: Noch nicht überall ist es gelungen ..., es gibt allerdings noch große Differenzierungen ..., in einigen Fällen ist es vorgekommen, daß ... usw. usf.

Ein charakteristisches Beispiel war der »Bericht über die Parteiwahlen in den Grundorganisationen der SED 1985« an das Sekretariat des ZK. Auf 27 Seiten enthielt er vor allem Aussagen über die Übereinstimmung der Parteimitglieder mit dem Kurs der Parteiführung: »In Briefen an den Generalsekretär des ZK der SED, Genossen Erich Honekker, [...] berichteten Partei- und Arbeitskollektive über neue Arbeitsvorhaben zur Unterstützung dieser guten Politik. Zugleich dankten sie der Parteiführung für ihre Konsequenz, die Umsicht und ihren hohen persönlichen Einsatz bei der Verwirklichung der Beschlüsse des X. Parteitages.« Seitenlang wurden Erfolgsberichte und Ergebenheitsbekundungen aneinandergereiht. Die erste »kritische« Bemerkung fand sich auf Seite 14 (!), wo es hieß: »Es wurde aber auch deutlich, daß in einigen Kombinaten und Betrieben der bezirksgeleiteten Industrie mehr getan werden muß, um Konsumgüter in hohen Stückzahlen und guter Qualität zu produzieren.« Ein absoluter Gemeinplatz! Die »schärfste Kritik« stand auf Seite 17: »In einigen Kombinaten und Betrieben bleibt die Leitungstätigkeit hinter der Leistungsbereitschaft der Werktätigen zurück, wie zum Beispiel in Betrieben des Möbelkombinats Ribnitz-Damgarten. Das war mit eine Ursache dafür, daß über 40 Prozent der Genossen im VEB Wohnraummöbel Ribnitz-Damgarten dem Parteisekretär bei der Wahl ihre Stimme verweigerten.«[37]

Es war unzulässig, sofort auf den Mißstand, den Mangel, das ungelöste Problem zu sprechen zu kommen. Am Anfang mußte der Erfolg stehen. Demzufolge wurde jeder Berichterstatter zur Schönfärberei genötigt.

Dem wurde natürlich noch ein »theoretisches« Mäntelchen umgehängt: Nur auf der Grundlage von Erfolgen könne man im Vorwärtsschreiten die Probleme lösen, die Grundeinstellung eines Kommunisten sei optimistisch, und daher habe er erst einmal vom Positiven auszugehen, und ähnliche Sprüche mehr.

In dieser Hinsicht waren Politbüro und Sekretariat erfinderisch. Als zum Beispiel selbst Mitarbeiter des Parteiapparats den Kopf darüber schüttelten, wenn im »Neuen Deutschland« bei der Messeberichterstattung aus Leipzig über den Rundgang des Generalsekretärs 40 und mehr Bilder von Honecker erschienen und damit der Personenkult geradezu penetrant wurde, gab es »von oben« die Erklärung, das habe natürlich überhaupt nichts mit Personenkult zu tun. Es gehe einzig und allein darum, alle Länder, deren Stände der Generalsekretär besucht habe, protokollarisch gleichwertig zu behandeln, damit sich nicht der eine oder andere Botschafter über seine angebliche Zurücksetzung beschwere. Und es gab nicht nur Mitarbeiter, die zumindest innerlich über solche Erklärungen lachten; manch einer war auch froh, daß ihm ein »Argument« geliefert wurde – nicht nur für die Diskussion mit anderen, sondern vor allem auch zur eigenen Beruhigung.

An der Spitze der SED war ein illusionäres Bild der Zustände im Land entstanden. Es gab einen ständigen Kreislauf des Selbstbetrugs: Der Generalsekretär und die anderen Mitglieder des Politbüros entfernten sich sowohl in ihrer Wandlitzer »Sonderzone« als auch in ihrer Arbeit immer weiter vom wirklichen Leben der Menschen. Wie wenig Politbüro und Sekretariat zuletzt die tatsächlichen brennenden Probleme erfaßten oder sich ihnen stellen wollten, zeigte auch der Arbeitsplan dieser Gremien für das zweite Halbjahr 1989 (Dokumente, Anhang 6). Dagegen halfen auch keine Betriebsbesuche oder gelegentliche Gespräche mit Arbeiterinnen und Arbeitern anläßlich der Übergabe eines Neubaugebiets oder einer neuen Produktionsanlage. Denn solche »Begegnungen« hatten den Charakter von Vorführrungen. Gewiß gab es auch realistische Berichte, konnte mancher Funktionär die »Berichtssprache« so handhaben, daß das Politbüro in der Lage gewesen wäre, ernste Probleme zu erkennen, wenn es denn gewollt hätte. Aber Versuche – etwa einiger 1. Bezirkssekretäre –, in den monatlichen Berichten oder bei Gesprächen mit Honecker auf schwerwiegende Probleme in der Wirtschaft oder auf andere Mißstände aufmerksam zu machen, zeugten nur Abneigung und brachten Honecker zu der Meinung, der betreffende Funktionär stehe nicht auf der Höhe seiner Aufgaben. Diese Art der Reaktion hatte ihre Auswirkungen auf den Wahrheitsgehalt von Berichten.

Der Apparat – ursprünglich einmal geschaffen als Hilfsorgan der gewählten Leitung und als solches für jede Partei notwendig – war letztlich zum Instrument in der Hand des Generalsekretärs geworden, der seine Macht und Gefolgschaft zu sichern hatte. So konnte der Generalsekretär weitgehend selbstherrlich regieren: der ZK-Apparat war ausführendes Organ seines Willens. Andererseits wurde Honecker von anderen Politbüromitgliedern beeinflußt und dazu veranlaßt, ihre eigenen Ambitionen durchzusetzen. Zugleich umgab der Personenkult, so kleinkariert er sich in der DDR zeigte, den Generalsekretär mit einer Aura des bedeutenden »Staatslenkers«.

Diese Konstellation prägte den Arbeitsstil des Apparats. Bei der Förderung von Funktionären war oft deren bedingungslose Ergebenheit gegenüber der Parteiführung oder ihrer Mitglieder ausschlaggebend. Beschlüsse wurden im Politbüro nicht gründlich, häufig überhaupt nicht diskutiert. In den seltensten Fällen enthielten die Beschlußvorlagen Entscheidungsvarianten. Variantendenken entsprach nicht Honeckers Psyche.

Da er zugleich Generalsekretär und Vorsitzender des Staatsrates war, wurde der ZK-Apparat mit einer Flut von

Eingaben an seine Adresse behelligt. In den letzten Jahren war manche Abteilung bis zur Hälfte ihrer Arbeitszeit mit der Bearbeitung von Eingaben dieser Art beschäftigt. Dabei bestand der Arbeitsauftrag in vielen Fällen darin, die Probleme einzelner zu lösen, nicht aber die Ursachen für die kritisierten Mißstände zu analysieren. So entstand bei vielen Menschen der Eindruck, Honecker nehme sich ihrer Interessen persönlich an, sie brauchten sich nur an ihn zu wenden, um Hilfe zu erhalten.

Er selbst und das Politbüro nutzten das zunehmend aus, Funktionären unterer Leitungsebenen Fehler in der Arbeit, Mängel in der Leitungstätigkeit vorzuwerfen nach dem Motto: Warum seid ihr nicht fähig, die Probleme zu lösen, warum muß alles auf höchster Ebene geregelt werden? In Wirklichkeit konnten auch mit der Macht des Generalsekretärs nur punktuell bestimmte Mängel abgestellt werden. Deren generelle Überwindung hätte grundlegende Reformen erfordert, zu denen die SED-Führung nicht bereit war.

Da Honecker und das Politbüro überzeugt waren, die gesamtgesellschaftlichen Interessen zu kennen und zu repräsentieren, erschien ihnen jedes eigenständige Interesse bestimmter Organisationen, Bereiche, Bezirke oder Kommunen zumindest von untergeordneter Bedeutung, wenn nicht gar suspekt. Daran konnten die Mitarbeiter des ZK-Apparats nichts ändern, selbst wenn sie es wollten und – nicht selten – auch versuchten.

Kaderpolitik zur Sicherung der Macht

Die Personalpolitik – und demzufolge die Abteilung Kaderfragen im ZK-Apparat – hatte sich Honecker direkt unterstellt. Sie bereitete alle Vorschläge für die Besetzung von Funktionen, die zur Nomenklatur des ZK gehörten, vor oder – da ein Großteil der Arbeit mit »Nomenklaturkadern« in den verschiedenen Abteilungen geleistet wurde – kontrollierte sie zumindest.

Die Liste der Funktionen, über deren Besetzung das Politbüro oder das Sekretariat des ZK entschied, liest sich wie ein »Who is who in GDR«. Sie enthielt alle wichtigen Verantwortungsträger – von den Abteilungsleitern des ZK über die Mitglieder des Staatsrates und des Ministerrates, die Bankpräsidenten, den Generalstaatsanwalt und den Präsidenten des Obersten Gerichts, die Volkskammerabgeordneten, die Vorsitzenden oder 1. Sekretäre der Massenorganisationen und der anderen Blockparteien bis zu den Generaldirektoren und den Parteiorganisatoren des ZK der Kombinate, den Rektoren der Universitäten und Hochschulen, den Chefs von Massenmedien wie sämtliche Mitglieder des Redaktionskollegiums des »Neuen Deutschland«, des Staatlichen Komitees für Fernsehen und Rundfunk, der Leitung des ADN, den Intendanten der Berliner Theater, den Direktoren der Landwirtschaftsausstellung und der Gartenbauausstellung sowie den Präsidenten der Reichsbahndirektionen. Insgesamt umfaßt die Liste der Nomenklatur über 180 Schreibmaschinenseiten, auf denen mehr als 9.200 Funktionen aufgeführt sind![38)

Praktisch wurde keine einigermaßen einflußreiche Position in der DDR ohne Zustimmung des Politbüros oder des Sekretariats des ZK der SED besetzt. Damit sicherte die SED-Führung ihre Macht und ihren Einfluß in allen gesellschaftlichen Bereichen des Landes. Die Leitungen der anderen Parteien, der Massenorganisationen und vieler weiterer Strukturen wurden dadurch weitgehend entmündigt.

Ähnliche Nomenklaturen gab es in den Bezirks- und Kreisleitungen der SED. Allerdings wurden sie ihnen von Politbüro und Sekretariat »zugeteilt«, wobei die Liste der zentralen Nomenklatur im Lauf der Jahre länger, die der bezirklichen dafür kürzer wurde. Die Entscheidungspyramide stand schließlich gewissermaßen mit der Spitze nach unten, die Zentrale zog auch auf dem Gebiet der Personalpolitik immer mehr Macht an sich.

Die Kaderabteilung des ZK hatte den Auftrag, dafür zu sorgen, daß Funktionen mit Personen besetzt wurden, die eine hohe politische und fachliche Ausbildung besaßen. Außerdem mußte ein bestimmter Anteil an Frauen darunter sein, eine Überalterung der Leitungen vermieden sowie rechtzeitig Nachwuchs für die Funktionen ausgewählt, qualifiziert und erprobt werden.

Dem Einfluß der Kaderabteilung waren aber zumindest zwei Grenzen gesetzt. Zum einen traf das Politbüro, meist also der Generalsekretär, seine Entscheidungen oft ohne Mitarbeit der Kaderabteilung, etwa bei der Auswahl von Mitgliedern, die er für die Wahl ins Politbüro vorgesehen hatte. So kam es gerade in der Schaltzentrale der Macht zur Überalterung und zu einem nur marginalen Anteil an Frauen. Zum anderen wurden alle Personen, die für eine Nomenklaturfunktion vorgesehen waren, vom Ministerium für Staatssicherheit einer sicherheitspolitischen Überprüfung unterzogen, die auch die Kaderabteilung des ZK nicht beeinflussen konnte. Auf Grund der oft überzogenen Sicherheitskriterien (zum Beispiel Westverwandtschaft) kamen viele kompetente, befähigte Menschen nicht in leitende Funktionen. Sicherheitspolitische Aspekte, Parteizugehörigkeit und politische Schulung waren bei der Besetzung der Leitungspositionen nicht selten wichtiger als fachliche Kompetenz.

Zu den Aufgaben der Kaderabteilung gehörte auch die »Koordinierung und Abstimmung der personellen Vorschläge für hohe staatliche Auszeichnungen«. Dabei ergaben sich mitunter geradezu groteske Situationen. Hatte das Politbüro beschlossen, anläßlich eines Festtages Hunderte von hohen Orden an »verdienstvolle Werktätige« zu verleihen, mußte allerdings die soziale Zusammensetzung der Ausgezeichneten der Struktur der arbeitenden Bevölkerung, der Bezirke usw. entsprechen.

So wurde z.B. festgelegt, daß im Bezirk X aus dem Bereich Handel und Versorgung eine Frau bis zu 25 Jahren auszuzeichnen sei. Die zuständige Bezirksleitung suchte dann nach einer passenden Kandidatin, auch wenn bekanntermaßen die beste Verkaufsstellenleiterin im Bezirk vielleicht über 40 war. Die dem Politbüro vorzulegende Liste mußte den vorgegebenen Kriterien entsprechen.

Nach einem ähnlichen »Streuprinzip« wurden Orden und Auszeichnungen an Funktionäre aller Ebenen verliehen, nicht nur der SED, sondern auch der anderen Parteien, Massenorganisationen, des Staatsapparats usw., oft ohne Beziehung zu deren tatsächlichen Leistungen, sondern entsprechend ihrer Stellung in der Hierarchie, der Zahl ihrer Dienstjahre, zu runden Geburtstagen usw. So bekamen häufig Funktionäre militärische Auszeichnungen, ohne je etwas mit militärischen Dingen zu tun gehabt zu haben, oder sie erhielten Auszeichnungen von Organisationen, die sich davon wohlwollende Förderung versprachen.

Offenbar war die Führung der SED der Meinung, daß der erfolgreiche Besuch einer Parteischule Ausweis einer tiefen politischen und weltanschaulichen Überzeugung sei. Das förderte einerseits Schönrednerei, Doppelzüngigkeit und Karrierismus, weil zur Schau gestellte Linientreue und Ergebenheit gegenüber Politbüro und Generalsekretär eher dazu verhalfen, höhere Stufen in der Hierarchie zu erklimmen, als eigenverantwortliche sachliche Arbeit.

Andererseits führte diese Vorstellung bei vielen Parteimitgliedern zur Selbstzensur. Bei ihren Äußerungen benutzten sie die »Schere im Kopf« und brachten ihre Meinung mit der »gelernten Überzeugung« in Übereinstimmung.

In manchen Bereichen bildete sich geradezu ein Negativprinzip der »Kaderauswahl« heraus: Wer nach oben kommen wollte, durfte möglichst keine eigene Meinung äußern, sondern mußte seinem Vorgesetzten recht geben, ihm lobhudeln und dienstbar sein. Stieg der in eine höhere Funktion auf oder schied aus Altersgründen aus, durfte sein treuer Paladin hoffen, von ihm als Nachfolger vorgeschlagen zu werden. Zwar kritisierte er nachträglich den ehemaligen Chef, nahm aber meist keine andere Haltung ein als dieser, sondern trat mehr oder weniger genau in seine Fußtapfen.

So hatte ja Honecker selbst seinen Vorgänger Walter Ulbricht jahrelang gelobt und seiner grenzenlosen Ergebenheit versichert, bis sich die Gelegenheit bot, ihn zu entmachten und dessen Platz einzunehmen.

Die Nomenklatur, über die im Hause des ZK entschieden werden mußte, wurde mit abnehmender Stabilität der DDR immer umfangreicher. Hauptkriterium für die »Eignung« von Funktionsträgern war mehr denn je die politische Zuverlässigkeit, wobei in manchen Bereichen überhaupt nicht mehr geprüft wurde, ob Leistungsfähigkeit und fachliche Kompetenz noch ausreichten. Nicht wenige Funktionäre, die das Rentenalter erreicht hatten und sich den Aufgaben nicht mehr gewachsen fühlten, wollten Jüngeren Platz machen. Mit diesem Wunsch stießen sie jedoch bei der Parteiführung auf geharnischte Ablehnung. Denn unausgesprochen wurde dadurch auch die Frage aufgeworfen, was mit dem total überalterten Politbüro sei. Daß Zuverlässigkeit im Sinne der bedingungslosen Unterordnung und Leistung im Sinne des Handelns aus eigener Verantwortung einander widersprechen, wurde von der SED-Führung nicht erkannt oder aber verdrängt.

Das Politbüro ließ immer mehr Abteilungsleiter aus dem ZK-Apparat in das Zentralkomitee wählen. Dadurch kam es zu einer wachsenden Verfilzung von gewähltem Gremium und dem ihm offiziell nachgeordneten Apparat, zu einer Stärkung der Macht des Apparats gegenüber den gewählten Parteileitungen und staatlichen Leitungsgremien. Funktionäre aller gesellschaftlichen Bereiche, die gegenüber Entscheidungen der Parteiführung Widerspruch anmeldeten oder gar offen Kritik übten, wurden mitunter sehr schnell abgelöst. Das betraf nicht nur Generaldirektoren von Kombinaten, sondern auch Mitarbeiter des zentralen Parteiapparats. All diese Verfahrensweisen, mit denen Honecker und das Politbüro ihre Macht und die Stabilität der DDR zu sichern hofften, führten zum entgegengesetzten Resultat – sie erhöhten die Instabilität und untergruben damit auch die Macht der SED-Führung mehr und mehr.

Nur Mangel an Zivilcourage?

Es ist erstaunlich, daß Politbüro, Zentralkomitee und Apparat der SED dennoch bis zum Schluß funktionierten. Es muß gefragt werden, warum die zum Teil hochgebildeten Mitarbeiterinnen und Mitarbeiter nicht gegen die als falsch erkannten Beschlüsse des Politbüros auftraten, warum sich weder im ZK noch im Apparat eine oppositionelle Strömung oder Fraktion bildete, um eine Änderung der Politik zu erzwingen.

Läßt sich das allein mit Feigheit erklären? Sicherlich können sich die Mitglieder und Mitarbeiter des ZK den Vorwurf nicht ersparen, daß sie zu wenig Zivilcourage aufgebracht haben. Aber Feigheit allein als Erklärung reicht nicht aus, dann müßten im ZK und im ganzen Apparat nur Feiglinge gearbeitet haben, was gewiß nicht der Fall war. Freilich muß bedacht werden, daß unter den Bedingungen, wie sie zuletzt in der DDR herrschten, das Risiko oppositioneller Äußerungen oder Handlungen für Parteifunktionäre hoch war. Jeder hauptamtliche Funktionär, der sich gegen das Politbüro gewandt hätte, wäre mit Sicherheit sofort entlassen worden. Dennoch ist auch die Angst vor dem sozialen Sturz durchaus keine hinreichende Erklärung für angepaßtes Verhalten.

Auch hätte es nur einen einzigen Weg gegeben, oppositionelle Meinungen an die Öffentlichkeit zu bringen: über die westdeutschen Medien. Doch dieser Schritt war für die meisten SED-Funktionäre unvorstellbar. Denn die BRD-Medien waren für sie die Sprachrohre des Gegners, der alles nutzen würde, um der DDR zu schaden. Und das entsprach nicht ihren Intentionen. Sie wollten eine bessere DDR, nicht ihren Untergang. Zudem hätten sie sich in den westdeutschen Medien anonym äußern müssen, und sie wußten, daß die Parteiführung solche Äußerungen als »plumpe Fälschung« abtun würde. Aus alledem ergab sich eine starke Selbstdisziplinierung. Andererseits wollten sie sich nicht von der Führung vor der Zeit ausschalten lassen, um eines Tages mitzuhelfen bei der entschiedenen Veränderung.

Ausschlaggebend jedoch war aber wohl ein anderes Moment: Ein Aufbegehren, gar ein »Aufstand gegen oben«, lag völlig außerhalb der Denk- und Verhaltensmuster der SED-Funktionäre. Eine – nach heutiger Erkenntnis – falsche und für den sozialistischen Versuch schädliche Theorie und Praxis von führender Rolle der Partei, Parteiergebenheit, demokratischem Zentralismus, Einheit und Geschlossenheit, Disziplin und Macht, die sich immer wieder auf die Erfahrungen der verhängisvollen Wirkung von Fraktionsbildungen in der Tätigkeit der KPD der Weimarer Republik berief, war von den meisten Funktionären durch langjährige Erziehung tief verinnerlicht. Eine Wende – sollte sie nicht in Konterrevolution und Chaos münden – konnten sie sich nur auf Initiative »von oben«, also vom Politbüro und vom Generalsekretär, vorstellen. Dabei schien ihnen die Entwicklung in der Sowjetunion sogar recht zu geben.

So blieb den ZK-Mitarbeitern meist nur, im kleinen vertrauten Kreis über die Probleme des Landes zu sprechen und Lösungsmöglichkeiten zu erörtern in der Hoffnung, daß eine Veränderung in der »Spitze« ihnen die Möglichkeit gäbe, ihre Ideen zu realisieren. Selbst noch im Jahre 1989, als der Niedergang der DDR absolut nicht mehr aufzuhalten war, setzten fast alle ihre Erwartungen darauf, nach dem Sturz Honeckers, den sie als unvermeidlich ansahen, werde ein neuer Generalsekretär das Steuer der Politik herumreißen und einen Weg zur Lösung der Probleme öffnen. Diese Hoffnung betrachteten sie als Chance, zu einer neuen Politik, zu einer besseren SED zu gelangen, die in der Lage wäre, die DDR auf einen sozialistischen Reformkurs zu führen.

Doch dazu war es bereits zu spät. Viel zu spät.

Dr. Otfrid Arnold, Jahrgang 1929,
arbeitete bis 1989 in der Abteilung Propaganda des ZK der SED;
Dr. Hans Modrow, Jahrgang 1928,
leitete in der Nachfolge von Werner Lamberz die Abteilung
Agitation von 1971 bis 1973. Danach bis 1989 1. Sekretär der SED-
Bezirksleitung Dresden. Kandidat des ZK der SED seit 1958,
Mitglied seit 1967

Anmerkungen

Signaturangaben beziehen sich auf das Archiv der Parteien und Massenorganisationen der DDR, Berlin

1) Programm der Sozialistischen Einheitspartei Deutschlands, Dietz
   Verlag Berlin 1976, S. 5, Statut der Sozialistischen Einheitspartei
   Deutschlands, Dietz Verlag Berlin 1976, S. 5
2) Verfassung der Deutschen Demokratischen Republik, 8. Aufl.,
   Staatsverlag der DDR 1989, S. 9
   Diese Verfassung wurde durch Volksentscheid in Kraft gesetzt.
   Der erste Entwurf dazu war mit einem Brief Walter Ulbrichts vom
   30. Oktober 1967 an Breshnew übersandt worden mit der Bitte, dazu
   bis 29. November 1967 die Bemerkungen des Politbüros des ZK der
   KPdSU zu übermitteln.
   Briefwechsel Ulbricht/Breshnew, Sign.: J IV/2/2/1144 und J IV 2/2/1145.
3) Zum Jahresende 1988 wurden von den Mitgliedern und Kandidaten
   der SED 57,8 Prozent als Arbeiter, 37,1 Prozent als Produktionsarbeiter
   ausgewiesen.
   Bericht über die Mitgliederbewegung der SED im Jahre 1988
   (Beschluß des Sekretariats des ZK vom 10. Januar 1989)
4) Richtlinie für die organisationstechnische Arbeit der Partei (Beschluß des
   Sekretariats des ZK vom 15. September 1972), Parteiinternes Material,
   S. 59
5) Richtlinie für die Einstufung der Mitglieder und Kandidatender SED
   in Kategorien der sozialen Gliederung (Beschluß des Politbüros
   vom 9. Februar 1988)
6) Bericht über die Entwicklung der Mitgliederbewegung der SED im
   Jahre 1988 (Beschluß des Sekretariats des ZK der SED vom 10. Januar
   1989)
7) Bericht über die Entwicklung der Mitgliederbewegung der SED im
   Jahre 1988, a.a.O.
8) Statut der Sozialistischen Einheitspartei Deutschlands, a.a.O., S. 42
9) Vergl. Helmut Bock: Partei – Staat – bürokratische Kaste, in: Lothar
   Bisky, Uwe-Jens Heuer, Michael Schumann (Hrsg), Rücksichten,
   VSA-Verlag Hamburg 1993, S. 155 f
10) Direktive des Zentralkomitees der SED über die Rolle und Aufgaben
    der Parteiinformation (Beschluß des Sekretariats des ZK
    vom 20. November 1974), Sign.: J IV 2/3/2237
11) Niederschrift Gespräch Honecker-Schewardnadse am 9. Juni 1989 in
    Berlin, Sign.: J IV 2/2A/3225
12) Anlage Nr. 2 zum Protokoll Nr. 26 vom 24. März 1976, Sekretariat des ZK,
    Sign.: J IV 2/3-2428
13) Statut der SED, a.a.O., S. 54
14) Direktive für die Tätigkeit der Revisionskommissionen der SED. Be-
    schlossen auf der 17. Sitzung der Zentralen Revisionskommission am
    12. Februar 1974 (Beschluß des Sekretariats des ZK vom 20. Februar 1974)
15) Statut der SED, a.a.O., S. 55f
16) Programm der Sozialistischen Einheitspartei Deutschlands,a.a.O., S. 5

17) Erich Honecker zu dramatischen Ereignissen, W. Runge
Verlag,Hamburg 1992, S. 86

18) Sitzung des Sekretariats des ZK am 4. Februar 1987, Sign.: J IV2/3/4073

19) Zu einigen anderen Aspekten der persönlichen Beziehungen zwischen
Honecker und Gorbatschow, siehe: Egon Krenz »Honecker und
Gorbatschow« in: Neues Deutschland, 25. 1. 1993, S. 3

20) Statut der SED, a.a.O., S. 55

21) Vorlage für die 8. Tagung des ZK der SED am 24. Mai 1984 über die
Arbeitsverteilung für die Mitglieder und Kandidaten des Politbüros.
Sign.: IV 2/1/622

22) PB-Vorlage am 30. Oktober 1989: »Analyse der ökonomischen Lage der
DDR mit Schlußfolgerungen« Einreicher: G. Schürer, G. Beil,
A. Schalck, E. Höfner, A. Donda. Sign.: J IV 2/2A/3252

23) Beschluß des Politbüros des ZK der SED vom 12. Juli 1960 über die
weitere Qualifizierung der Organe des Staatsapparats

24) Erich Honecker zu dramatischen Ereignissen, a.a.O., S. 87

25) Verfassung der Deutschen Demokratischen Republik, a.a.O., S.45

26) Statut der SED, a.a.O., S. 55f

27) Geschichte der Kommunistischen Partei der Sowjetunion (Bolschewiki),
Kurzer Lehrgang, Dietz Verlag Berlin 1952, S. 441

28) ebenda, S. 447

29) Die Reden Erich Honeckers auf den »Beratungen des Sekretariats des
ZK der SED mit den 1. Sekretären der Kreisleitungen« wurden vom
Dietz Verlag Berlin veröffentlicht

30) Statut der SED, a.a.O., S. 21

31) Statut der SED, a.a.O., S. 58

32) Grundsätze für die Arbeit der Parteikontrollkommissionen der SED
(Beschluß des Sekretariats des ZK der SED vom 23. Februar 1972)

33) Statut der SED, a.a.O., S. 56f

34) Vgl.: Bericht des Politbüros an die 8. Tagung des Zentralkomitees der
SED, Dietz Verlag Berlin 1989

35) Statut der SED, a.a.O., S. 42ff

36) Vergl.: David Gil/Ulrich Schröter: Das Ministerium für Staatssicherheit,
Rowohlt Berlin 1991

37) Anlage Nr. 1 zum Protokoll Nr. 146 vom 11. Dezember 1985,
Sign.: JIV/2/3/3908

38) Bestätigung der Kadernomenklatur des Zentralkomitees der SED
(Beschluß des Sekretariats des ZK vom 3. Dezember 1986)

Günter Sieber

Schwierige Beziehungen

Die Haltung der SED zur KPdSU
und zur Perestroika

Ende der siebziger, Anfang der achtziger Jahre beschleunigte sich der Zusammenbruch der Sowjetunion. Die Disproportionen in der Wirtschaft des Riesenlandes wurden
unüberwindbar. Der schon verzweifelte Versuch, mit neu-
en Generationen strategischer und operativer Waffen den
Rüstungswettlauf mit den USA zu gewinnen, verbrauchte
die letzten Reserven des Landes und machte das Umlenken
auf überlebensfähige Strukturen auch deshalb unmöglich.
Dazu gehörte außer der modernsten Bewaffnung eine auf
den Gleichstand oder das Überholen der USA gerichtete
Weltraumtechnik einschließlich sowjetischer Varianten von
SDI sowie die Schaffung einer Infrastruktur an der sowje-
tisch-chinesischen Grenze, um einem möglichen chinesi-
schen Angriff zu begegnen.

Viele Milliarden verschlang der Bau der zweiten sibiri-
schen Eisenbahn, die auf Jahrzehnte hinaus nur Kosten verursachen und erst sehr viel später Ertrag bringen sollte.
Lange Zeit vor der Perestroika war das Land ruiniert. Der
damaligen sowjetischen Führung muß das, wenn auch nicht
im Detail, so zumindest im Prinzip, bekannt gewesen sein,
wobei wahrscheinlich das ganze Ausmaß dem Politbüro
nicht klar war. Dafür sorgten die Vertreter des militärisch-
industriellen Komplexes.

Als noch Breshnew an der Macht war, sprach der Internationale Sekretär der KPdSU, Russakow, als Sonderbeauf-
tragter seines Generalsekretärs mit Honecker, um die Hi-
obsbotschaft zu überbringen, daß der DDR eine Kürzung
der sowjetischen Erdöllieferung um zwei Millionen Tonnen
jährlich ins Haus stehe. Als er auf dieser Sitzung im aller-

kleinsten Kreis (anwesend waren nur der sowjetische Sekretär, ich als Leiter der Abteilung Internationale Verbindungen des ZK der SED sowie ein Mitarbeiter der entsprechenden Abteilung des ZK der KPdSU und eine Dolmetscherin) den drängenden Fragen von Honecker nicht mehr ausweichen konnte, sagte Russakow, daß in der Sowjetunion ein großes Unglück geschehen wäre und man sich in einer gleichen Situation befinde wie 1918 vor Brest-Litowsk, als die Existenz der Sowjetmacht auf dem Spiel stand. Leider waren von ihm keine näheren Erläuterungen über das »Unglück« zu erfahren. Auch Honecker wußte mit dem »Unglück« nichts anzufangen, beließ aber diese Formulierung im Protokoll, während Brest-Litowsk gestrichen wurde, wahrscheinlich deshalb, weil er mögliche Fragen des Politbüros dazu nicht hätte beantworten können.

Ihm war offensichtlich auch entfallen, was ihm Breshnew in einem Gespräch im Zusammenhang mit der Absetzung von Walter Ulbricht erklärt hatte, nämlich: »Eine große Last sind für uns die Verteidigungsausgaben. Wenn ich die Zahlen nennen würde, würdet Ihr umfallen, einen Herzinfarkt bekommen. Bei Gretschko *(damaliger Verteidigungsminister, d. Verf.)* wird alles teurer. Für die gleiche Summe, für mehr und besseres Material, gibt es weniger Flugzeuge usw. Nur auf einem Gebiet geben wir 100 Milliarden Rubel aus. So groß ist nicht ein Staatshaushalt, ich betone, nur auf einem Gebiet. Aber wir müssen Gretschko die Milliarden geben, das ist wichtig für unsere Zukunft, für die Zukunft des Sozialismus«.[1] Unklar schien mir aber auch in der nachfolgenden Zeit der Perestroika, ob die tatsächlichen und wichtigsten Ursachen des Niedergangs der Sowjetunion erkannt worden sind.

Ende der siebziger, Anfang der achtziger Jahre verstärkte sich das Bestreben, die sowjetische Bevormundung zurückzudrängen – und das mehr oder weniger in allen sozialistischen Ländern und ausgeprägt in den kommunistischen Parteien des Westens, wo sich der Euro-Kommunismus entwickelte. Am Ende dieser »euro-kommunistischen

Phase« stand für alle die Erkenntnis, daß die Sowjetunion trotz ihres gewaltigen gesellschaftswissenschaftlichen Potentials keine Antworten auf neu herangereifte Fragen geben konnte. Der DDR ging es im wesentlichen nicht anders.

Die Ereignisse in Polen signalisierten, daß weder die Sowjetunion noch das Bündnis über Mittel verfügten, den Abfall eines Landes vom Warschauer Vertrag und die Niederlage einer regierenden kommunistischen Partei abzuwenden. Militärische Besetzung durch die Sowjetunion und andere sozialistische Länder, beispielsweise in Polen, wäre gleichbedeutend mit einem Interventionskrieg gewesen. Er wäre von polnischer Seite mit der Motivation aus 300 Jahren russischer Unterdrückung beantwortet worden und hätte von Anfang an im Zeichen einer internationalen Katastrophe gestanden. (Da ich von 1973 bis Dezember 1980 Botschafter der DDR in Polen war, kann ich nur bestätigen, daß in Kreisen des damaligen polnischen Politbüros sowohl unter Gierek als auch unter Kania, erst recht unter Jaruzelski an eine sowjetische Besetzung nur mit Grauen gedacht wurde. Auch von einem Ausnahmezustand war damals noch nicht die Rede. Meine fast täglichen Berichte in dieser Zeit über die Lage in Polen an Honecker persönlich besagten, daß die Möglichkeit einer militärischen Intervention völlig ausgeschlossen werden müsse.)

Sehr bezeichnend für die Lage im Bündnis und unter den regierenden kommunistischen Parteien war die Tatsache, daß die Führung der SED, auch die Führung aller anderen Bruderparteien, im Jahre 1981 nicht über die Ausrufung des Ausnahmezustandes in der VRP informiert wurden. Weder der Generalsekretär noch der Verteidigungs- oder Sicherheitsminister haben auf direktem oder indirektem Weg von diesem für den Warschauer Vertrag schwerwiegenden Ereignis Kenntnis erhalten. Aufgrund von Meldungen aus den Grenzkreisen des Bezirkes Rostock und einigen anderen Indizien ging die Abteilung Internationale Verbindungen des ZK davon aus, daß größere »Maßnahmen« in den nächsten 24 Stunden bevorstanden. In dieser Zeit weilte Bundeskanzler Schmidt zu Verhandlungen mit Honecker am Werbellinsee in der Schorfheide.

Der für die Abteilung Internationale Verbindungen zuständige ZK-Sekretär Hermann Axen war an diesen Verhandlungen nicht beteiligt und offensichtlich auch nicht in die Vorbereitung einbezogen worden. Sicherlich war das der Grund, warum er, um diese für ihn sehr ärgerliche Tatsache zu überspielen, die Abteilung am Sonnabend zur Arbeit antreten ließ, obwohl wir mit den Verhandlungen am Werbellinsee genausoviel wie er zu tun hatten, nämlich nichts. Die Abteilung nutzte die Gelegenheit, den möglichen Zeitpunkt des Beginns einer neuen Entwicklung in Polen zu präzisieren und verschiedene Handlungspläne aufzustellen. Ich entsinne mich, daß wir die meisten Kopfschmerzen mit der Evakuierung von über 90 Kindern aus der DDR hatten, die mit ihren Eltern in Warschau wohnten.

Eine Mitteilung an den Generalsekretär oder Hermann Axen über unsere Erkenntnisse bezüglich der dramatischen Lage in Polen hielten wir für unmöglich, da keine gesicherten, präzisen Informationen vorlagen, nur Indizien. Wir, die Mitarbeiter der Abteilung Internationale Verbindungen, hielten es in dieser Zeit für undenkbar, daß in Polen etwas geschieht, ohne daß die Verbündeten wenigstens kurze Zeit vorher informiert würden. 13 Minuten nach Mitternacht erhielt ich jedoch aus der Warschauer DDR-Botschaft über die telefonische Sonderleitung die Mitteilung, daß starke Truppenbewegungen in Warschau im Gange wären und das ganze Telefonnetz bis auf die internationalen Sonderleitungen abgeschaltet war. Die polnische Armee habe alle Straßenkreuzungen mit Panzern besetzt.

Ich verständigte sofort den damaligen Verteidigungsminister Heinz Hoffmann und den Minister für Staatssicherheit, Erich Mielke. Beide erklärten die Mitteilung für eine Ente, da sie vom Warschauer Vertrag bzw. den Moskauer oder Warschauer Partnern keinerlei Information erhalten hätten. Sie lehnten es ab, irgendwelche Maßnahmen zu ergreifen oder den Generalsekretär zu informieren. Daraufhin versuchte ich selbst, Honecker am Werbellinsee anzurufen. Der Leiter des Personenschutzes, Generalleutnant Günter Wolf, erklärte mir, Honecker sei nicht wach zu kriegen, da er nach den Verhandlungen mit Schmidt um eine Schlaftablette gebeten hatte (die er sonst nie brauchte) und die nun eine gewaltige Wirkung gehabt haben mußte. Daraufhin rief ich auf eigene Verantwortung alle Mitglieder und Kandidaten des Politbüros in das Haus des Zentralkomitees, wo sie gegen 3 Uhr morgens eintrafen und ich sie über die bis zu dieser Zeit bekanntgewordene Lage in der VRP unterrichtete. Bereits eineinhalb Stunden zuvor organisierte ich gemeinsam mit dem damaligen Generaldirektor der INTERFLUG, Generalleutnant Henkes, die Evakuierung der über 90 Kinder aus Warschau mit einer IL 18. (Gegen 11 Uhr vormittags landeten sie und ihre Mütter wohlbehalten in Berlin.)

Diese Nacht war wohl eine einmalige Situation in der 40jährigen Geschichte der DDR und zugleich meine einzige persönliche »Machtaneignung« ohne Beschlüsse und Weisungen. Da aber alles gut funktioniert hatte, der Ausnahmezustand in Polen zunächst klappte, Schmidt seinen Besuch in der DDR nicht abbrach, von dem Botschaftspersonal in Warschau niemand zu Schaden kam, fragte auch niemand mehr nach meinen Vollmachten. Bis heute war es mir nicht möglich zu erfahren, warum es keine offizielle oder inoffizielle Information aus Moskau oder Warschau an die Bruderstaaten gegeben hat.

Weder die Sowjetunion noch die anderen sozialistischen Länder verfügten über ausreichende ökonomische Potenzen, um inneren Krisen wie 1953 in der DDR, 1956 in Ungarn und 1968 in der ČSSR mit wirtschaftlicher Hilfe und Unterstützung zu begegnen. Es gab mit dem Rat für Gegenseitige Wirtschaftshilfe keinen Wirtschaftsverbund, der einen ökonomischen Zwang schuf, die politische Einheit der Staatengemeinschaft zu festigen. Auch wurden weder gegenüber Gierek noch gegenüber Honecker nur andeutungsweise anläßlich der bekannten alljährlichen Krim-Gespräche vom Generalsekretär der KPdSU Grundfragen ihrer verhängnisvollen Wirtschaftspolitik aufgeworfen. Statt dessen stand in Breshnews Papieren die Frage, wie es denn möglich gewesen wäre, daß an Komsomolzen anläßlich eines Freundschaftstreffens im Bezirk Karl-Marx-Stadt durch irgend jemand Bibeln verteilt worden waren.

Daß die entscheidenden wirtschaftspolitischen Probleme nicht zur Sprache kamen, kann nicht daran gelegen haben, daß die sowjetische Führung über die Lage in den anderen sozialistischen Ländern nicht informiert war. Ich behaupte, sie war besser informiert als die betreffenden Regierungen und Führungen selbst. Es gab in der Sowjetunion ein großes, leistungsfähiges Institut, das sich ausschließlich mit der Ökonomie der sozialistischen Länder beschäftigte. Dieses Institut hatte Außenstellen bzw. Strukturglieder an den sowjetischen Botschaften in allen sozialistischen Ländern. Es ist bis heute verwunderlich, warum die Sowjetunion, die sonst ja nicht zimperlich war, wenn es um Selbständigkeit und Souveränität ging, diesen grundlegenden Fragen ausgewichen ist.

Nicht zuletzt waren es die Ereignisse in und um Polen, die das Streben der sozialistischen Länder nach Gleichberechtigung und mehr Abstand von der Sowjetunion schnell anwachsen ließen. Auch der Autoritätsverlust der KPdSU in der kommunistischen Weltbewegung war unverkennbar. Der sinnlose, verlustreiche, politisch, wirtschaftlich und militärisch ruinöse Krieg in Afghanistan tat ein übriges. Die Motive, weshalb die Sowjetunion in dieses Land einmarschiert war, wurden immer zweifelhafter. Die Fähigkeit der politischen und – erstmals nach dem Zweiten Weltkrieg – auch der militärischen Führung der Sowjetunion, eine exakte Lageeinschätzung zu betreiben und geschichtliche Erfahrungen zu verwerten, geriet immer stärker in Zweifel.

Andererseits war die Entwicklung in Polen für die Sowjetunion das Signal, daß sie die Breshnew-Doktrin der »beschränkten Souveränität der sozialistischen Staaten« nicht mehr aufrechterhalten konnte, da sie weder über die politischen noch über die militärischen und ökonomischen Möglichkeiten verfügte, Entwicklungen gegen die Interessen der Sowjetunion in den sozialistischen Ländern aufzuhalten.

Diese politische Entwicklung vor dem Hintergrund der wirtschaftlichen Lage in der DDR, die sich besonders mit der Kürzung des Erdölbezugs aus der Sowjetunion verschärfte, vergrößerte zugleich die Widersprüche zwischen KPdSU und SED, weit bevor von Gorbatschow und der Perestroika die Rede war.

Die Welle der internationalen Anerkennung in den siebziger Jahren wurde von der DDR genutzt, um die Beziehungen zu den kapitalistischen Ländern auszubauen und politisch, aber vor allem wirtschaftlich davon zu profitieren. Mit Beginn der achtziger Jahre entstanden außenpolitische Trends in der DDR, die ein von der sowjetischen Außenpolitik wahrnehmbar abgehobenes Profil trugen. Auf dem Gebiet der Parteibeziehungen der SED äußerte sich das in der uneingeschränkten und oft demonstrativen Wiederherstellung der Parteibeziehungen zu allen westeuropäischen kommunistischen Parteien, die in der Zeit des Euro-Kommunismus von der KPdSU zu den »kranken« Parteien gezählt wurden, wie die kommunistischen Parteien in Spanien, Norwegen, Schweden, Italien, Finnland, aber auch die KP Japans. Die Hilfe hingegen für die neugebildeten kommunistischen Parteien in westeuropäischen Ländern, die meist auf Initiative der Sowjetunion und mit deren finanzieller Unterstützung gegründet wurden, um »gesunde« Parteien aufzubauen, wurde von der SED immer mehr reduziert und teilweise eingestellt. Bei internationalen Konferenzen, wie der bedeutenden Karl-Marx-Konferenz im Jahre 1983, wurde die Privilegierung der KPdSU von der SED eingestellt und sie gleichrangig mit allen anderen Parteien behandelt. Es erfolgte auch ein schrittweiser Rückzug der SED aus internationalen Projekten, die meist unter Führung der KPdSU den sowjetischen Standpunkt akzeptieren und verbreiten sollten. Besonders einschneidend war das bei »Interkit« der Fall, einer internationalen Gruppe zur »Entlarvung« und Isolierung der Politik der KP Chinas und des Maoismus.

Es erfolgte eine Annäherung der SED an Positionen der relativ eigenständigen und eigenwilligen Kommunistischen Partei Rumäniens, die von der KPdSU mit äußerstem Mißtrauen beobachtet wurde. Aber auch die eigene Parteimitgliedschaft hatte bei dieser Annäherung kein gutes Gefühl. Und das mit Recht, wenn es um die Politik und Person Ceausescus ging.

Parallel zu diesen Prozessen in den Beziehungen zur KPdSU und den anderen sozialistischen Ländern kam es zu einer bedeutenden Verbreiterung der offiziellen Kontakte mit einer Vielzahl von BRD-Politikern und zu einer beträchtlichen Verstärkung der Kreditbeziehungen. Kooperationsbeziehungen mit den sozialistischen Ländern allerdings wie zum geplanten Bau eines gemeinsamen Autos mit der ČSSR, eines durchaus realen Projektes, wurden abgebrochen. Ein bereits existierender Gemeinschaftsbetrieb mit der Volksrepublik Polen, die neugebaute leistungsfähige Baumwollspinnerei in der Wojewodschaft Katowice, wurde fallengelassen. In beiden Fällen ging die Initiative von Günter Mittag aus. Es ist zutreffend, daß Mittag der wesentlichste Vertreter jenes Kreises von Politikern um Honecker gewesen ist, der die verstärkte Bindung an die BRD betrieb. Daraus erklärt sich wohl auch, daß Mittag nach dem Anschluß der DDR von den Bonner Politikern weitgehend geschont und vom KoKo-Untersuchungsausschuß geradezu mit Samthandschuhen angefaßt wurde. Mittag war auch der Leiter der deutsch-sowjetischen Kommission zur Ablösung, also Verminderung von Westimporten. Bezeichnend: Diese Kommission hat fast nicht gearbeitet.

Von außerordentlicher Bedeutung und international allgemein stark beachtet war die Haltung der DDR zur Stationierung von Mittelstreckenraketen. Abgesehen davon, daß die SS-20-Politik der Sowjetunion absolut nicht das Resultat kollektiver Überlegungen des Warschauer Vertrages war, bedeutete diese Art von Waffentechnik, die bereits mehrfach vorhandene Gefahr der Vernichtung Mitteleuropas weiter zu erhöhen. Wohl kein anderes Waffensystem als das der sowjetischen und amerikanischen Mittelstreckenraketen machte für Ost und West so deutlich, daß Deutschland das erste und totale Opfer einer atomaren Auseinandersetzung sein würde. In dieser Zeit griff Honecker mit seiner Rede auf der Internationalen Karl-Marx-Konferenz 1983 in Berlin nicht nur das Kernstück der sowjetischen Militärdoktrin an, indem er vor einem breiten internationalen Publikum feststellte, daß Atomkriege weder führbar noch gewinnbar seien. (Diese Feststellung wurde noch vor Tschernobyl getroffen.) Nach der Stationierung der Mittelstreckenraketen in Europa prägte er den Ausspruch: Kampf um den Frieden – jetzt erst recht! Und schloß daran die Feststellung an, daß alle Raketen Teufelszeug seien und darum vernichtet werden müßten.

Für die damalige sowjetische Führung unter Tschernenko, vor allem aber für die militärische Führung unter Ustinow, war das mehr als eine »Gotteslästerung«. Einige Monate später erschienen nicht zufällig zwei Artikel in der »Prawda«, die in wohlgesetzten, aber unmißverständlichen Worten der SED-Führung einen abweichenden Kurs vorwarfen oder zumindest vor einer Abweichung warnten bzw. den Verdacht einer Abweichung signalisierten. Daß der zweite dieser Artikel im »Neuen Deutschland«, dem Zentralorgan der SED, nicht abgedruckt wurde, erschien der sowjetischen Führung als besonders schwerwiegend und als volle Bestätigung ihres Verdachtes.[2] Die internationale Reaktion auf diesen Vorgang war groß, und beide Seiten standen vor der Frage, wie es nun weitergehen sollte.

In der Abteilung Internationale Verbindungen waren wir der Meinung, daß dieser Konflikt zu nichts tauge. Unser Sektor »Ferner Osten« (und dort arbeiteten ausgezeichnete Fachkenner) holte einen Artikel der »Prawda« aus dem Archiv, der am Anfang des Konfliktes mit China erschienen war. Es zeigten sich darin so viele Ähnlichkeiten mit den aktuellen »Prawda«-Artikeln, daß wir einen großen Schreck bekamen. Es entstand der Verdacht, in der Sowjetunion gebe es keine komplexe Führung mehr. Das bedeutete höchste Gefahr. Einmal mehr erschien uns der Einmarsch in Afghanistan in seiner ganzen Sinnlosigkeit doch nicht zufällig.

Aus eigenem Entschluß suchten und benutzten wir mehrere Kanäle, um den Gedanken zu verbreiten, daß die Führungen beider Parteien unbedingt sofort zusammenkommen müßten, um die »Mißverständnisse« aufzuklären und Schlimmeres zu verhindern. So sprachen wir mit fast allen Politbüromitgliedern, außer mit Mittag und Herrmann. Aber wir sprachen auch mit Mielke und Hoffmann. Wir nutzten dazu das Vertrauensverhältnis, das zu den Mitgliedern des Politbüros auf gemeinsamen Auslandsreien mehr oder weniger gewachsen war. Ich selbst ergriff eine günstige Gelegenheit, mit Erich Honecker über die beiden Artikel zu sprechen, und schlug vor, angesichts der wachsenden internationalen Reaktion sich mit der Führung der KPdSU zusammenzusetzen. Honecker antwortete mir sehr nachdenklich und in äußerst gedrückter Stimmung – was bei ihm nicht oft vorkam:»Irgend so etwas muß geschehen.« Gleichfalls ohne Weisung traf ich mich in der Nähe von Dresden mit dem damaligen Leiter der Internationalen Abteilung des ZK der KPdSU, Prof. Dr. Wadim Sagladin. Nach mehrstündiger Diskussion, bei der es mir darauf ankam, Sagladin klarzumachen, daß es keine sinnvolle Perspektive für die Weiterführung der Diskussion in dieser Art gab, kamen wir überein, uns weiterhin für ein gemeinsames Treffen einzusetzen.

Es kam dann auch sehr schnell zu einer geheimen Zusammenkunft von Delegationen beider Politbüros. Seitens der SED nahmen daran Erich Honecker, Hermann Axen, Kurt Hager und Erich Mielke teil. Auf sowjetischer Seite leitete Generalsekretär Tschernenko, anwesend waren Verteidigungsminister Ustinow, der KGB-Chef, der Internationale Sekretär Russakow und der Sekretär des ZK Gorbatschow anwesend. Der stellvertretende Leiter der Abteilung Internationale Verbindungen der SED und ich nahmen an dieser Beratung ebenfalls teil.

Der detaillierte Ablauf der Beratung in Moskau wäre ein Thema für sich. Keine Seite hat offen über ihre Lage, die zu erwartenden Probleme und die möglichen Lösungen gesprochen. Das Niveau der Diskussion war denkbar niedrig. Die sowjetische Seite hatte sich vorgenommen, der DDR eine »Abreibung« zu verpassen. Das geschah lautstark und wenig qualifiziert. Der Wortführer war Ustinow. Russakow und – mit einer verlesenen Einleitung – Tschernenko beteiligten sich daran. Auf der DDR-Seite sprachen alle Mitglieder der SED-Delegation. Am lautesten Mielke, der die Behauptung Ustinows von einer »Aufweichung« in der DDR aufs äußerste erregt zurückwies. Tschernenko war schon sehr krank. Er rang nach Luft und konnte kaum sprechen. Er versuchte aber, Ustinow zu bremsen, offensichtlich hielt er von der Art der Diskussion, wie dieser sie führte, überhaupt nichts. Aber seine Kraft reichte nicht aus, sich durchzusetzen.

Der Verlauf dieser Sitzung zeigte, daß die Befürchtung einiger Genossen über das Vakuum in der KPdSU-Führung nicht zutraf. Die Wirklichkeit war noch schlimmer: Ein Vakuum mag in der zweiten Hälfte der siebziger Jahre kurzzeitig unter Breshnew bestanden haben. Doch es wurde dann, wie auch der Verlauf dieser Geheimberatung in Moskau zeigte, vom militärisch-industriellen Block unter der Führung von Ustinow ausgefüllt. Ein Marschall-Titel für Breshnew, der Orden »Held der Sowjetunion«, das hohe Lob für seine Broschüre »Das kleine Land«, in dem seine Taten im Großen Vaterländischen Krieg dargestellt wurden, und weitere Tribute an den Personenkult hatten in der zweiten Hälfte der siebziger Jahre die Militärführung ins Spiel gebracht. Sie gewann in Breshnew eine zuverlässige Stütze für den industriell-militärischen Komplex und gleichzeitig freien Zugriff auf das volkswirtschaftliche Potential aller Gebiete. In dieser Zeit, so behaupte ich, starb die Perestroika, bevor sie begonnen hatte.

Gorbatschow übrigens hat sich an der Diskussion nicht beteiligt. Nach meiner Einschätzung war das angesichts des Zustandes von Tschernenko und der zu erwartenden Kandidatur von Gorbatschow auch durchaus richtig. Gorbatschow fuhr mit Honecker gemeinsam zum Flugplatz. Sie blieben dort eine reichliche Stunde im Auto sitzen, allein mit dem sowjetischen Dolmetscher. Wahrscheinlich haben sie sich nicht die neuesten Witze erzählt, aber worum es wirklich ging, konnte ich nicht erfahren. Anzunehmen ist, daß Gorbatschow nach dem niederschmetternden Eindruck, den wir alle und besonders Honecker von der hinter uns liegenden Diskussion hatten, den SED-Chef mit internen Problemen der sowjetischen Führung und den Möglichkeiten ihrer Lösung vertraut machte. Wir, die Begleitung, hatten den Eindruck, daß sich Honecker und Gorbatschow in bestem Einvernehmen trennten.

Es ist schwer zu sagen, was geschehen wäre, wenn nach dieser Sitzung Tschernenko nicht verstorben wäre und Gorbatschow nicht das Ruder übernommen hätte, wodurch die Position des militärisch-industriellen Komplexes zumindest stark eingeschränkt wurde. Tschernenko starb, Kohl und Honecker drängten 1985 am Rande der Begräbnisfeierlichkeiten förmlich zueinander und versicherten sich ihrer guten Absichten.

Es begann die dramatischste Zeit deutsch-sowjetischer Beziehungen in der Nachkriegszeit und zugleich das Ende der Beziehungen zwischen SED und KPdSU, und das schon, bevor sie beide aufhörten, als Parteien zu existieren.

Kein Ereignis in der Sowjetunion hat ohne »Befehl« von oben und gegen den Willen der eigenen Führung in der SED einen so breiten Widerhall gefunden wie der XXVII. Parteitag der KPdSU. Für die große Mehrzahl der Parteimitglieder der SED gab es neue, erlösende internationale Perspektiven, eine reale Einschätzung der Lage in der Sowjetunion, schöpferische und kreative, scheinbar auch machbare Konzeptionen auf vielen Gebieten der inneren Entwicklung. Für die SED-Mitglieder schien die angestrebte

Umgestaltung, ohne daß dieser Umstand öffentlich behandelt wurde, die Möglichkeit der Gesundung jenes gigantischen Landes zu sein, von dem die Existenz der DDR abhing. Für die Mehrzahl der SED-Mitglieder war es undenkbar, daß dieser XXVII. Parteitag mit seinen wichtigsten Aussagen folgenlos für die SED bleiben würde. Sie erwarteten davon für die SED ein Ende der »problem-« und disputlosen Zeit, eine Bekämpfung der formalen Anwendung demokratischer Regeln in Partei und Staat, einen Stopp für die politisch immer mehr verkommende Medienlandschaft und vieles andere mehr.

Der XI. Parteitag der SED im April 1986 gab Satz für Satz im Bericht des Generalsekretärs an den Parteitag und in der sorgfältig gelenkten und gesteuerten Diskussion die Antwort auf alle Fragen: »Alles Gute, liebe Genossen, bei der Umgestaltung, wir aber gehen unseren eigenen Weg.«

Dieser »eigene« Weg war der alte.

Damit begann das Ende der SED, weil für viele Parteimitglieder noch offensichtlicher wurde, daß die Parteiführung nicht mehr annähernd auf der Höhe der Aufgaben stand. Ihnen ging es überhaupt nicht um ein Kopieren oder Nachahmen sowjetischer Methoden, wie es oft durch die Vertreter der Parteiführung in Reden und Artikeln unterstellt wurde. Es ging darum, daß die Partei wieder informiert, gefordert, gewählte Institutionen geachtet, die Schönfärberei beseitigt und die geistige Stagnation überwunden wurde. Nach dem XXVII. Parteitag der KPdSU machte der XI. Parteitag der SED deutlich, daß das Politbüro der SED weder den Willen noch die Konzeption hatte, sich nach vorn zu bewegen. Daher erhofften die Parteimitglieder, daß die Autorität der KPdSU das Politbüro der SED unter Druck setzen werde. Walter Ulbricht hatte nach dem XX. Parteitag der KPdSU[3] Argumente und Antworten gefunden, und das in einer für die Partei bei weitem schwierigeren Situation. Er fand auch auf einigen Gebieten strategische Neuansätze. Sicherlich war auch das unvollkommen, halbherzig oder nicht realisierbar. Aber die Partei hatte diese Politik aufgenommen, unterstützt und war an ihr sogar gewachsen.

Die Haltung von Honecker und dem Politbüro zur Perestroika zu erklären, wie sie sich bereits in den Reden und Dokumenten des XI. Parteitages ausdrückte, ist nicht einfach und auch nicht mit wenigen Worten getan. Gründe gibt es viele dafür, es ist nur schwer, die Prioritäten zu bestimmen.

Sicherlich gab es Generationsprobleme zwischen Honekker und Gorbatschow. Aber auch wenn Gorbatschow älter gewesen wäre als Honecker, hätten Honecker die Ansichten von Gorbatschow zur Demokratie, zur Pressefreiheit, zur Geschichtsbewältigung, zur Wirtschaftslenkung keinesfalls besser gefallen. Für Honecker waren das alles schon immer Wegbereiter der Konterrevolution. Diese Auffassung verhärtete sich nicht nur bei ihm in dem Maße, wie der ökonomische Niedergang unter der Perestroika sich verschärfte und selbst in internen Funktionärskreisen der DDR die Vorbehalte gegen die Perestroika zunahmen. Mit Zunahme dieser Vorbehalte wuchs auch die Unsicherheit und griff Pessimismus um sich.

Wie es um das Demokratieverständnis von Honecker stand, zeigte folgende Episode: Anläßlich eines Delegationsaufenthaltes bei Gorbatschow saßen wir abends im Kreise der Mitreisenden und schauten uns das sowjetische Fernsehprogramm an. Gezeigt wurde die Befragung der Minister durch den Obersten Sowjet zum Zwecke ihrer Bestätigung. Ehrlich gesagt, die Minister konnten einem auch bei breitestem demokratischem Verständnis leid tun. Aber es war eben ein Anfang, den die Sowjetunion machte, und da kam es schon einmal zu Übertreibungen. Am anderen Tag, bevor die Beratung mit Gorbatschow begann, fragte dieser Honekker, ob er sich die Befragung am Vorabend im Fernsehen angesehen hätte und was er darüber denke. Honecker sagte: Ja, lieber Michail, wir haben uns diese Befragung angesehen. Und ich dachte so, was ich wohl antworten würde, wenn ich einer der befragten Minister gewesen wäre. Mir fiel dann ein, daß es das Beste wäre, das zu sagen, was der sächsische König 1918 anläßlich seiner erzwungenen Abdankung erklärte hatte, nämlich: Macht doch euren Dreck allein! Gorbatschow lachte und erzählte, gestern hätte seine Frau Raissa ihre Mutter angerufen und gefragt, wie es so gehe. Die Mutter sagte: Wie soll es gehen, wir sehen doch hier alle nur noch fern. Sage dem Michail einen schönen Gruß von mir. Er soll die doch machen lassen, was sie wollen, und nach Hause kommen...

Eine Perestroika in der DDR, oder wie immer man es auch nennen möchte, wäre nicht daran vorbeigekommen, selbst oder gerade dann, wenn sie auf das sorgfältigste für die Verhältnisse in der DDR modifiziert worden wäre, und nur darum hätte es ja gehen können, festzustellen und bekanntzumachen, daß der Kurs der Einheit von Wirtschafts- und Sozialpolitik schon in der zweiten Hälfte der siebziger Jahre im Grunde genommen gescheitert war und dieser Umstand nur mittels einer wachsenden Auslandsverschuldung und zunehmender Disproportionen durch eine fehlende einfache Reproduktion in der Volkswirtschaft kaschiert wurde. Eingefrorene Mieten und Lebensmittelpreise, ganz zu schweigen von den Dienstleistungspreisen, wären ebenfalls auf den Tisch gekommen. Aber dazu hätte es eines neuen Politbüros vor dem XI. Parteitag bedurft. Wie aber hätte das zustande kommen sollen?

In der Sowjetunion hatten wir früher in solchen Situationen immer Gesprächspartner und Helfer gefunden. Doch nun waren zwar noch Partner zu finden, mit denen man sprechen konnte, aber keine Helfer mehr, denn der Sowjetunion war klar, daß eine Einmischung in der DDR, egal wie gut sie gemacht war, und das in einer Zeit fehlender ökonomischer Reserven, auf jeden Fall schiefgehen würde. Dafür wollte die KPdSU nicht die Verantwortung übernehmen. Wenn man bedenkt, daß in der DDR 350.000 bewaffnete sowjetische Soldaten stationiert waren, wären solche »Einmischungen« illusionär und selbstmörderisch gewesen. In einem Brief an Honecker, ebenfalls im Zusammenhang mit der Absetzung von Ulbricht verfaßt, datiert vom 29. Juli 1970, schrieb Breshnew: »Die DDR ist für uns, die sozialistischen Bruderländer, ein wichtiger Posten. Sie ist das Ergebnis des Zweiten Weltkrieges, unsere Errungenschaft, die mit dem Blut des sowjetischen Volkes erzielt wurde. Ich habe bereits einmal gesagt, daß die DDR nicht nur Eure, sondern unsere gemeinsame Sache ist. [...] Ich sage Dir ganz offen, es wird ihm *(Walter Ulbricht. d.Verf.)* auch nicht möglich sein, an uns vorbei zu regieren, unüberlegte Schritte gegen Dich und andere Genossen des Politbüros zu unternehmen. Wir haben doch Truppen bei Euch. Erich, ich sage Dir offen, vergiß das nie, die DDR kann ohne uns, ohne die Sowjetunion, ihre Macht und Stärke, nicht existieren.«[4] Und im selben Brief an anderer Stelle: »Es gibt und es kann keine, es darf zu keinem Prozeß der Annäherung zwischen der BRD und DDR kommen.«[5]

Im Rückblick scheint es zweifelhaft, ob es gelungen wäre, ein 1989 vier Jahre vorher zu verhindern. Der einzige Unterschied – aber das hätte natürlich schon Gewicht gehabt – wäre wohl der gewesen, daß der Staat und die Partei nicht unter Zwang hätten handeln müssen. Offen geblieben wäre wahrscheinlich, wie mit der Verschuldung verfahren werden sollte. Aber der Preis für die »Einheit« wäre für alle Beteiligten ein anderer gewesen als 1989/1990. Für beide Seiten, aber auch für die sowjetische, wäre das besser gewesen.

Es handelt sich dabei nicht um Spekulationen und Annahmen, sondern um ernsthafte Überlegungen, die in der Zeit von 1985 bis 1989 auch im Apparat des Zentralkomitees angestellt wurden. Natürlich war es für Honecker schmerzlich, daß plötzlich die ganze Welt in einen Taumel der Sympathie und Zuneigung zu Gorbatschow fiel und Honecker im Grunde genommen nicht mehr viel Beachtung fand. Der XXVII. Parteitag übertraf Honeckers Position der Friedenserhaltung und bot eine in sich geschlossene Konzeption an. Er rückte die Sowjetunion erneut in das Zentrum der Weltpolitik und der Weltaufmerksamkeit. Es war nun kein Vermittler in der DDR mehr erforderlich. Was bedeutete es schon, alle – die sowjetischen wie die amerikanischen – Raketen zum Teufelszeug zu erklären, wenn das der KPdSU-Generalsekretär selber tat und mit ihrer Beseitigung begann? In diesem Schatten war niemand anderes mehr zu sehen.

Aber das war es nicht allein. Man kann davon ausgehen, daß vor dem XXVII. Parteitag – wie präzise die sowjetische Führung die Lage der Sowjetunion auch einschätzte oder nicht – eine Prämisse darin bestand, einzugestehen, daß der kalte Krieg verloren war und der wirtschaftliche Zusammenbruch immer drohender wurde. Eine Katastrophe schien unvermeidlich. Es ergab sich zumindest für den engsten Kreis der KPdSU-Führung auf außenpolitischem Gebiet die Konzeption, Bewegungen zu unternehmen, die dazu dienten, Ballast abzuwerfen, der politisch und ökonomisch den Absturz verursachte. Dazu gehörten Afghanistan, die Spannungen mit China, der Kampf um die Beherrschung des Weltraums durch SDI, die ständige Alarmbereitschaft einer Millionen-Armee usw. Es kam weiterhin darauf an, den Ballast so loszuwerden, daß in der westlichen Welt ein Vertrauenspotential entstand, das sowohl als innenpolitische Rechtfertigung benutzt werden konnte als auch das Polster für unerläßliche Handels- und Wirtschaftsbeziehungen abgab. Außer der Friedens- und Abrüstungsoffensive war an einen besonderen Effekt gedacht, indem man der Losung vom »gemeinsamen Haus Europa« einen breiten Ausgestaltungsraum ließ.

Mir erschien damals die Losung vom gemeinsamen Haus Europa als der Versuch, mit der Revision der Beschlüsse von Jalta zu beginnen, sie sozusagen als das Hochzeitsgeschenk in die Ehe mit dem Westen einzubringen. Denn der sowjetischen Führung war klar, daß man – ohne einen hohen Preis zu zahlen – nicht in die »besseren Kreise« aufgenommen werden würde. Das wiederum aber mußte geschehen, um überleben zu können.

Ich glaube nicht, daß selbst mittelfristig an ein Weiterbestehen des Warschauer Vertrages und des RGW gedacht war. Das Beispiel Polen hatte anderes Denken und nationale Interessen äußerst gefördert. Insofern galt außenpolitische Einmischung für die Politik in der Zeit der Perestroika nur noch dort, wo direkt sowjetische Interessen in Gefahr gerieten. Schlagartig trat nun zum Beispiel eine der beiden sehr alten sowjetischen Schulen der Deutschlandpolitik in den Vordergrund. Es war die Strömung, die zu unterschiedlichen Zeiten in unterschiedlichen Stärken immer davon ausgegangen war, die Einheit Deutschlands auf Dauer nicht zu verhindern und den Weg freizumachen für die günstigsten politischen, militärischen und ökonomischen Bedingungen für die Sowjetunion. Diese Strömung verlor 1953 nach dem Tod von Stalin das erste Mal und mit der Absetzung von Chruschtschow das zweite Mal. Nun schien sie mit der Perestroika und Gorbatschow die große Aussicht auf Erfolg zu haben.

Alle mehr oder weniger deutlichen Versuche, während der Zeit der Perestroika die wachsende Kooperation zwischen DDR und BRD zu stören und vor allem die Honecker-Reise in die BRD zu vereiteln, was Gorbatschow noch anläßlich des XI. Parteitags 1986 mit Nachdruck vor dem ganzen Politbüro der SED betrieb, dienten ausschließlich dem Zweck, die eigenständigen Interessen der Sowjetunion zu wahren und sich die Geschäftseröffnung mit der BRD zu sichern.

Die Demonstranten von Leipzig haben dann die Geschäfte in ihre Hand genommen. Sicherlich wird auch über die Montagsdemonstrationen in Leipzig weiter nachgedacht werden, und es werden dabei interessante Aspekte, möglicherweise internationale Zusammenhänge, zutage treten. Unbeschadet der persönlichen Haltung von Gorbatschow und der schnellen Freundschaft mit Helmut Kohl begann die Entwicklung Wege zu gehen, die die sowjetische Seite nicht einmal mehr an diejenigen in der DDR denken ließ, die 40 Jahre für sowjetische Interessen genauso wie für ihre eigenen gekämpft hatten, vielleicht manchmal sogar mehr für sowjetische als für DDR-Belange. Immerhin war auch in der Zeit bis zum März 1990 zwischen der Sowjetunion und der BRD ohne DDR verhandelt worden, obwohl es den Warschauer Vertrag damals noch gab. Abgesehen von Honeckers tiefer Abneigung gegen geschichtliche und demokratische Elemente der Perestroika war wohl die deutsch-deutsche Problematik der Hauptgrund für die zunehmenden Spannungen zwischen SED und KPdSU und eine noch verstärkte Orientierung auf die BRD. Die eigene Wirtschaftslage war der SED-Führung bekannt. Die sowjetische mußte man mehr erahnen und anhand von Indizien skizzieren. Aber die Talfahrt im Zeichen der Perestroika war für die ganze Welt offensichtlich. Es wird noch viel geforscht, diskutiert und in den Archiven gesucht werden müssen, um schlüssige Antworten darauf zu finden, warum die Perestroika gescheitert ist.

Gorbatschow und sein Kreis hatten bei der Konzipierung der Perestroika an alles gedacht – nichts sollte es geben, was nicht umgestaltet oder reformiert werden sollte. Das Wichtigste jedoch wäre gewesen, das weitere Sinken des Lebenstandards aufzuhalten. Dazu hätten alle Mittel der berühmten russischen Improvisationskunst, die Möglichkeiten des militärisch-technischen Komplexes, selbstverständlich auch die noch existierende Kommandowirtschaft und nicht zuletzt die intakte Partei mit ihren Millionen Mitgliedern eingesetzt werden müssen. Das aber geschah nicht. Wahrscheinlich, weil auch 70 Jahre nach der Oktoberrevolution der Mensch und seine Bedürfnisse als zweit- oder drittrangig betrachtet wurden. An erster Stelle standen immer mehr oder weniger im großen Abstand zu den tatsächlichen Bedürfnissen der Sowjetpatriotismus, das kommunistische Bewußtsein und das Vertrauen zur KPdSU. Oft genug wurde darum von sowjetischen Genossen bei Diskussionen über den Lebensstandard in der DDR mangelhaftes Bewußtsein und fehlende revolutionäre Einstellung kritisiert. Der Hinweis, bei den Deutschen sei ohne Bockwurst, Bohnenkaffee und Bier keine Revolution zu machen, war gar nicht so scherzhaft gemeint, wie er klang.

Nicht wenige DDR-Deutsche, die die Sowjetunion besuchten, fragten sich, woher die Menschen dort ihre riesengroße Geduld hernahmen. Wie sich zeigte, fand diese Geduld ein rasches Ende, als erstmals mit der Perestroika die Gelegenheit gegeben wurde, daß die Menschen ihre Wünsche, Nöte und tatsächlichen Bedürfnisse aussprechen durften. Jedoch: Redefreiheit, Versammlungsrecht und Aufhebung der Zensur waren kein Ersatz für jahrzehntelang aufgestaute materielle Bedürfnisse. Vielleicht hatten Gorbatschow und seine Berater wirklich gedacht, daß die Zufriedenheit über die gewonnene Freiheit so groß sein würde, daß andere Wünsche zunächst ausgesetzt würden. Das war ein Irrtum. Aufgrund ausbleibender wirtschaftlicher und vor allem sozialer Fortschritte wirkte die gewährte Freiheit wie Dynamit. Aus heutiger Sicht erscheinen die vielen Reformen, Umorientierungen und Umwälzungen hochgradig dilettantisch.

Wir haben damals oft unsere sowjetischen Partner in der Abteilung Internationale Verbindungen im ZK der KPdSU und auch die zuständigen Sekretäre für internationale Arbeit gefragt, warum sie keine Strategie zur Umsetzung der Perestroika besäßen bzw. über eine solche nachdachten. Ihre Antwort lautete: Wir haben dazu keine Zeit. Mit verzweifelter Hektik, in wachsendem Durcheinander versuchte man der drohenden Katastrophe zu entrinnen. Es fand keine Rekonstruktion des sowjetischen Systems statt, sondern dessen unkontrollierte Zerstörung.

Auch die bisherige Beurteilung der Geschichte blieb davon nicht verschont. Es gab keine Schicht in der sowjetischen Gesellschaft, der nicht mit schwersten Vorwürfen über ihr bisheriges Leben der Mut und auch die Kraft genommen wurden, sich für den Erhalt der Sowjetunion zu engagieren. Die Alten, die Veteranen der Arbeit und des Krieges, die in der Regel ohnehin mit ihren Renten unter dem Existenzminimum lebten, hatte – nach der Geschichtsdarstellung zu urteilen – so ziemlich alles falsch gemacht. Der Millionenschar der Wirtschaftsfunktionäre als Anhänger und Vertreter des zentralen Kommandosystems warf man vor, schuld an der wirtschaftlichen Misere zu sein. Hitler und Stalin wurden nicht selten gleichgesetzt – dadurch erschien auch der opferreiche Kampf gegen die faschistischen Okkupanten, zur Zerschlagung des Hitlerreiches in einem eigenartigen Licht. Die KPdSU, vor allem der Parteiapparat, konnte sich nur noch schämen und verkriechen.

Keine Macht von außen hätte die Supermacht Sowjetunion schneller und wirksamer demontieren können, als es durch innere Kräfte geschah - und im Grunde genommen noch weiter geschieht.

Ein wichtiger Umstand war der militärisch-industrielle Block, dessen Vertreter in allen einflußreichen Stellen und vor allem gegen neue Strukturen und eine Umverteilung der finanziellen und materiellen Fonds mobil machten, da sie nicht zu Unrecht um ihre Existenz fürchten mußten und keine Perspektive mehr sahen. In diesem Bereich aber steckten Spitzentechnologien und menschliche Talente, deren es nur sehr wenige auf der Welt gab. Der militärisch-industrielle Block umfaßte außer der Armee ein Millionenheer hochqualifizierter Arbeitskräfte mit dem vergleichbar höchsten sozialen Status. Nach westlichen Schätzungen betrugen die Verteidigungsausgaben der UdSSR im letzten Jahr ihrer Existenz ca. 200 Milliarden Rubel. Das waren fast 20 Prozent des Bruttosozialproduktes (im Vergleich: in den USA sind es 6,5 Prozent). Allein für Rüstungszwecke wurden nach offiziellen sowjetischen Angaben 1991 fast 97 Milliarden Rubel ausgegeben – nahezu 35 Prozent des Staatshaushaltes der damals noch existierenden Sowjetunion. Da scheint die Frage legitim: Wie konnte eine solche Größenordnung angesichts der auf dem XXVII. Parteitag vorgenommenen Einschätzung der äußeren Bedrohung der Sowjetunion im sechsten Jahr der Perestroika überhaupt noch möglich sein?

Die Zahl der Beschäftigten in den Verteidigungsbetrieben lag bei 6 Millionen Menschen. In diesen Betrieben wurden noch 1992 viereinhalbmal so viele Panzer, fünfmal so viele Schützenpanzer, neunmal so viele Artilleriegeschütze, dreimal so viele Atom-U-Boote und doppelt so viele Bomber wie in den USA produziert. Ein echtes großes Dilemma, denn nicht im entferntesten und in keiner überschaubaren Zeit besitzen die ehemaligen Staaten der Sowjetunion auch nur einen Bruchteil der Mittel, um eine durchgreifende Konversion vorzunehmen, um so Billionen Rubel Verlusten und Millionen von Arbeitslosen allein aus der Verteidigungsindustrie zu entgehen. Auch eine entsprechende internationale Hilfe ist illusorisch. Die weiteren Konsequenzen aus diesen Tatbeständen, das heißt die Auswirkungen auf die internationale Politik, sind schwer einzuschätzen. Ich bin der Auffassung, daß die in der ehemaligen Sowjetunion entstandene Lage eines *der* globalen Menschheitsprobleme ist.

Unbeschadet der ausbleibenden Erfolge für die Perestroika in der Sowjetunion, besonders in den Jahren 1986 bis 1989, wuchs in der DDR die Zahl der Gorbatschow-Anhänger sprunghaft, besonders unter der Jugend, aber auch in der Partei. Das Politbüro tat entgegen seiner Absicht so ziemlich alles, um diesen Prozeß noch zu beschleunigen. Dabei war man darauf bedacht, die ablehnende Haltung zur Perestroika zwar unmißverständlich zum Ausdruck zu bringen, aber auf keinen Fall einen offenen Konflikt mit der Sowjetunion zu riskieren. Es ging ja nicht nur um die sowjetischen Truppen im eigenen Land, um die Belieferung mit Rohstoffen aus der Sowjetunion und die Mitgliedschaft beider Länder im Warschauer Vertrag und im RGW. Es ging in erster Linie um die im Politbüro der SED vorhandene Erkenntnis, daß ein offener Konflikt mit der Sowjetunion die Kluft zwischen Parteiführung, Mitgliedschaft und Bevölkerung weiter vertiefen und den innenpolitischen Zerfall beschleunigen würde. Mitunter war der Punkt des öffentlichen Konflikts fast erreicht, erinnert man sich nur an die Zeit des »Sputnik«-Verbots und die nachfolgenden Repressalien, die innerhalb, aber auch außerhalb der Partei gegenüber jenen ergriffen wurden, die offen für die Perestroika und gegen das Verbot des »Sputnik« Stellung nahmen. Es war der ehrliche und der absolut berechtigte Protest einer hochgebildeten Bevölkerung, die es einfach nicht mehr aushalten konnte, daß nur das Politbüro darüber entschied, was richtig und was falsch war und damit der eigenen Partei und Bevölkerung die Urteilskraft absprach.

Es gab aber keine Partei in der kommunistischen Bewegung, die ein derart intensives Schulungssystem entwickelt hatte wie die SED, in dem natürlich die Menschen auch zum Denken erzogen wurden. Zu bedenken war ferner, daß Millionen im Geist der Freundschaft mit der Sowjetunion aufgewachsen waren. Hunderttausende hatten in diesem Land studiert. Unzählige Fäden spannten sich durch die Wirtschafts- und Kulturbeziehungen zwischen beiden Ländern. Diese Beziehungen hatten sehr oft freundschaftlichen und persönlichen Charakter angenommen. Bis zu zwei Studien (Diplom- und Akademieabschluß) absolvierten die Stabsoffiziere der NVA, des MfS, des MdI und die Spitzendiplomaten des Außenministeriums in der Sowjetunion.

Für die Nachkriegsgeneration war die Sowjetunion das Land, das den maßgeblichen Anteil an der Zerschlagung des Hitlerfaschismus hatte. Die nachfolgenden Generationen bewunderten nicht wenig die Erfolge auf dem Gebiet der Weltraumtechnik, die ja, wie viele wußten, von einem »armen« Volk vollbracht wurden. Aber insgesamt war wenig über die Sowjetunion und ihre tatsächliche politische, ökonomische und militärische Lage bekannt (wie ja in der Sowjetunion selbst auch). Solche Beschlüsse des SED-Politbüros wie der Auftrag an die Abteilung Propaganda, eine Broschüre zu verfassen, die »Handreichungen« zur Betrachtung der Geschichte der KPdSU geben sollte, stießen in der Partei auf größtes Unverständnis, verursachten Unsicherheit, aber auch Widerstand. Denn diese »Handreichungen« waren dafür gedacht, antistalinistischen Positionen in der Öffentlichkeit entgegenzuwirken.

Auch im Apparat des Zentralkomitees gab es in den verschiedenen Abteilungen Mitarbeiter, genauso wie im Ministerrat und in den Ministerien oder Massenorganisationen, die ein mehr oder weniger realistisches Bild der innen- und außenpolitischen Lage der DDR hatten. Aber die Aussprachen darüber fanden nur in kleinen Kreisen statt und waren verbunden mit den verzweifelten Versuchen, Wege zu finden, die der DDR drohenden Gefahren abzuwenden.

Manches, was in der Zeit zwischen 1987 und 1988 auf dem Wege war, blieb jedoch stecken, da es sich immer deutlicher abzeichnete, daß die Sowjetunion die DDR bereits als eine Belastung empfand. Es wurde klar, daß es für die DDR in der Globalstrategie der KPdSU nach dem XXVII. Parteitag keinen Platz mehr gab. Das gemeinsame Haus Europa, das Gorbatschow unaufhörlich anpries, sollte weder einen Mieter noch Untermieter kennen, der DDR hieß.

Was sollte Ende 1988 getan werden, als immer mehr Belege für diese Vermutung auftauchten und die Frage nach einem neuen Politbüro unbedeutend schien gegenüber der Frage, was das neue Politbüro für eine Politik betreiben sollte, die dem Weiterbestehen der DDR noch eine Chance gab? Bei aller Realität der damaligen Einschätzungen in verschiedenen Kreisen war es für fast jeden sehr schwer, der sich damit beschäftigte, anzuerkennen, daß das nahende Ende des kalten Krieges bevorstand und daß dieser Krieg von der Sowjetunion verloren worden war. Dieses Riesenland wurde »zerstört«, ohne daß ein Schuß gefallen war. Die Dynamik und Eigengesetzlichkeit, die Erscheinungsformen und Langzeitwirkung des kalten Krieges waren nicht erforscht, und zwar von keiner Seite. Und ihre komplexen Wirkungen wurden sogar verkannt.

Der kalte Krieg hatte andere, eigene Fronten als der heiße. Es gab kein Stalingrad, wohl aber Prozesse, die in ihrer Wirkung nicht nur für eine Seite ähnlich waren wie Stalingrad im Zweiten Weltkrieg. Sieg oder Niederlage äußerten sich nicht im Umfang, in der Zahl und der geographischen Lage der eroberten Territorien, in der militärischen Vernichtung eines Aggressors – sondern in einer durch gigantische Rüstung zerrütteten Volkswirtschaft. Ein Thema, was auch die USA noch lange Zeit beschäftigen wird.

Gorbatschow sagte am 6. Oktober 1989 im Vier-Augen-

Gespräch mit Honecker: Ihr müßt Euch beeilen, Ihr müßt Euch umstellen, sonst ist es zu spät. Wir in der UdSSR wissen noch nicht, ob es nicht auch für uns zu spät ist. Und wer zu spät kommt, den bestraft das Leben.

Honeckers Antwort darauf ist wieder ein Thema für sich. Aber Gorbatschow hatte, als er das sagte, bestimmt nicht daran gedacht, daß die Perestroika für die Sowjetunion mindestens 15 Jahre zu spät kam. Die Sowjetunion hatte den kalten Krieg bereits verloren und war im Grunde genommen bankrott, bevor Gorbatschow Generalsekretär wurde.

Nein, uns blockierte die plötzliche Ausweglosigkeit und der daraus resultierende »Vorschock«. Allen im ZK-Apparat, im Ministerrat oder sonstwo wäre seinerzeit die Absetzung des Politbüros als eine »Heldentat« erschienen – aber der Kurs auf eine Konföderation mit der BRD als schlimmster Verrat. Wir wären uns vorgekommen wie Väter, die ihr eigenes Kind umbringen sollten.

Wahrscheinlich hätten wir jeden, der in dieser Zeit solche Ziele verfolgte, auch ernsthaft daran gehindert.

Günter Sieber, Jahrgang 1930,
leitete von 1980 bis 1989 die Abteilung Internationale Verbindungen
im ZK der SED. Er war Mitglied des ZK seit 1981.

Anmerkungen

1) Archiv der Parteien und Massenorganisationen der DDR, Berlin, Sign.: J IV 2/2A/3196
2) Bis dahin war es ein ungeschriebenes Gesetz, daß Grundsatzartikel der »Prawda«, noch dazu, wenn sie das eigene Land betrafen, im Zentralorgan der SED wörtlich nachgedruckt wurden.
3) Auf dem XX. Parteitag der KPdSU 1956 erfolgte die Kritik Chruschtschows an Stalin und dem Personenkult, womit die sogenannte Tauwetterperiode eingeleitet wurde.
4) Archiv der Parteien und Massenorganisationen der DDR, Berlin, Sign.: J IV 2/2A/3196
5) ebenda

Karl-Heinz Arnold/Otfrid Arnold

Herrschaft über die Medien
Die Gleichschaltung von Presse, Rundfunk und Fernsehen durch die SED

Weder Walter Ulbricht noch Erich Honecker brauchten die Grundregeln zu erfinden, nach denen die Parteiführung sich der Medien versicherte und bediente. Die KPdSU hatte es vorexerziert. Auf ihre Erfahrungen griff die SED im wesentlichen zurück.

Nach 1945 entwickelten sich spezifische Methoden, mit denen in der Sowjetischen Besatzungszone und später in der DDR der Einfluß der SED auf Presse, Rundfunk und später auf das Fernsehen gesichert wurde. Die Besonderheiten gegenüber der Sowjetunion hatten verschiedene Gründe.

So gab es nach Kriegsende nur sehr wenige erfahrene Journalisten, die aus der Nazizeit nicht belastet waren, es mußten also viele Neulinge in die Redaktionen geholt werden. Deshalb erschien zunächst eine sehr starke Einflußnahme »von der Zentrale« auf die Redaktionen durchaus notwendig, um den Aufbau der Medien in Gang zu bringen. Andererseits verbot sich nach dem Ende der Zensur durch die Besatzungsmacht, wie sie in allen deutschen Besatzungszonen zunächst bestand, die Einführung einer eigenen Zensur. Während in der Sowjetunion in den Redaktionen amtlich bestallte Zensoren darüber wachten, was veröffentlicht werden durfte und was nicht, gab es eine solche Einrichtung in der DDR nicht.

Unmittelbar nach 1945 herrschte in den Redaktionen ein Geist des antifaschistischen, demokratischen Aufbruchs, häufig sogar beflügelt vom Rat der verantwortlichen sowjetischen Offiziere. Schon bald aber stand der Journalismus in der Sowjetischen Besatzungszone im Zeichen des kalten Krieges und des damit verbundenen Feindbildes. Es wurde auch in der DDR nie aufgegeben. Daraus und aus den vielfältigen inneren Problemen sind dauerhafte Restriktionen gegenüber den Medien abgeleitet worden. Hinzu kam noch die speziell definierte Aufgabe der Presse, kollektiver Propagandist, Agitator und Organisator zu sein, also eine Art Transmissionsriemen und Dolmetsch für Parteichinesisch.

Nach dem VIII. Parteitag der SED 1971 gab es monatelang die Illusion, daß ein kritischer, realistischer Journalismus möglich würde, bis sich herausstellte, daß Kritik nur insoweit gestattet war, wie sie sich gegen die Fehler Ulbrichts richtete. Paradoxerweise nahm sogar in dem Maße, wie die DDR internationale Anerkennung gewann, die Restriktion zu. Sie endete im Herbst 1989, als die Journalistinnen und Journalisten in der DDR sich von Bevormundung frei fühlten und ihre Kreativität entfalteten. Mit dem Ende der DDR setzten neuerlich Einschränkungen der journalistischen Freiheit ein, die sich aus Angst um den Arbeitsplatz und den Intentionen der neuen Eigentümer ergaben.

Die Institutionen der Gleichschaltung

Zwei Institutionen, durch die sich die Parteiführung die Macht über die Medien sicherte, sind vor allem zu betrachten: die Agitationskommission beim Politbüro und die Abteilung Agitation des Zentralkomitees. Beide waren bereits unter Walter Ulbricht geschaffen worden.

Die Agitkommission, wie man sie kurz nannte, wurde von der Parteiführung berufen und von dem für Agitation und Propaganda zuständigen Sekretär des Zentralkomitees geleitet. Ihre Zusammensetzung wechselte infolge unterschiedlicher Intentionen der Sekretäre. Immer gehörten ihr die Chefs der sogenannten zentralen Medien an, die überregional wirkten und unter direkter Aufsicht der Parteiführung standen, insbesondere »Neues Deutschland« (ND) als Organ des ZK der SED, der Allgemeine Deutsche Nachrichtendienst (ADN), Rundfunk, Fernsehen, Berliner Zeitung, Junge Welt (FDJ) und Tribüne (FDGB). Zur Agitkommission gehörte auch eine Handvoll hauptamtlicher ZK-Mitarbeiter. Sie hatten unter anderem als Verbindungsleute zwischen den Fachredaktionen – z.B. für Wirtschaft, Außenpolitik und Landwirtschaft – und den entsprechenden ZK-Abteilungen zu fungieren. Offiziell unterstanden sie nicht der Agitationsabteilung des ZK, wurden aber in den letzten Jahren de facto in diese eingereiht.

Die Kommission trat mehr oder weniger komplett wöchentlich beim Agit-Prop-Sekretär zusammen. Hatte sie ursprünglich einen relativ weiten Spielraum, eigene Ideen für die Gestaltung des Journalismus, für die Bewertung politischer Vorgänge, für Argumentationen zu entwickeln – wenn auch nur mit beratender Funktion –, so wurde sie in den siebziger und achtziger Jahren mehr und mehr zur bloßen Zwischenstation bei der Weitergabe der Weisungen und Meinungen des Generalsekretärs. Lieferten sich in den sechziger Jahren in der Agitationskommission solche welterfahrenen Kommunisten wie Rundfunkchef Gerhart Eisler oder Ulbrichts Mitarbeiter Gerhard Kegel (Pseudonym: G. R. Hardtke) und andere noch leidenschaftliche Rededuelle um Argumente und Bewertungen politischer Ereignisse, so beherrschte in den achtziger Jahren der Monolog des Agit-Prop-Sekretärs Joachim Herrmann die Szene.

Die Abteilung Agitation war Teil des sogenannten ZK-Apparates. Sie unterstand ebenfalls dem Agit-Prop-Sekretär und hatte unter anderem offiziell die Aufgabe, die Parteiorganisationen in den Medien – wissenschaftliche Zeitschriften ausgenommen, die den entsprechenden Fachabteilungen des ZK zugeordnet waren – , im Presseamt beim Vorsitzenden des Ministerrats, im Journalistenverband usw. anzuleiten. Da aber die Leitungen all dieser Redaktionen und Institutionen überwiegend aus SED-Mitgliedern bestanden, ihre Chefs zugleich Mitglieder der jeweiligen Parteilei-

tung und zum Teil – wie dargestellt – Mitglieder der Agitkommission beim Politbüro waren, ergab sich eine so enge
Verzahnung zwischen ZK-Apparat und Redaktionsleitungen,
daß faktisch keine wichtige Entscheidung in den Medien
ohne oder gar gegen die Abteilung Agitation und den zuständigen Sekretär getroffen wurde.

Wöchentlich kamen die Chefs oder stellvertretenden Leiter der maßgeblichen Berliner Redaktionen von Printmedi-
en und elektronischen Medien – die Chefredakteure der vier
anderen (Block-)Parteien ausgenommen – und des staatlichen
Presseamtes im Großen Haus mit dem Leiter der Abteilung
Agitation und Mitgliedern der Agitkommission zur sogenannten Argumentation (kurz Argu genannt) zusammen.
Dort wurden sie gewöhnlich – nicht selten »off the record« –
von einem Minister, ZK-Abteilungsleiter oder anderen führenden Funktionären über politisch relevante Entwicklungen in deren Fachbereich in Kenntnis gesetzt, was für viele
der Journalisten eine willkommene und wichtige Informa-
tionsquelle war. Danach gab die Abteilung Agitation die für
die Medien verbindlichen Ergebnisse der jüngsten Politbü-
ro- und Sekretariatssitzung bekannt. Der Vertreter des Presseamtes leitete diese Informationen und »Hinweise« mehr oder
weniger komplett an die Chefs der Zeitungen der anderen
Parteien weiter.

Die Kaderpolitik im Medienbereich

Wenn die skizzierten Institutionen der Herrschaft der SED-
Führung über die Medien bis fast zuletzt nahezu reibungslos
funktionierten, so war dies wesentlich ein Ergebnis der straf-
fen Kaderpolitik im Medienbereich.

Die Journalistinnen und Journalisten in der DDR waren
in der ersten Generation von gestandenen Antifaschisten
und Widerstandskämpfern ausgebildet und erzogen
worden, die ihnen beibrachten, daß Journalismus ein Teil
der Parteiarbeit sei und folglich auch der Parteidisziplin un-

terliege. Von 1950 an wurde das Gros des journalistischen Nachwuchses an der Fakultät (später Sektion) für Journalistik an der Leipziger Karl-Marx-Universität ausgebildet. Schon die Auswahl der künftigen Studenten dieser Einrichtung erfolgte vorwiegend unter politischen Aspekten: etwa bisherige Aktivitäten in der FDJ oder anderen Organisationen, verbale Bekenntnisse der Treue zur DDR, zur führenden Rolle der SED usw. In der Ausbildung wurde größter Wert auf Erziehung zur Parteilichkeit gelegt und generell die politische Beeinflussung im Sinne der verbindlichen Lehre des Marxismus-Leninismus in den Vordergrund gestellt. Die Verteilung der Leipziger Absolventen auf die Redaktionen wurde – soweit es sich nicht um Mitglieder der anderen Parteien handelte – von der Abteilung Agitation des ZK der SED gesteuert.

Schließlich unterstanden – wie an anderer Stelle erwähnt – die führenden Kräfte der wichtigsten Redaktionen der Nomenklatur des ZK oder nachgeordneter Leitungen der SED, das heißt, sie wurden von den betreffenden Sekretariaten der SED ausgewählt oder zumindest bestätigt.

So war gesichert, daß alle Leitungskräfte der Medien und die Mehrheit der Journalisten die Politik der SED und der DDR-Regierung aus eigener Überzeugung journalistisch unterstützten. Das schloß zwar Reibungen und Widersprüche zwischen Redaktionen und Parteiinstanzen keineswegs aus, gewährleistete aber im allgemeinen, daß die Journalisten in ihren Medien aus eigenem Antrieb die Parteilinie vertraten. Sie genossen daher – bei allen noch zu skizzierenden Einschränkungen – ein deutliches Maß an Selbständigkeit und Unabhängigkeit. Dies galt speziell für Reportagen, Berichte, Portraits in den Printmedien und für viele Beiträge der Sender. Beispielsweise gab es in Rundfunk und Fernsehen Originalsendungen (live-Sendungen), die schon rein technisch nicht vorher kontrollierbar waren, und Korrespondenten aus kapitalistischen Ländern konnten sich auch in bestimmte Sendungen live einschalten.

Das internationale Prinzip, wonach Eigentümer und

Herausgeber von Publikationen sich Medienmacher ihres Vertrauens verpflichten, funktionierte in der DDR auf besondere Weise: nicht nur durch das Einsetzen sorgfältig ausgewählter und erprobter Führungskräfte, sondern auch durch das Einbeziehen fast des gesamten Nachwuchses, jedes Volontärs und künftigen Redakteurs, in eine sorgfältig überwachte Ausbildung. Nicht zuletzt beruhten die Möglichkeiten selbständigen Arbeitens auf der den Journalisten anerzogenen Selbstkontrolle. Sie suchten zwar die Grenzen ihrer Eigenständigkeit auszuloten, auch auszuweiten, unterwarfen sich aber letztlich einer Selbstdisziplin, die sich wiederum aus Parteierziehung ergab, an Parteibeschlüssen orientierte und oft aus der Bindung an die Heimat DDR erwuchs. Umso weniger Verständnis hatten viele Journalisten für penetrante Belehrungen durch Institutionen der Partei und kleinliche Vorgaben für den Inhalt von Publikationen.

Die Herrschaft der SED-Führung über die Medien trug sowohl administrativen als auch geistig-ideologischen Charakter. Erst in der zweiten Hälfte der achtziger Jahre begann dieses System der mehr oder weniger freiwilligen Unterordnung unter die Parteiführung in dem Maße brüchig zu werden, wie die gesamte SED erodierte.

Die Praxis der Herrschaft über die Medien

Über das Wirken der offiziellen Institutionen hinaus gab es eine nie kodifizierte tägliche Einflußnahme der Agitkommission und der Abteilung Agitation auf die Medien.

So mußte »Neues Deutschland« täglich die Spiegel der Seiten mit der Plazierung aller Beiträge der kommenden Ausgabe bei Joachim Herrmann einreichen, der sie meist auch Honecker vorlegte. Im Großen Haus wurde letztlich entschieden, was am nächsten Tag wo und in welcher Länge im ND gedruckt wurde, wie groß die Überschriften und die Bilder sein mußten, wer auf welche Weise zu sehen sein sollte. Fotos von offiziellen Anlässen wurden begutachtet, bemäkelt, neu angefordert, schließlich ausgewählt. Bisweilen redigierte Honecker bestimmte Nachrichten, auf die er Wert legte, sogar eigenhändig. Dadurch kam nicht selten eine verquaste Mitteilung in schlechtem Deutsch zustande. Sie durfte jedoch nicht nachträglich geändert, sondern mußte von ADN so gesendet werden und erschien in der gesamten Tagespresse.

Die Aktuelle Kamera (AK), Nachrichtensendung des Fernsehens, mußte den Plan ihrer Hauptausgabe ebenfalls täglich bei Herrmann vorlegen. Auch Reihenfolge und Gewichtung ihrer Meldungen wurden also endgültig im ZK festgelegt. So kam Uniformität zustande: die Spitzenmeldung in der AK hatte das gleiche Thema, oft denselben Wortlaut wie am nächsten Morgen die erste Aufmachung der Seite 1 im ND. Da die Redaktionen der Tageszeitungen gehalten waren, abends die Aktuelle Kamera zu verfolgen und die Gewichtung ihrer Meldungen zu beachten, ähnelten sich die ersten Seiten der Tagespresse häufig zum Verwechseln. In der Regel wurde auch per Sondertelefon die Chefredaktion bzw. der Chef vom Dienst aus der Abteilung Agitation »orientiert«, welche demnächst von ADN übermittelten Nachrichten wo und wie zu veröffentlichen waren.

Die – einzige – Nachrichtenagentur ADN unterlag ebenfalls einem strengen Regime. Sie erhielt viele Meldungen direkt aus dem Großen Haus, und die Agitabteilung begutachtete die ihr wichtig erscheinenden ADN-Nachrichten, bevor sie gesendet wurden. Sie kamen zuvor per Fernschreiber ins ZK-Gebäude.

Damit waren innen- und außenpolitische Nachrichten von besonderem Belang vorgeprüft oder vorgefertigt. Dieses Verfahren und das Nachrichtenmonopol von ADN führten vollends zur Uniformierung der Medien. Die Redaktionen der Zeitungen und Sender hatten nur die Möglichkeit, eigene innenpolitische sowie Wirtschafts- und Kulturmeldungen zu publizieren, insbesondere regionalen oder lokalen Inhalts. Für die meisten von ihnen gab es keinen Zugang zu anderen Nachrichtenagenturen, auch nicht zur sowjetischen TASS, die gegenüber ADN wiederum das Monopol für Nachrichten aus der UdSSR hatte. Die wurden oft verzögert gesendet, weil TASS ebenfalls einer Vorkontrolle unterlag. Daraus folgte der Journalistenslogan in der DDR: »Auf TASS warten heißt siegen lernen.«

Die eigene innenpolitische Nachrichtengebung endete ebenfalls dort, wo die generelle oder von Fall zu Fall verordnete Restriktion begann. Ein Großbrand, ein Eisenbahnunglück, ein Flugzeugabsturz waren bereits der eigenen Berichterstattung entzogen. Der vom Agit-Prop-Sekretär des ZK oder – meist auf dessen Veranlassung – vom Presseamt gegebene Hinweis lautete dann »ADN nehmen« und bedeutete »Nur ADN!«

Es herrschte in der Tat keine Pressezensur im klassischen Sinne, bei der ein Zensor unerwünschte Nachrichten und Artikel vor Drucklegung aus der fertigen Zeitung entfernt. In der DDR gab es vielmehr die umgekehrte Methode, nämlich die Freigabe von zuvor mit festgelegtem Tenor gefertigten und gefilterten Informationen. In diesem Prozeß hatte das Presseamt oft nur die Funktion, im Großen Haus geprüfte Meldungen weiterzugeben, sie bestenfalls – als freundliche Dienstleistung – einigen Redaktionen telefonisch anzukündigen. Die Gängelei der Redaktionen hatte dennoch unterschiedliche Qualität. Das Organ des Zentralrats der Freien Deutschen Jugend (FDJ), »Junge Welt« – mit zuletzt 1,632 Millionen Auflage die größte Tageszeitung der DDR –, unterstand de facto mehreren Politbürokraten: zunächst Joachim Herrmann, einst selbst Chefredakteur von JW und ND, dann dem für Jugend zuständigen ZK-Sekretär Egon Krenz und schließlich seinem Nachfolger im Amt des FDJ-Chefs, Eberhard Aurich. Aber oberster Chefredakteur auch in diesem Falle war Erich Honecker, der in sentimentaler Jugenderinnerung der JW zuweilen eine längere Leine gewährte als anderen Blättern, was diese Zeitung in der Landschaft der gleichgeschalteten Tagespresse ein wenig herausragen ließ. Unstrittig war, daß nicht wenige talentierte Journalisten in diese Zeitung geschickt wurden – aber im Gegensatz zu anderen Redaktionen bekamen sie dort auch die Chance, dieses Talent zu entwickeln. Ähnliches galt für die »Berliner Zeitung«. Ihre kleinen Freiräume machten sich gleichfalls nur wegen der allgemeinen Uniformität bemerkbar.

Die Einflußnahme des ZK-Wirtschaftssekretärs Günter Mittag, eines Menschenverächters sondergleichen, auf zentrale Medien erfolgte selektiv. Den im ND für Wirtschaftspolitik zuständigen Leitern befahl er direkt bestimmte Themen und Diktionen. Die fertigen Manuskripte, unter Mithilfe aus seinen (neun) wirtschaftspolitischen Abteilungen oder seinem »Büro« entstanden, waren ihm vorzulegen. Ansonsten ließ er der Agitabteilung Hinweise, faktisch Anordnungen, sowie Kritiken an Veröffentlichungen übermitteln. Seine Abteilungen verkehrten mit den Medien zumeist über Agitabteilung oder Agitkommission, und diese wandten sich an die Medienchefs. Handelte es sich um Veröffentlichungen in Bezirkszeitungen der SED, hielt sich Mittag an den 1. Sekretär der Bezirksleitung. Veröffentlichungen, die ihm mißfielen, ließ er unnachsichtig in Grund und Boden kritisieren, ohne dabei selbst in Erscheinung zu treten.

Bisweilen bediente Mittag sich verdeckter Methoden, um gegen bestimmte Leute – seine Genossen – vorzugehen und sie zu disziplinieren. Eine solche Attacke in den sechziger Jahren erweckte kurze Zeit sogar den Anschein, als sei ein neues Kapitel der DDR-Pressegeschichte aufgeschlagen worden. Wenige Tage nach einer ganzseitigen Veröffentlichung in der Berliner Zeitung über Fortschritte bei der Stabilisierung eines Großbetriebes der Hauptstadt, des VEB Bergmann-Borsig, erschien ein ganzseitiger »Gegenartikel« im ND. Tenor des ebenfalls redaktionellen Beitrags: Die Erzeugnisse des Betriebes sind gut, aber die Kosten der Produktion sind zu hoch.

Für diese ebenso richtige – auf fast jeden DDR-Betrieb

zutreffende – wie demagogische Feststellung hatte Mittag dem ND genügend Fakten liefern lassen. Die Sensation schien perfekt: Das Zentralorgan der SED polemisierte gegen die Hauptstadtzeitung der SED. Dabei hatte Mittag nur eine Gelegenheit gesucht und gefunden, der von ihm ungeliebten SED-Bezirksleitung Berlin einen kräftigen Denkzettel zu verpassen. Am folgenden Tag mußte die Berliner Zeitung die Unvollkommenheit des Paradebetriebes der Bezirksleitung zugeben. Insider wußten oder ahnten, wer dem ND die großflächige Schelte befohlen hatte, und wen sie eigentlich treffen sollte. Dergleichen Pressepolemik fand danach nicht wieder statt.

Was die Bevormundung aus dem Großen Haus betraf, so entstand nach 1971, bei Amtsantritt Honeckers, der Eindruck, als sei eine Reduzierung der Eingriffe und generell ein besseres Verhältnis der Parteiführung zu den Journalisten möglich. Diese Illusion ergab sich aus der als Wende bezeichneten Wirtschafts- und Sozialpolitik, für die Honecker allgemein Vorschußlorbeeren erhielt. Sie erweckte bei vielen Journalisten – und nicht nur bei ihnen – das Gefühl eines neuen Aufbruchs. Genährt wurde dies auch durch vermeintliche Signale gegen den Personenkult. Aktivitäten des Parteichefs durften kurze Zeit ungestraft einspaltig und sogar erst auf Seite 2 der Tageszeitungen vermeldet werden.

Hoffnungen verbanden sich auch mit dem neuen Agit-Prop-Chef im Politbüro, Werner Lamberz, der den greisen und auf Kampagnen gegen die Bundesrepublik eingeschworenen Albert Norden ablöste. Lamberz, hochintelligent und von beträchtlicher Ausstrahlung, ließ es in der Folge nicht an ermutigenden Hinweisen für die Journalisten fehlen. Reden und Kongresse mit wiederum ermutigenden Beschlüssen hatten jedoch kaum praktische Wirkungen. Uniforme Mitteilungen und immer größere Fotos stellten sehr bald den Parteichef in den Mittelpunkt der gesamten DDR-Politik und begannen die Titelseiten der Printmedien zu überschwemmen und die Aktuelle Kamera zu beherrschen.

Niedergang der Medienkultur

Mit Übernahme der Agit-Prop-Verantwortung durch Joachim Herrmann 1978 und durch zunehmende Eingriffe Honeckers setzte der endgültige Niedergang der Medienkultur ein, von dem kaum ein Publikationsorgan verschont blieb. Interne Vorgänge aus dieser Zeit lassen erkennen, welcher Ungeist von der Chefetage des Großen Hauses ausging.

Die institutionalisierte Einflußnahme durch die wöchentliche Argu, über ADN-Meldungen und Aktuelle Kamera genügte offenbar nicht mehr. Die Chefs der zentralen Medien wurden im Laufe des Tages bis in den späten Abend von Herrmann oder einem seiner Beauftragten angerufen, abgefragt, was sie wo und wie zu veröffentlichen gedächten, und mit Hinweisen versorgt, die praktisch den Charakter von Anweisungen hatten. In den wöchentlichen Sitzungen der Agitkommission und in der Argu wie auch bei den täglichen Telefonaten aus dem Großen Haus wurde den Redaktionen mitgeteilt, welche Themen bevorzugt zu behandeln seien, welche als tabu zu gelten hatten, welche Bilder veröffentlicht werden sollten und welche keinesfalls, es wurden Sprachregelungen und Vorschauen auf öffentliches Auftreten Honeckers oder von Politbüromitgliedern ausgegeben .

Wieweit diese Anweisungen bis in die Details vorstießen, läßt sich an grotesken Beispielen belegen. So durfte Honekker nie von hinten abgelichtet werden, weil sein Haar am Hinterkopf schütter zu werden begann, und von Kronprinz Krenz sollte keine Seitenansicht gezeigt werden – wegen zuviel Bauch. In Zeiten, in denen der Handel nicht genügend Fleisch anbieten konnte, war es streng untersagt, einen Bockwurststand mit essenden Leuten zu zeigen. Als »politischer Fehler« wurde bereits verurteilt, wenn bei einem Staatsakt die offiziellen Personen nicht in der protokollarischen Reihenfolge und mit den exakten Titeln genannt wurden. Jedes Jahr in der Vorweihnachtszeit fragten sich die Journalistinnen und Journalisten, wie denn diesmal das

Fest zu behandeln sei. Das richtete sich vorwiegend nach dem aktuellen Verhältnis Staat/Kirche. So wurde einmal angewiesen, Weihnachten als Volksfest zu betrachten, was hieß, von christlichen Symbolen, christlicher Weihnachtsmusik usw. gar nicht oder nur sehr am Rande Notiz zu nehmen. In einem anderen Jahr konnte es davon kaum genug geben.

Oft bekamen die Redaktionen Anweisungen, deren Sinn sie nicht verstehen konnten. So hieß es eines Tages in den achtziger Jahren: »Kein Wort über Erdöl!«. Es konnte nur gemutmaßt werden, daß schwierige Verhandlungen mit der Sowjetunion über Erdöllieferungen im Gange waren. Dies aber wurde geheimgehalten. Also durchforsteten die Redaktionen, ohne den Grund zu kennen, ihre Texte nach dem Wort »Erdöl« und strichen es, wenn es auftauchte. Wer gerade einen Korrespondentenbericht aus dem Nahen Osten veröffentlichen wollte, mußte das tunlichst unterlassen – darin war der indizierte Begriff beim besten Willen nicht zu vermeiden.

Die Medienchefs brachte diese Praxis zuweilen in peinliche Situationen gegenüber ihren Mitarbeitern. Sie waren nämlich gehalten, die Quelle der Anweisungen nicht zu nennen, sondern sie als ihre persönliche politische Auffassung darzustellen. Da sie aber die Hintergründe der Sache und die Motive der Parteiführung selbst kaum kannten, konnten sie ihre angebliche persönliche Meinung nicht gut begründen und nahmen schließlich doch Zuflucht zu dem Satz: »Menschenskinder, das ist eine Anweisung.« Woher die kam, war jedem klar.

Dergleichen Verunsicherungen entstanden unter anderem daraus, daß Herrmann manche Bemerkung, die Honecker am Mittagstisch fallen ließ, schleunigst an die Medienchefs als politischen Hinweis oder als Anweisung weitergab. Dabei wußte er selbst oft nicht genau, wie diese oder jene Äußerung des Generalsekretärs zu verstehen, geschweige denn zu begründen sei. Also konnte er bei aller Beflissenheit nur Stichworte »nach unten« geben, womit er Zweifel zumindest an seiner Kompetenz nährte.

Um nicht unter Kritik der Parteiführung zu geraten, riefen Redaktionen oft von sich aus bei der Abteilung Agitation oder einem hauptamtlichen Mitglied der Agitkommission an, legten größere Vorhaben dar oder schickten Pläne, Konzepte, auch Artikel zur Begutachtung. Nur in seltenen Fällen mißachteten sie das Urteil aus dem Großen Haus. Andererseits wurde von dort häufig die Behandlung bestimmter Themen angeregt, man vermittelte Interviewpartner oder sachkundige Informanten, stellte dokumentarisches Material zur Verfügung. Solche Unterstützung wurde von den Redaktionen gern angenommen. Eine andere Art von »Hilfe« leistete das MfS. Es war nichts Ungewöhnliches, wenn Material direkt lanciert wurde, um etwa ausländische oder inländische Dissidenten öffentlich zu denunzieren. Daneben erfreute sich nahezu jede Redaktion eines »Sicherheitsbeauftragten«, der mittels IM und Kaderredakteur »den Laden sauberhielt«.

Im Geist gegenseitigen Gebens und Nehmens, der streitbaren Zusammenarbeit, des Ermutigens informierter Medien hätte sich durchaus ein konstruktives Verhältnis der Parteiführung zu den Journalisten des Landes entwickeln können. Es ist nie entstanden. Dem Parteichef wie den meisten Politbüromitgliedern waren Journalisten eher suspekt. Verständnis, Ansätze zu Partnerschaft und Solidarität gab es vereinzelt in der Agitabteilung und in der Agitkommission. Sie erstickten unter dem Einfluß der Chefetage.

Agitabteilung und MfS waren gehalten, ein besonderes Auge auf Kontakte von DDR-Journalisten mit Politikern und Medienvertretern aus der Bundesrepublik zu haben. Dies galt ebenso für Dienstreisen in das sogenannten westliche Ausland, worunter auch Westberlin und die Bundesrepublik zu verstehen waren. Solche Reisen wurden von den Medienchefs für ihre Mitarbeiter offiziell beim Außenministerium beantragt. Die Genehmigung erfolgte jedoch intern durch die Agitabteilung, nachdem das MfS grünes Licht gegeben hatte.

Wurde ein Journalist von westlicher Seite eingeladen, etwa zu einem Empfang in einer Ostberliner Botschaft oder der Vertretung der Bundesrepublik, erhielt er die Einladung in der Regel erst ausgehändigt, nachdem sein Chef in der Agitabteilung nachgefragt hatte. Lautete die Einladung »mit Gattin«, gab es zumeist den Hinweis »aber ohne Gattin«. Auch und gerade in diesem Bereich persönlicher Verbindungen, die von westdeutscher Seite durchaus geschätzt und selbstverständlich »ausgewertet« wurden, durfte nichts ohne Wissen des Großen Hauses und der unsichtbar bleibenden MfS-Kontrolleure geschehen.

Die Drohung im Hinterkopf

Kontrolle und Selbstkontrolle der Journalisten wurden verschärft durch die ständig vorhandene Drohung im Hinterkopf, unter harsche Kritik »von ganz oben« zu geraten. Sie führte nicht selten zu Parteiverfahren und Parteistrafen, Streichung von Prämien oder vorgesehenen Auszeichnungen, auch zur Ablösung von Leitern in den Medien.

Honecker hatte die Angewohnheit, mitunter selbst nebensächliche Medienangelegenheiten zur Chefsache zu machen. Geradezu allergisch reagierte er, wenn in der Bundesrepublik Veröffentlichungen aus der DDR aufgegriffen und als Beweis dafür gewertet wurden, wie schlimm es in Wirklichkeit in der DDR aussehe, daß sich Opposition zeige oder in der SED unterschiedliche Strömungen zu bemerken seien. Dann fragte er weder nach Wahrheitsgehalt noch nach Absicht der Veröffentlichung, sondern ließ Lamberz und in der Folgezeit viel mehr noch Herrmann untersuchen, »was in der Redaktion da überhaupt los ist«. Verantwortliche und damit Schuldige wurden scharf kritisiert oder fühlbar bestraft. Dafür genügte es schon, wenn ein diensthabender Chefredakteur eine Nachricht von zehn Druckzeilen in seiner Zeitung nicht genau an der angewiesenen Stelle plaziert hatte.

Beiträge bundesdeutscher Medien, die sich auf die DDR bezogen und aus ostdeutschen Medien schöpften, wurden besonders signalisiert und ausgewertet. Vornehmlich betraf das Veröffentlichungen, die sich mit Unzulänglichkeiten und Mißständen in Handel und Versorgung, bei Dienstleistungen und Reparaturen, in Verkehrs- und Industriebetrieben befaßten. Ging beispielsweise eine Bezirkszeitung der SED – und diese Blätter hatten ja Tagesauflagen von mehreren hunderttausend Exemplaren – den großen Problemen nach, die durch Fehlen eines kleinen Ersatzteils für eine Hochleistungsmaschine entstanden, so konnte dies zunächst eine begrüßenswerte Aktion sein, besonders dann, wenn sie eine Besserung bewirkte. Aber eben nur so lange, bis die »Westpresse« oder ein »Westsender« sich des Themas bemächtigte und sich dabei auf diese DDR-Publikation bezog. Plötzlich wurde der Beitrag, in der Redaktion und in der SED-Bezirksleitung womöglich schon hoch gelobt, zu einer Handreichung für den politische Gegner. In der Regel hatte die Agitabteilung oder (bei Bezirkszeitungen) die jeweilige Bezirksleitung den Chefredakteur zu ermahnen: Er möge dafür sorgen, daß »der Westen« oder »der Klassenfeind« künftig keine Munition gegen die DDR erhalte. Der Chef gab die Ermahnung an seinen Redakteur weiter. Dies geschah vor der gesamten Redaktion und – je nach Dafürhalten des Chefredakteurs – mit markigen oder zurückhaltenden Worten oder in Quietschtönen, es konnte aber auch eher verständnisvoll unter vier Augen erfolgen. Wenn es ging, versuchten viele Chefs ihre Redakteure zu schützen, zumal die Schelte »von oben« zumeist begabte und um die Leser, Hörer oder Zuschauer bemühte Kräfte betraf, die mit kritischen Beiträgen bis an die gemutmaßte Grenze des Erlaubten gingen.

Dem Dilemma »Kritik in den Medien darf nicht die Grundfesten tangieren und dem Gegner keine Angriffsfläche bieten« suchte die Parteiführung zu entkommen, indem sie die Kraft des positiven Beispiels beschwor. Die Medien wurden auf Erfolgspropaganda festgelegt, kritisiert wurde in der Ära

Honecker nur noch mit dem »positiven Beispiel«. Das machte die Presse vollends ungenießbar.

Das relative Desinteresse im Politbüro an den eigenen Medien und der faszinierte Blick auf westdeutsche Publikationen verstärkten sich in den achtziger Jahren mehr und mehr. Dies hatte im wesentlichen zwei Ursachen.

Einmal waren mit der zunehmenden internationalen Anerkennung der DDR Honeckers Selbstbewußtsein und Selbstüberschätzung gewachsen. Er entfernte sich von der Wirklichkeit und reagierte allergisch, wenn sie ihm vorgehalten wurde. Die Medien der DDR konnten jedoch – bei aller Gängelei – nicht im Wolkenkuckucksheim publizieren, sondern mußten an Leser, Hörer, Zuschauer denken. Selbst bei reduziertem Realismus und vollständiger Abstinenz im Aufwerfen von Grundfragen der Existenz von SED und Sozialismus war die Behandlung innerer Schwierigkeiten nicht zu umgehen. Das Verständnis vieler Journalisten von der DDR verlangte nach tiefergehenden sogenannten Problembeiträgen – und genau die waren verboten.

Zum zweiten nahmen die ökonomischen Schwierigkeiten der DDR gerade in der Zeit ständig zu, da sich ihre außenpolitische Position festigte. Den Medien aber wurden Informationen über eben diese Schwierigkeiten vorenthalten oder zu publizieren untersagt. So war es ihnen weder möglich, ein realistisches und differenziertes Bild der Außenhandelssituation zu erhalten noch dem öffentlichen Betrug entgegenzuwirken, den Honecker und Mittag mit angeblichen Spitzenleistungen der Mikroelektronik inszenieren ließen. Geschönte und gefälschte Statistiken (mit denen auch mancher Korrespondent aus der Bundesrepublik und dem Ausland irregeführt werden konnte) gehörten ebenso zum publizistischen Rüstzeug à la Mittag wie die bei offiziellen Betriebsbesuchen errichteten Potemkinschen Dörfer, die eine heile Wirtschaft vorgaukelten.

Übrigens hatten westdeutsche Medien schon zu Ulbrichts Zeiten eine merkwürdige Funktion: Sie wurden ungewollt zu einer Art Wünschelrutengängern. Was sie in DDR-

Veröffentlichungen aufspürten und zitierten, war für die SED-Führung wichtig, wurde ernst genommen. Und wenn es gar westliche Zustimmung zu einer DDR-Publikation gab, mußte daran etwas faul sein.

So monierte Willi Stoph in den sechziger Jahren in einer Ministerratssitzung, die kulturpolitische Wochenzeitung »Sonntag« habe in einem Kommentar die Handelspolitik der DDR gegenüber der Sowjetunion angegriffen. Diese Ansicht bezog er aus einem Beitrag der Stuttgarter Zeitung, den ein Referent ihm angestrichen hatte. Darin wurde der »Sonntag« zitiert und der Grundgedanke des Kommentars für richtig gehalten: Es sei unrationell, riesige Mengen Rohstoffe aus der UdSSR in die DDR zu schaffen, man sollte mehr Halbfertigerzeugnisse importieren und mehr spezialisierte Fertigerzeugnisse austauschen. Damit war, was Stoph verschwieg, nicht allein die damalige Handelspolitik berührt, sondern auch ein Streitpunkt innerhalb der Staatlichen Plankommission. Der Ministerpräsident verlangte vom anwesenden Leiter des Presseamtes, den Autor des »Sonntag« -Beitrags zu verwarnen. Dies geschah, und zwar in einer zivilen Form, die zu Honeckers Zeiten undenkbar wurde – bei einer Tasse Kaffee.

In den siebziger Jahren und vor allem im letzten Jahrzehnt der DDR änderten sich Methoden und Tonart immer mehr zum Negativen. Wirtschaftssekretär Mittag betätigte sich ganz besonders als Zuträger und Scharfmacher. Auf der einen Seite ließ er durch Herrmann oder die Agitabteilung ständig neue Tabus verkünden: nicht über Selbstkosteneinsparung in der Industrie berichten (mit der albernen Begründung, das könnte Exportkunden der volkseigenen Betriebe eine Handhabe zum Herunterhandeln von Preisen bieten), nichts über Neuentwicklungen von Produkten außer mit ausdrücklicher Genehmigung (wegen angeblicher Gefahr des Geheimnisverrats), nichts über Industriezweig X, dann nichts über Industriezweig Y (meist ohne Begründung), nichts über die Autoproduktion, keine Bilder über neue Fußgängerzonen (»wir müssen alle Kraft auf den

Wohnungsbau konzentrieren«) usw. Der Spielraum für die Journalisten wurde von Jahr zu Jahr kleiner.

Andererseits lief Mittag mit annähernd realistischen Beiträgen über die Wirtschaft zu Herrmann oder zu Honekker und verlangte, die Verantwortlichen zur Rechenschaft zu ziehen, was gewöhnlich geschah. So hielt er es auch mit Beiträgen in den SED-Bezirkszeitungen, was dann oft dazu führte, daß nicht nur die verantwortlichen Redakteure, sondern auch die für die Zeitung zuständige Bezirksleitung mit ihrem 1. Sekretär Honeckers Zorn zu spüren bekam. Nach und nach wurde jeder kritische Geist in den Medien erstickt und der Wirtschaftsjournalismus – von Ausnahmen abgesehen – langweilig, eintönig, unwahr.

Dies betraf aber nicht nur den Wirtschaftsjournalismus, sondern auch insgesamt die innenpolitische Berichterstattung der Medien. Die Gängelei machte vor der Außenpolitik nicht halt. Stand zum Beispiel der Besuch eines Staatschefs, gar eines gekrönten Hauptes ins Haus, war jede Kritik an noch so schlimmen Zuständen in dem betreffenden Land untersagt. Gleiches galt vor Honeckers Staatsbesuchen im Ausland. In der Kulturpolitik führte lobende Kritik von Arbeiten mißliebiger Autoren ebenso zu harscher Kritik »von oben« wie umgekehrt der Verriß eines Werkes, dessen Verfasser sich besonderer Gunst der Parteiführung erfreute.

Insgesamt entwickelte sich in den achtziger Jahren unter dem Einfluß von Honecker, Herrmann und Mittag ein zunehmend schlechtes, gespanntes Verhältnis zu den Medien und den Journalisten.

Kritik an der SED und an ihrer Führung jedoch war in jeder Form verboten. Dieses ungeschriebene Gesetz wurde von keiner Seite ernsthaft in Frage gestellt. Ausnahmen gab es nur, wenn mit allerhöchster Billigung ein nachgeordnetes Parteiorgan gerügt werden sollte. Mitglieder der Bezirksleitungen und des Ministerrats waren in gleicher Weise tabu, es sei denn, daß Honecker ausnahmsweise anwies, einen Minister oder Parteisekretär im ND zu kritisieren.

Immer häufiger wurden die Chefredakteure nach Veröffentlichungen halbwegs interessanter Beiträge von der Agitabteilung gefragt: »Mit wem ist das abgestimmt?«, was bedeutete, ob es von einer ZK-Abteilung abgesegnet sei. Immer weniger waren die ZK-Abteilungen, insbesondere die Wirtschaftsabteilungen, berechtigt und bereit, Journalisten über kritikwürdige Tatsachen und Zusammenhänge, ja auch nur über Vorgänge in ihren Bereichen zu informieren. Nur selten konnten Journalisten realistische Publikationen durchsetzen, für die sie mitunter Informationen von Mitarbeitern des ZK erhielten, deren Namen sie aber als Quelle nicht preisgeben durften.

So wandelte sich politische Einflußnahme auf die Medien in kleinliche Gängelei der Redaktionen, Bevormundung, Unterdrückung von Information, Anweisung zur Schönfärberei. Damit wurde ein lebensnotwendiges Korrektiv außer Kraft gesetzt: die begründete öffentliche Kritik. Der moralischen Verantwortung dafür haben sich sowohl die Aufseher, Beckmesser, Befehlsübermittler im Großen Haus zu stellen als auch die Journalistinnen und Journalisten, die solche Entartungen mitgetragen oder doch widerwillig ertragen haben und darauf hofften, daß Glasnost und Perestroika »von oben« kommen würden.

Dr. Otfrid Arnold, Jahrgang 1929,
arbeitete bis 1989 in der Abteilung Propaganda des ZK der SED;
Dr. Karl-Heinz Arnold, Jahrgang 1925,
war bis 1989 stellvertretender Chefredakteur der »Berliner Zeitung«

Gregor Schirmer

Sisyphos im Gipfelsturm
Wissenschafts- und Hochschulpolitik der SED

Ein Wort zuvor: Ich bilde mir nicht ein, daß ich nach fast vierzigjähriger Tätigkeit als Parteiarbeiter und Staatsfunktionär im Bereich von Wissenschaft und Hochschulwesen der DDR sozusagen neben mich treten und das gescheiterte Werk unparteiisch beurteilen kann. Ich glaube mir darüber klar zu sein, daß sich in den Äußerungen eines Akteurs angesichts der eignen Verantwortung Selbstkritisches und Verteidigung notwendigerweise vermischen, zumal dann, wenn das Werk als totales Unrecht verteufelt wird. Ich bin mir also der Gefahr bewußt, die hinter jeder Zeile lauert: eigenes Fehlurteil, fremdes Mißverständnis, Ablehnung aus anderer Sicht und Erfahrung. Wenn ich trotzdem über den Stand meines Nachdenkens über die Wissenschafts- und Hochschulpolitik der SED in den achtziger Jahren berichte, dann weil nach meinem Dafürhalten beim Aufarbeiten der jüngsten Geschichte auch die Meinung von Leuten aus dem »Apparat« gehört werden sollte. Dabei nehme ich in Anspruch, daß meine Stimme nicht mehr und nicht minder objektiv oder subjektiv ist als die anderer Beteiligter und Beobachter, die sich heute zu Wort melden.

Die SED orientierte darauf, Forschungsergebnisse von internationalem Format zu erzielen, diese schnell praxiswirksam umzusetzen und die dafür erforderlichen Fachkräfte aus- und weiterzubilden. Die beiden Parteitage der achtziger Jahre faßten entsprechende Beschlüsse. Der XI. Parteitag 1986 hob die Bedeutung von »Spitzenleistungen in Wissenschaft und Technik« hervor, ermunterte zu einem »kühnen Vorstoß in wissenschaftliches Neuland, der immer mit einem gewissen Risiko verbunden ist«, und bei dem »keinerlei Kurzsichtigkeit geduldet werden« dürfe.

Es war gewiß anmaßend, wenn Erich Honecker die Wissenschaftler aufforderte, sie sollten sich »durch schöpferische Neugier, kritische Phantasie, außergewöhnlichen Fleiß und kooperative Arbeitsweise auszeichnen«, »überholte Gewohnheiten« ablegen, »weniger aussichtsreiche Arbeitsrichtungen« verlassen und »sich ständig an neuen Erfordernissen [...] messen«. Den Wissenschaftlern wurde parteiamtlich gesagt: »Echte Spitzenleistungen erfordern Spitzenkräfte und können nur in einer geistigen Atmosphäre entstehen, die durch die Überzeugung vom politischen und ökonomischen Gewicht der eigenen Arbeit geprägt ist, durch Ehrlichkeit und Bescheidenheit, genaues Prüfen und Beschreiten neuer Wege. Falsche Rücksichtnahme und Schönfärberei führen zum Mittelmaß, letztlich zu wissenschaftlichen und ökonomischen Verlusten.«[1]

Man kann darüber streiten, was an diesen und anderen wissenschafts- und hochschulpolitischen Orientierungen richtig oder falsch war. Die Crux bestand darin, daß sie nicht oder nur teilweise und in Ansätzen verwirklicht wurden, weil dies auf Hindernisse stieß, die in der Ökonomie und im politischen System der DDR angelegt waren. Die bürokratisch-zentralistisch geplante und geleitete Wirtschaft entfaltete keine Sogwirkung für grundlegende wissenschaftlich- technische Neuerungen.

Es wurden durchaus viele Formen und Inhalte einer sinnvollen Kooperation zwischen Wissenschaft und Industrie entwickelt, die den Spezifika der Grundlagenforschung gerecht wurden und zugleich der Praxis nützten. Aber es gab kaum ökonomische Zwänge und zu wenig Spielräume und Anreize für die Betriebe, durch den Forschungs- und Bildungsvorlauf eine moderne Produktion von morgen und übermorgen vorzubereiten. Die Wissenschaft störte mit ihren »außerplanmäßigen« Vorschlägen und Ideen eher den Planablauf und war oft nur dann willkommen, wenn sie sich den Tagesaufgaben unterordnete.

Die Versuche mußten scheitern, den wissenschaftlich-technischen Fortschritt »zwangsweise« einzuführen, also durch administrative Maßnahmen von oben, durch ständige Kritik am »Unverständnis« der Wirtschaftsleiter und durch den Verkauf von Forschungskapazität der Akademie der Wissenschaften und des Hochschulwesens an die Kombinate. Das Demokratiedefizit in Staat, Wirtschaft und Gesellschaft schlug auf das Verhältnis von Wissenschaft und Praxis durch. Eine pragmatisch-kurzsichtige Praxis dominierte über die prognostische Fähigkeit der Wissenschaft, die mehr und mehr – trotz gegenteiliger Beteuerungen – als Impuls- und Ratgeber mißachtet und in die Rolle eines Bittstellers gedrängt wurde. Die notwendige materiell-technische Basis für Spitzenleistungen und Spitzenkräfte wurde nicht geschaffen oder konnte wegen der prekären Wirtschaftslage nicht gewährleistet werden. Jedenfalls fehlten moderne Geräte sowie Devisen und Freizügigkeit, um solche zu beschaffen. Leistungsfähige Wissenschaftler rieben sich im Kampf mit der Bürokratie auf. Zum Teil unzumutbare Arbeitsbedingungen in Forschung und Lehre, gleichmacherische Verletzung des Leistungsprinzips, Mißachtung der Rolle der wissenschaftlichen Intelligenz als einer eigenständigen sozialen Schicht mit ihren spezifischen materiellen und kulturellen Bedürfnissen wirkten negativ auf Initiative und Schöpfertum.

Notwendige Differenzierung

Die Wissenschafts- und Hochschulpolitik war ein – wie wir sagten – »organischer Bestandteil« der Gesamtpolitik der SED, von ihr geprägt und ihr untergeordnet. Sie mußte das Scheitern dieser Gesamtpolitik teilen. Aus meiner Sicht hat sie aber nicht nur Negatives, sondern auch Positives beinhaltet und bewirkt. Differenzierung ist notwendig, wenn man der Wahrheit näherkommen will.

Im Wissenschafts- und Hochschulbetrieb der achtziger Jahre existierten – auf sehr »undialektische« Weise – neben-, gegen- und miteinander verschiedene Richtungen: kleinliche Reglementierung *und* breite Mitwirkung von Wissenschaftlern und wissenschaftlichen Gremien; erhebliche Behinderungen der wissenschaftlichen Arbeit *und* deren großzügige Förderung; Verschlechterung der ökonomischen und materiell-technischen Bedingungen von Lehre und Forschung *und* aufwendiger Ausbau von Forschungseinrichtungen, Hoch- und Fachschulen sowie Lehrbasen (Technik, Computer); Zurückbleiben hinter dem internationalen Niveau, Mittelmaß, unkritischer Geist *und* solide wissenschaftliche Arbeit, Spitzenleistungen auf einzelnen Gebieten; Gleichmacherei, Verletzung des Leistungsprinzips *und* Freisetzung von Begabungen, Förderung von Spitzenkräften; moderne, praxisnahe Ausbildung *und* Mangel an notwendigsten Studien- und Lehrmaterialien, Labor- und Hörsaalplätzen; soziale Sicherstellung der Studenten durch auskömmliche Stipendien, billiges Mensaessen und Unterkommen in Heimen *und* Kampf mit den Widrigkeiten von Handel und Versorgung; lebendiges geistiges und kulturelles Studentenleben *und* dogmatische Indoktrination; fruchtbare Beziehungen zwischen Lehrenden und Lernenden, Entwicklung der selbständigen wissenschaftlichen Arbeit und der Eigenverantwortung der Studenten *und* Verschulung, kleinkarierte Gängelei und grobe Disziplinierung; Öffnung der akademischen Bildung für alle Schichten des Volkes, vor allem für Arbeiter und Bauern und deren Kinder und für Frauen *und* Ausschluß politisch Mißliebiger von höherer Bildung; Reiseverbote, Importbeschränkungen, Abkopplung vom internationalen Wissenschaftsbetrieb *und* geachtete Teilnahme ausgewählter Wissenschaftler am internationalen wissenschaftlichen Leben, weltweite Wertschätzung von Forschungs- und Bildungserfolgen. Die Liste ließe sich fortsetzen.

Es geht mir dabei nicht um eine mechanische Verrechnung von Soll und Haben auf dem Konto realsozialistischer Wissenschafts- und Hochschulentwicklung, sondern darum, beides und die Gegensätze zwischen beiden zu benennen. Dem Versuch, eine sozialistische Alternative zu entwerfen, darf nicht nur das Negative zugeordnet werden. Auch das Positive war ihm wesenseigen. In den achtziger Jahren gab es weniger politisch motivierte Behinderungen der wissenschaftlichen Arbeit als in der Zeit vorher. Auch die Gesellschaftswissenschaften hatten größere Freiräume. Zugleich nahm gerade in diesen Jahren die Wissenschaft immer weniger die Stellung ein, die ihr hätte zukommen müssen.

Ausdruck der Sorgen vieler Wissenschaftler war ein Memorandum aus dem Jahre 1987 »Dringende Probleme der Wissenschaftsentwicklung in der DDR«. Es wurde von der Abteilung Wissenschaften des ZK gemeinsam mit der Akademie der Wissenschaften und dem Ministerium für Hoch- und Fachschulwesen ausgearbeitet. Das war eine für die damaligen Verhältnisse sehr kritische Analyse der Situation der Wissenschaft und bot Veränderungsvorschläge, die allerdings vor politischen Konsequenzen haltmachten. Das Memorandum wurde von Erich Honecker und Günter Mittag in den Wind geschlagen. Kurt Hager und die Abteilung Wissenschaften haben nicht um seine Beachtung gekämpft.

Das demokratische Prinzip, häufig mißachtet, verdient dennoch eine differenzierte Bewertung. Die Ordinarien-Universität war abgeschafft. An ihre Stelle war aber nicht die Selbstbestimmung der akademischen Gemeinschaft Lehrender und Lernender getreten. Es gab viel zentral-bürokratischen Dirigismus. An den Hochschulen dominierte die Einzelleitung durch Rektoren und Sektionsdirektoren über die neu geschaffenen Gremien. Die Konzile, Wissenschaftlichen Räte und Gesellschaftlichen Räte waren nicht frei gewählt und hatten nur wenig Einfluß. Alles war überlagert von der Entscheidungsbefugnis der Parteiinstanzen und -funktionäre, wobei ein »starker« Rektor oder Sektionsdirektor sich von »seinem« Parteisekretär nicht reglementieren ließ, und ein kluger Parteisekretär sich nicht in wissenschaftliche Angelegenheiten einmischte. Bei aller machtpolitischen Verzerrung und aller Formalisierung der

Demokratie: Die Behauptung, es habe nichts weiter statt-
gefunden als eine »SED-Diktatur« gegen die Freiheit von
Forschung und Lehre, ist einfach falsch. Die Wissenschaftler und ihre Gremien hatten sehr wohl einen erheblichen
Einfluß auf den Inhalt zentraler wissenschafts- und hoch-
schulpolitischer Entscheidungen.

Das ergab sich schon aus der Eigenlogik wissenschaftlicher Arbeitsprozesse, die Fachkompetenz in der Entscheidungsvorbereitung verlangt, welche durch politische Bes-
serwisserei nicht ersetzbar war. Vor allem die Beiräte des
Ministeriums für Hoch- und Fachschulwesen und die wissenschaftlichen Räte für die Fachgebiete waren demokratische Gremien, deren Rolle über bloße Beratung weit hinausging. Es wurde kein Studien- oder Forschungsplan bestätigt, der nicht von kompetenten Wissenschaftlern ausgearbeitet und von solchen Gremien verabschiedet worden
war. Der »Apparat« war nicht so borniert, um nicht zu wissen, daß man das gewünschte hohe Niveau in Lehre und
Forschung nicht herbeireglementieren oder gar erzwingen
konnte. Leider wurde nicht die Konsequenz gezogen, daß
sozialistische Wissenschaftspolitik nur darin bestehen sollte, günstige finanzielle, materiell-technische, personelle und
geistige Bedingungen für wissenschaftliche Arbeit zu fördern, und im übrigen die Freiheit von Lehre und Forschung
zu schützen.

Insgesamt gesehen gehört es meiner Meinung nach zu
den bedeutenden Leistungen der DDR, daß ein ganzes System wissenschaftlicher Akademien und Institute geschaffen wurde, die alten Universitäten wiederaufgebaut und
erweitert und ein halbes Hundert Hochschulen – die der
»Armee und der Sicherheitsorgane« nicht mitgerechnet –
neu errichtet wurden, daß eine neue Intelligenz aus Arbei-
ter- und Bauernkreisen, aus anderen Schichten, vor allem
auch aus der Intelligenz selbst, herangebildet wurde, daß
die höchsten Bildungsstätten für junge Frauen und Männer aus dem Volk geöffnet wurden, daß eine gute Fachaus-
bildung und ein Arbeitsplatz nach dem Studium ebenso

gesichert waren wie eine kostenlose ständige Weiterbildung. Die Forschungsbereiche der Akademie der Wissenschaften, die Akademien für Landwirtschaftswissenschaften und für Pädagogik, die Bauakademie, die neuen Kunsthochschulen, viele Fachschulen waren in der DDR entstanden. Jährlich kamen 20 bis 25 Prozent eines Jahrgangs an die Hoch- und Fachschulen. Der Anteil der Frauen lag über 50 Prozent. 1989 verfügten 22 Prozent der in der DDR Beschäftigten über einen Hoch- oder Fachschulabschluß. Diese Leistungen haben in erster Linie die Wissenschaftler und Studenten selbst erarbeitet. Aber es geschah wohl nicht gegen den Willen der Parteiführung und ihres Apparats, sondern aufgrund von Parteibeschlüssen und deren Umsetzung.

Grundlagenforschung

Im Parteiprogramm der SED von 1976 hieß es: »Die Grundlagenforschung als Quelle neuer Erkenntnisse über gesetzmäßige Zusammenhänge in Natur und Gesellschaft ist im Interesse langfristiger Entscheidungen für die volkswirtschaftliche und wissenschaftliche Entwicklung auszubauen.«[2] In der Tat war ein beträchtliches und leistungsfähiges Potential dafür vor allem an der Akademie der Wissenschaften und zum Teil auch an Universitäten und Technischen Hochschulen herangewachsen. Im internationalen Vergleich war es sicherlich in vieler Hinsicht nicht konkurrenzfähig. Dennoch wurden auf ausgewählten Gebieten herausragende Leistungen erzielt, und Wissenschaftlerteams der DDR nahmen geachtete Plätze ein. Es gelang jedoch nicht, daß dieses Potential auch nur einigermaßen hinreichend wirksam wurde. Für die Wissenschaftler mußte es wie ein unbeabsichtigtes Eingeständnis eines Fehlschlags klingen, wenn Erich Honecker 12 Jahre später auf der 7. ZK-Tagung im Dezember 1988 sagte, es sei an der Zeit, »ausgehend von einer kritischen Analyse des Standes im Vergleich zum internationalen Spitzenniveau, die prognostischen Orientierungen auf Durchbruchstellen in der Grundlagenforschung auszuarbeiten«.[3]

Es war nicht an der Zeit, es war zu spät.

In den achtziger Jahren spitzten sich vor dem Hintergrund anhaltender wissenschaftlich-technischer Fortschritte im Westen, einer rigorosen Embargo-Politik im Hightech- Bereich gegen die sozialistischen Länder und völlig ungenügender Kooperation im RGW die Defizite in der Grundlagenforschung zu. Eine wirkliche Konzentration auf einige unter den Bedingungen der DDR machbare Schwerpunkte kam unter diesen Umständen nicht zustande. Die Ausrüstung mit wissenschaftlichen Geräten verschlechterte sich im Vergleich zum Westen enorm. Die Akademie und das Hochschulwesen wurden zunehmend eingezwängt in ein bürokratisch-zentralistisches System der Leitung und Planung von Wissenschaft und Technik, das die Besonderheiten der Grundlagenforschung mißachtete. Wurde die Wissenschaft schon bisher zu eng unter dem Aspekt ihrer wirtschaftlichen und industriellen Verwertbarkeit behandelt, so unterstellte ein von Günter Mittag initiierter Beschluß des Politbüros vom 12. September 1985 und eine Forschungsverordnung[4] die Grundlagenforschung nun noch rigoroser dem Kuratel einer verfehlten Wirtschaftspolitik. Um kurzlebiger ökonomischer Vorteile willen und zum Schaden der Grundlagenforschung kam es zu einem regelrechten Ausverkauf von Forschungskapazitäten der Akademie und des Hochschulwesens an die Kombinate der Industrie.

In dem erwähnten Memorandum »Dringende Probleme der Wissenschaftsentwicklung in der DDR« wurde festgestellt, daß die Orientierung der SED auf die Ausgestaltung der Grundlagenforschung und auf ihre Nutzung »zunehmend in Widerspruch zu den Bedingungen und Voraussetzungen für ihre Realisierung« gerate. Da dieses Dokument einen Einblick in die damalige Denkhaltung von Parteifunktionären und leitenden Wissenschaftlern ermöglicht, seien hier noch einige andere Passagen zitiert: »Führende Wissenschaftler weisen eindringlich darauf hin, daß im Wissenschaftsverständnis der DDR gegenwärtig Vorstellungen dominieren, wonach vornehmlich die konkreten aktuellen Bedürfnisse von Industrie und Landwirtschaft durch entsprechende wissenschaftlich-technische Ergebnisse zu befriedigen sind. [...] Zunehmend schält sich in der Kooperation von Wissenschaft und Produktion ein Kernproblem heraus. Die ökonomischen Zwänge zu wirklich tiefgreifenden Innovationen, zu echten technologischen Durchbrüchen sind in der Industrie zu schwach wirksam, während der Druck zu kurzfristigen und nach ihrem wissenschaftlichen Gehalt unbedeutenden Verbesserungen und Anpassungen stark ist. [...] Die Notwendigkeit und Operativität der täglichen Planerfüllung engt die Risikobereitschaft und die Flexibilität für die Überführung von Forschungsergebnissen stark ein. [...] Das Fehlen von Hochleistungsgeräten [...] macht die Durchführung grundlegender physikalischer, chemischer, technologischer und verfahrenstechnischer Forschung zunehmend unmöglich.«

Den Ausweg aus der prekären Lage sahen wir damals vor allem darin, den Wissenschaftlern selbst mehr Eigenverantwortung für die Forschung und dem Präsidenten der Akademie der Wissenschaften die Verantwortung für den Staatsplan der Grundlagenforschung sowie für dessen personelle, finanzielle und materielle Absicherung zu übertragen. Für heutige Beobachter eine hoffnungslose Therapie, damals aber ein Versuch, die Forschung der Unterordnung unter ökonomischen Pragmatismus zu entziehen und eine gewisse Selbstverwaltung der Wissenschaft zu erreichen.

SED und Gesellschaftswissenschaften

In der Geschichte der SED lassen sich nicht wenige Elemente eines produktiven Verhältnisses zu den Gesellschaftswissenschaften erkennen. Doch im Verlaufe der Zeit breiteten sich Theorien und Praktiken aus, die aus meiner heutigen Sicht das Verhältnis von Politik und Gesellschaftswissenschaften deformierten. Die Partei – praktisch ihre Führung – erhob den Anspruch, selbst die oberste wissenschaftliche Instanz in grundlegenden theoretischen Fragen zu sein, durch Parteibeschlüsse und Reden des Generalsekretärs den Marxismus-Leninismus weiterzubilden und über seine »Reinheit« zu wachen. Politik – noch dazu oft fehlerhafte – wurde mit Wissenschaft gleichgesetzt und zur Richtschnur von Wissenschaft erhoben. Die Verkoppelung des Wahrheitsmonopols mit dem Machtmonopol führte mehr und mehr zur Unterordnung der Gesellschaftswissenschaften unter die Politik der SED.

Im Parteiprogramm von 1976 war festgelegt worden: »Die marxistisch-leninistischen Gesellschaftswissenschaften sind das theoretische und politisch-ideologische Instrument der Arbeiterklasse und ihrer revolutionären Kampfpartei bei der weiteren Gestaltung der entwickelten sozialistischen Gesellschaft sowie in der Auseinandersetzung mit dem Imperialismus und der bürgerlichen Ideologie.« Weiter apodiktisch: »Der Marxismus-Leninismus ist die Grundlage aller Gesellschaftswissenschaften.«[5] Damit war die Unterordnung verbindlich festgeschrieben. Und das sollte für die Gesellschaftswissenschaften insgesamt gelten. Mit der Bestimmung des Marxismus-Leninismus zur Grundlage aller Gesellschaftswissenschaften wurden nichtmarxistische Denkansätze aus der Sphäre der Wissenschaftlichkeit ausgeschlossen. Aus der so verstandenen führenden Rolle der Partei auf theoretischem Gebiet wurde abgeleitet, daß die SED die Gesellschaftswissenschaften direkt leiten und planen müsse.

Das wichtigste Instrument dafür war der »Zentrale Forschungsplan der marxistisch-leninistischen Gesellschaftswissenschaften der DDR«.[6] Seine Orientierungen und Projekte waren keine den Wissenschaftlern von der Parteizentrale verordneten Erfindungen, sondern Absichten und Vorschläge von Wissenschaftlern und wissenschaftlichen Kollektiven, die durch den Plan als Parteiaufträge sanktioniert wurden. Insgesamt wurde nur der geringere Teil der Forschungskapazität »zentral verplant«. Vor allem Wissenschaftsgebiete und Forschungsthemen, die vom Zentrum der politischen Aufmerksamkeit weiter entfernt waren, blieben außerhalb der zentralen Planung. Doch auch innerhalb des Plans blieben Spielräume.

Ich will mir kein Urteil über die Gesellschaftswissenschaften der achtziger Jahre in der DDR anmaßen. Zweifellos gab es viel niveauloses Mittelmaß, Dogmatismus, Schönfärberei und Langeweile. Unvoreingenommene Beobachter im Westen stellten aber auch eine ganze Reihe neuer Ansätze und Ergebnisse fest. Zu ihnen gehören aus meiner Sicht z.B. Forschungen in der Philosophie, Psychologie, Soziologie, Pädagogik, Rechts- und Kulturwissenschaft, die die Entwicklung der Persönlichkeit, der Bedingungen und Erfordernisse ihrer Entfaltung in den Mittelpunkt stellten. Entgegen vereinfachenden Thesen über Kollektivität, Annäherung und Gleichheit wurden die Individualität, die Spezifik sozialer Schichten und Gruppen, die Unterschiedlichkeit von Lebensweisen als produktive Quellen gesellschaftlichen Reichtums herausgearbeitet. Die Realitäten im Sozialismus, die Widersprüche, Defizite und unterschiedlichen Interessen wurden in manchen Arbeiten – in elementarem Gegensatz zur Selbstzufriedenheit der Führung – stärker verarbeitet. In der Historiographie wurde gerade in dieser Zeit eine Öffnung zu bisher nicht beachteten oder vereinfacht behandelten historischen Perioden, Ereignissen und Persönlichkeiten, eine differenziertere Betrachtung herrschender Klassen und Schichten und zur Geschichte des Alltags des Volkes deutlich.

Es ließen sich viele Wissenschaftsgebiete anführen, deren Vertreter wegen ihrer Leistungen internationales Ansehen genossen, darunter die Ästhetik, die Literatur-, Kunst-, Musik- und Theaterwissenschaften, die Asien-, Afrika-, Lateinamerikawissenschaften mit ihrer interdisziplinären Herangehensweise, die Wissenschaftstheorie und -geschichte, die Wirtschafts- und Produktivkraftgeschichte, die vergleichende Revolutionsgeschichte, die Ur- und Frühgeschichte, die Sprachwissenschaften, Bereiche der Soziologie und Psychologie. Beachtliches wurde bei der Erforschung von Faschismus, Zweitem Weltkrieg und Antifaschismus, bei der Analyse des modernen Kapitalismus und bei der Erkundung philosophischer und ethischer Probleme von Naturwissenschaft, Technik und Medizin geleistet. Die Friedensforschung spielte eine aktive Rolle in der Friedensbewegung und war ein geachteter Partner der westlichen Friedens- und Konfliktforschung. Eine genauere Analyse der internen gesellschaftswissenschaftlichen Studien würde zeigen, daß kritischer Geist, Ideen und Vorschläge für Veränderungen und eine bestimmte reformerische Leistungsbereitschaft vorhanden waren.

Eine neue, moderne Konzeption des Sozialismus und seiner Ökonomie kam allerdings nicht oder nur in Ansätzen zustande.

Man konnte in der DDR einerseits durchaus schöpferisch arbeiten, andererseits war die gesellschaftswissenschaftliche Forschung auch massiven Behinderungen ausgesetzt: Tabuisierung von Arbeitsrichtungen und Themen; Begrenzung des Zugangs zu bestimmten Fakten, statistischen Daten und Archiven; Beeinträchtigung der empirischen und konkret-soziologischen Arbeit; Behinderung des Meinungsstreits; administrative Eingriffe in wissenschaftliche Auseinandersetzungen.

Die Parteiführung und die Funktionäre im Apparat, zu denen ich gehörte, tragen die Verantwortung für die Deformationen im Verhältnis von Politik und Gesellschaftswissenschaft und für deren schädliche Folgen. Zwar entstanden die genannten neuen Ansätze und Ergebnisse und andere Leistungen zum größten Teil im Auftrag, zumindest mit Kenntnis und Duldung, vieles mit Förderung zentraler Parteiinstanzen und Parteifuntionäre. Das ändert jedoch nichts daran, daß die Unterordnung von Wissenschaft unter Politik vom Prinzip her falsch war, auch da, wo Positives bewirkt wurde.

Die SED war in den achtziger Jahren wahrlich nicht reformfreudig, es herrschte eher Erstarrung. Im Hochschulwesen gab es jedoch in dieser Zeit einen Versuch, der den Namen einer Reform durchaus verdient, wenn er auch offiziell nicht so genannt wurde. Der Beschluß des Politbüros vom 18. März 1980[7] enthielt ein modernes Konzept für notwendige Veränderungen in der Hochschulbildung. Er wurde in einer verhältnismäßig umfangreichen Diskussion mit Hochschullehrern, wissenschaftlichen Mitarbeitern und ihren Partnern in der Praxis vorbereitet. Studenten konnten sich in dieses Projekt wenig einbringen, hatten allerdings über die FDJ punktuellen Einfluß. Dem Charakter nach war es dennoch – trotz Mitwirkung von Wissenschaftlern – ein Reformversuch von oben. Deshalb, aber auch, weil erforderliche materiell-technische Voraussetzungen fehlten, ist der Versuch nach meiner Meinung nur zähflüssig verlaufen und hatte nur auf Teilgebieten Erfolg. Es ist nicht gelungen, die Umgestaltungen zum ureigenen Anliegen der Wissenschaftler und Studenten zu machen und ihnen breitere gesellschaftliche Resonanz – insbesondere in den Schulen und in der Industrie – zu verschaffen. Die Methode, die beabsichtigten Veränderungen durch eine Vielzahl weiterer Beschlüsse und ministerieller Anordnungen durchzusetzen, mußte scheitern. Eine solche Reform, wenn sie das Hochschulleben durchgreifend verwandeln sollte, konnte nur von unten wachsen. Das ließen aber die gesellschaftlichen Verhältnisse nicht zu.

Dennoch enthielt der Beschluß weitreichende Orientierungen und löste unter anderem Schritte in folgende Richtungen aus, die heute noch bemerkenswert sind:

- Breite theoretische und methodologische Grundlagenausbildung als Voraussetzung für solide fachspezifische Ausbildung und sinnvolle Spezialisierung. Zurückdrängung einer übermäßigen Aufgliederung in Fachrichtungen.
- Größere Freiräume für die Lehrkräfte, Sektionen und Hochschulen bei der Bestimmung der Inhalte und Methoden der Lehre und der Studienabläufe. Verringerung obligatorischer Lehrveranstaltungen und Erweiterung

des Angebots an fakultativen, Verringerung der Anzahl von Lehrgebieten und Prüfungen. Schaffung komplexer, interdisziplinär angelegter Lehrgebiete.

- Wirkungsvollere Einbeziehung von Betrieben und Institutionen und von Praktikern in die Ausbildung und ihre Konzipierung.
- Ausgestaltung der selbständigen wissenschaftlichen Arbeit der Studenten, Einbeziehung möglichst vieler Studenten in die Forschung.
- Stärkere Individualisierung der Ausbildung, Förderung begabter und leistungsstarker Studenten unter bewußter Abweichung von ansonsten verbindlichen Vorschriften.
- Ausbreitung der Vorkurse als Form des Erwerbs der Hochschulreife durch junge Facharbeiter unter direkter Regie der Hochschulen (neben der Berufsausbildung mit Abitur, den Sonderklassen für begabte Schüler an den Hochschulen und der erweiterten Oberschule).

Im Jahr 1983 folgte ein weiterer für die Umgestaltung des höheren Bildungssystems bedeutender Politbürobeschluß über die Veränderung der Aus- und Weiterbildung von Ingenieuren und Ökonomen[8] mit der interessanten Idee, Hochschulingenieure in zwei Grundprofilen auszubilden: eines, das auf den Einsatz der Absolventen in Forschung und Entwicklung gerichtet war, und ein weiteres, das einen produktionsorientierten Ingenieur hervorbringen sollte, und zwar ohne die heute von Regierung und Wirtschaft angestrebte Einteilung in Elite- und Schmalspurausbildung. Dem folgte 1986 ein entsprechender Beschluß über die agrarwissenschaftlichen Fachrichtungen.

Selbst in die Ausbildung politisch so sensibler Studienrichtungen wie Philosophie und Rechtswissenschaften kam eine gewisse Bewegung. Jedenfalls kann man nicht behaupten, im Hoch- und Fachschulwesen der DDR habe in den schwierigen achtziger Jahren nur Erstarrung geherrscht und vom Üblichen abweichende Experimente seien unterdrückt worden.

Wurde mit dem marxistisch-leninistischen Grundlagenstudium nur indoktriniert?

Das marxistisch-leninistische Grundlagenstudium mit seinen über 500 Professoren und Dozenten galt als das wichtigste und zuverlässigste Instrument zur weltanschaulichen und politisch-ideologischen Bildung und Erziehung der Studenten im Sinne des Sozialismus, wie er damals verstanden und praktiziert wurde. Demzufolge mußte das Lehrprogramm vom Sekretariat des ZK bestätigt werden. Viel Spielraum für die Lehrkräfte ließ es nicht zu, vor allem war es eine Sperre gegen Abweichungen vom Kurs der Partei. Es schrieb allerdings auch nicht alle Einzelheiten des Lehrinhalts vor. Die Teilnahme der Studenten an den Kursen Dialektischer und Historischer Materialismus, Politische Ökonomie und Wissenschaftlicher Sozialismus/Geschichte der Arbeiterbewegung war obligatorisch. Gleichzeitig wurde eine mehr oder weniger breite Palette von wahlweise-obligatorischen Spezialkursen angeboten.

Die Haltung der Studenten zum »MLG« war sehr unterschiedlich. Bei den Gesellschaftswissenschaftlern und Lehrern war das Interesse groß, bei Naturwissenschaftlern, Technikern und Medizinern dagegen wenig ausgeprägt. Es sank während des Studiums erheblich, besonders unbeliebt war die Politische Ökonomie des Sozialismus.

Soziologische Untersuchungen von DDR-Wissenschaftlern und eigene Erfahrungen belegen, daß im Durchschnitt etwa ein Drittel der Studenten starkes oder sehr starkes Interesse am Studium des »MLG« hatte, bei einem weiteren Drittel war das Interesse mittelmäßig, beim letzten Drittel gering oder nicht vorhanden. Der Besuch der Vorlesungen und das Literaturstudium waren überwiegend schlecht, ohne daß es deswegen Repressalien gab. Man log sich lieber in die eigene Tasche und verteilte Prüfungsnoten, die oft besser waren als die im eigentlichen Fach. In den Seminaren herrschte häufig eine Atmosphäre des Monologisie-

rens des Lehrers oder des Abfragens angelernter und ge-
wünschter Antworten. Ein Hort freier Debatten waren diese Seminare nicht, andererseits aber auch kein Inquisitions-
forum. In den achtziger Jahren wurden zunehmend kritische und kontroverse politische Diskussionen geführt. Die
Studenten hielten immer weniger mit ihrer Meinung hinter
dem Berg und fanden bei vielen Lehrern für Marxismus-
Leninismus Verständnis und Partnerschaft.

Wir kannten die Diskrepanz zwischen Anspruch und
Wirklichkeit durchaus. Wer nicht mit sozialistischem Klassenstandpunkt und marxistisch-leninistischer Weltanschau-
ung zur Hochschule kam, wurde in der Regel auch durch
360 Unterrichtsstunden in Marxismus-Leninismus nicht
umerzogen. Der Anspruch scheiterte am Auftrag, eine oft
fehlerhafte Politik als die einzig richtige zu begründen.
Schlechte Erfahrungen mit der sozialistischen Wirklichkeit
konnten mit ideologischer Erfolgspropaganda nicht aus den
Köpfen verdrängt werden. Die komplizierte Dialektik in den
Realitäten obsiegte über deren vereinfachte Darstellung und
Interpretation im Grundlagenstudium.

Das marxistisch-leninistische Grundlagenstudium ist
heute als Ausgeburt von Apologetik, Indoktrination und
Dogmatik verschrien. Von all dem gab es mehr als genug.
Ich widerspreche jedoch der Auffassung, mit Wissenschaft,
Kultur und Moralität habe das Grundlagenstudium nichts
zu tun gehabt. Dort wurde vermittelt, was in der DDR offiziell als Marxismus-Leninismus galt. Die herrschende Meinung über den wesentlichen Inhalt des Marxismus-Leninismus liegt in drei mehrfach überarbeiteten Lehrbüchern, den
Lehrprogrammen, Studienanleitungen und Literaturlisten
vor. Eine subtile Bewertung der Rolle des Grundlagenstu-
diums müßte nicht zuletzt anhand dieser Texte erfolgen. Was
war schon damals erkennbar falsch? Was hat sich seither
als falsch herausgestellt? Was hat sich als ganz oder teilweise richtige, entwicklungsfähige Einsicht in historische
Wahrheiten, als kulturelle Bereicherung und als moralische
Lebenshilfe erwiesen? Eine solche Auseinandersetzung fin-

det leider (noch) nicht statt. Vorherrschend ist eine pauschale Verdammung, das stillschweigende Abschwören und das unbedachte Beiseiteschieben des ganzen Denkgebäudes. Freilich werden auch Begrifflichkeiten verbissen verteidigt. Wer beispielsweise die materialistische Dialektik und Geschichtsauffassung, die Analyse des gegenwärtigen Kapitalismus, die Friedensdoktrin des realen Sozialismus und seine »Soziallehre« kennengelernt hat, wie sie im marxistisch-leninistischen Grundlagenstudium vermittelt wurden, wer das Kommunistische Manifest, Abschnitte aus dem »Kapital«, den »Anti-Düring«, den »Imperialismus« und andere Schriften von Marx, Engels und Lenin gelesen hat, der konnte sicherlich geistigen Gewinn für sich verbuchen. Geistigen Schaden hat das marxistisch-leninistische Grundlagenstudium vor allem dadurch angerichtet, daß diese Schriften zu ewigen Wahrheiten kanonisiert und die jeweils letzten Beschlüsse der Parteiführung und Reden des Generalsekretärs in den Rang höchster und unbezweifelbar wissenschaftlicher Erkenntnis erhoben wurden, daß Geschichte und Gegenwart des Sozialismus zum Nachweis von Sieghaftigkeit und Überlegenheit durch Übergehen unangenehmer Fakten schönfärberisch dargestellt und die Studenten am Kennenlernen anderer Denkgebäude gehindert wurden.

Die Universitäten, Hoch- und Fachschulen der DDR werden häufig als »SED-Kaderschmieden« denunziert, die man angeblich nur bei guter politischer Führung absolvieren konnte. Tatsächlich haben an diesen Universitäten, Hoch- und Fachschulen so viele junge Leute studiert, daß der Anteil der Hoch- und Fachschulabsolventen an den Beschäftigten von 2 Prozent (1949) auf 22 Prozent (1989) anwuchs.

Über die Zulassung zum Studium entschieden die Hoch- und Fachschulen nach zentralen Planvorgaben, die wiederum vom absehbaren – oft nicht richtig eingeschätzten – Bedarf an Hoch- und Fachschulabsolventen ausgingen. Die durch die Verfassung vorgeschriebene »Berücksichtigung der sozialen Struktur der Bevölkerung«[9] mußte nicht administrativ

geregelt werden. Ein hoher Anteil von Arbeiter- und Bauern-
kindern – so zweifelhaft diese Kategorisierung auch war – ergab sich aus der gesellschaftlichen Entwicklung in den meisten Fachrichtungen von selbst. Es gab keine strukturellen
Sackgassen gegen den Zugang zur nächsthöheren Bildungs-
stufe. In einigen Fachrichtungen dominierten unangefoch-
ten die Kinder »einschlägiger« Elternhäuser, etwa in der Medizin oder in den Kunst- und Musikwissenschaften.

Es wurden auch Ablehnungsbescheide aus politischen
Gründen erteilt, das war allerdings selten. Ich will nicht
verschweigen, daß negative Entscheidungen bereits an der
Schwelle des Übergangs in die Abiturstufe fielen, dadurch
soll keineswegs die Zulassungspolitik im Hoch- und Fachschulwesen entlastet werden. In Einzelfällen wurden auch
politisch begründete Zulassungen ausgesprochen, nicht
nur für Kinder von Funktionären, sondern auch zugunsten von Kindern aus Kreisen der Intelligenz, der Schrift-
steller und Künstler und der Kirchen – meist auf Intervention der Eltern. Die wichtigste Grundlage für die Zulassung allerdings war das ebenfalls in der Verfassung ver-
ankerte Leistungsprinzip, das oft formal gehandhabt wurde. Gegen die Praxis des allgemeinen Notendurchschnitts
als Bewertungsgrundlage wurde angekämpft, allerdings
ohne viel Erfolg. Die meisten Ablehnungen mußten wegen Überfüllung von Studienrichtungen ausgesprochen
werden, sie waren mit Angeboten freier Studienplätze in
anderen Richtungen verbunden. Auch Wehrdienstverwei-
gerer konnten studieren. Für verschiedene Studienrichtungen wie Juristen, Journalisten, Dolmetscher galten allerdings besondere kaderpolitische Richtlinien.

Ich beanspruche nicht die Kompetenz, den Studienalltag
zu schildern. Als unaufhörliche politische Schikane und
Persönlichkeitsverkrüppelung haben die Studenten ihre
Hoch- und Fachschuljahre wohl nicht erlebt. Die Hauptsache im Studienalltag war das Studieren und die studenten-
gemäße, nicht immer »SED-konforme« Freizeitgestaltung.
Disziplinarverfahren gegen Studenten, die wider den poli-

tischen Stachel löckten und relegiert wurden, gehören auch zur Bilanz der Hochschulpolitik der SED, bestimmten aber nicht den Studienalltag. Das Studium war vor allem leistungsorientiert.

Vielleicht ist es in diesem Zusammenhang nicht uninteressant zu erwähnen, daß nach den biographischen Angaben in Kürschners Volkshandbuch Deutscher Bundestag, 12. Wahlperiode, von 109 Bundestagsabgeordneten, die Bürger der ehemaligen DDR waren – ohne die der PDS/Linke Liste, denen Übelmeinende vielleicht nachsagen könnten, sie hätten Bildungsprivilegien genossen –, nicht weniger als 104 (95,4 Prozent) eine Hochschul- und/oder Fachschulausbildung absolviert haben. Im Bundestag insgesamt beträgt der entsprechende Anteil 79,8 Prozent. 37 Abgeordnete aus den neuen Bundesländern (33,9 Prozent) – ebenfalls ohne PDS/LINKE LISTE – besitzen den Doktorgrad. Im Durchschnitt des Bundestages sind das 27,6 Prozent. Drei oder vier Lebensläufe belegen, daß Disziplinarmaßnahmen aus politischen Gründen den Bildungsweg unterbrochen haben. Wie kamen die Abgeordneten zu ihren akademischen Graden und Abschlüssen? SED-Mitglieder waren sie nicht. Haben sie allesamt Sozialismus-Verbundenheit geheuchelt? Oder war das SED-gelenkte Hochschulwesen doch nicht so repressiv, wie manche immer behaupten?

Eine wichtige Entscheidung für wissenschaftliches Niveau und Geisteshaltung an den Universitäten und Hochschulen war die Berufung der Professoren und Dozenten durch den Minister auf Vorschlag der Rektoren. Für eine Berufung galten auch politische, aber durchaus nicht wissenschaftsfremde Kriterien. Vorraussetzung für eine Berufung waren das fachwissenschaftliche Niveau und entsprechende Nachweise, wie Dr. sc., Praxis- und Auslandserfahrung, eine angemessene Zahl von Publikationen sowie Erfolge in Lehre und Forschung.

Angesichts der Aufräum- und Strafaktion gegen die Professoren- und Dozentenschaft der DDR ist die Behauptung wohl nicht falsch, daß derzeit in Fragen der Berufung (und Abberufung) mehr Politik – mit umgekehrten Vorzeichen – im

Spiel ist als damals. Neue »Staatstreue« ist ein streng gehandhabtes Berufungskriterium, alte »Staatsnähe« ein Grund zur Abwicklung und Bestrafung.

Die Instanzen der SED haben auf allen Ebenen des Berufungsverfahrens ein wichtiges Wort mitgesprochen. Es ist jedoch falsch, wenn behauptet wird, die Berufung sei ein Geschenk für politisches Wohlverhalten und obrigkeitshörige Duckmäuserei gewesen oder vom Beitritt zur SED abhängig gemacht worden, wenn nur mittelmäßige Fachkompetenz feststellbar war. Berufungen, bei denen politische Erwägungen den Ausschlag gaben, kamen vor. Wahr und bedauerlich ist, daß man manche als politisch unzuverlässig und mißliebig eingestufte Wissenschaftler erst gar nicht auf die Berufungsliste setzte oder auf dem Wege dieser Listen nach oben aussonderte. Man darf dennoch nicht jede sachlich-fachlich begründete oder von einflußreichen wissenschaftlichen Konkurrenten erreichte Ablehnung als »unrechtsstaatlichen Akt der SED-Zwangsherrschaft« hinstellen. Das Auftreten von Trägern akademischer Titel und Grade in der Wendezeit innerhalb und außerhalb der SED beweist, daß offensichtlich nicht wenige kritische Geister berufen wurden. Im übrigen gab es an den Universitäten der DDR mehr berufene Professoren für Theologie als Inhaber von Philosophie- oder Politologielehrstühlen in ganz Westeuropa, die sich als marxistisch verstehen.

1989 waren an den Universitäten und Hochschulen der DDR 3.481 ordentliche Professoren und 4.303 Hochschuldozenten tätig. Hinter dieser Zahl stecken die realisierten Aufstiegsmöglichkeiten vieler Frauen und Männer, die unter anderen gesellschaftlichen Verhältnissen niemals eine wissenschaftliche Laufbahn hätten einschlagen können. Auf 17 Studenten kam im Durchschnitt ein Hochschullehrer. Zuviel für die kleine DDR? Hat sich das »gerechnet«? Jedenfalls gute Voraussetzungen für eine gediegene Ausbildung und ein enges Verhältnis zwischen Lehrenden und Lernenden.

Gregor Schirmer, Jahrgang 1932,
war stellvertretender Leiter der Abteilung Wissenschaften des ZK

Anmerkungen

1) XI. Parteitag der SED, Berlin, 17. bis 21. April 1986, Bericht des Zentralkomitees der Sozialistischen Einheitspartei Deutschlands an den XI. Parteitag der SED, Berichterstatter: Genosse Erich Honecker, Dietz Verlag Berlin, S. 57 f

2) IX. Parteitag der SED, Berlin, 18. bis 22. Mai 1976, Programm der SED, Dietz Verlag Berlin 1976, S. 45

3) 7. Tagung des ZK der SED, 1./2. Dezember 1988, Mit dem Blick auf den XII. Parteitag die Aufgaben der Gegenwart lösen. Aus dem Bericht des Politbüros an die 7. Tagung des ZK der SED, Berichterstatter: Erich Honecker, Dietz Verlag Berlin 1988, S. 63

4) Vergl. Gesetzblatt der DDR, Teil I, Nr. 2 v. 16. Januar 1986, S. 9ff

5) IX. Parteitag der Sozialistischen Einheitspartei Deutschlands, a.a.O., S. 46

6) Die Zentralen Forschungspläne 1981 bis 1985 und 1986 bis 1990 sind jeweils ohne die konkreten Projekte abgedruckt in: Einheit, Dietz Verlag Berlin, Nr. 12 (1980) S. 1209ff und Nr. 8 (1986) S. 681ff

7) Vergl. V. Hochschulkonferenz der DDR, Protokoll, Berlin 1980, S. 363ff

8) Vergl. Das Hochschulwesen 31 (1983), Heft 9

9) Vergl. Verfassung der Deutschen Demokratischen Republik, Artikel 26

Erhard Meyer

Der Bereich Günter Mittag
Das wirtschaftspolitische Machtzentrum

Entgegen vielfach geäußerten Meinungen besaßen auch in
den wirtschaftspolitischen Abteilungen des ZK weder Mitarbeiter noch Abteilungsleiter das Recht, durch Weisungen
oder gar Befehle inhaltliche Entscheidungen in den Staats-
und Wirtschaftsorganen herbeizuführen. Das blieb ausschließlich dem Sekretär, Günter Mittag, vorbehalten. Dabei war ein von ihm oft geübtes Ritual, sich die Zustimmung
des Generalsekretärs zu seinen Entscheidungen schriftlich
einzuholen. Den Abteilungen oblag die Funktion des Über-
mittlers einer »guten oder schlechten« Nachricht, wenn
Mittag seine Entscheidung nicht selbst verkünden wollte.
Gängige Praxis war es auch, daß er seine Festlegungen den
Abteilungen oft überhaupt nicht mitteilte. Das betraf zum
Beispiel Entscheidungen über die Beziehungen zur BRD,
Festlegungen zur Unterstützung des Bereiches Kommerzi-
elle Koordinierung (KoKo), zur Arbeit des Rates für Gegenseitige Wirtschaftshilfe (RGW) oder Aufgaben der Landesverteidigung. Offensichtlich war nach Auffassung von Günter Mittag das Zurückhalten von Nachrichten erforderlich,
um die von ihm gewünschte Distanz zwischen sich und seinen »Untergebenen« deutlich werden zu lassen.

Doch selbst unter den Bedingungen im Apparat gab es
Möglichkeiten und Räume für eine sinnvolle und wirksame
Arbeit der wirtschaftspolitischen Abteilungen. Grundfragen der Entwicklung der Volkswirtschaft, strategische
Querschnittsfragen, Gestaltung des Wirtschaftsmechanis-
mus hätten weitaus mehr auf der Tagesordnung stehen
können und müssen, um den Anspruch der führenden
Rolle der SED, vor allem als Ideengeber und intellektuel-
ler Vorreiter, tatsächlich gerecht zu werden. Daß dies zu

wenig geschah, ist vor allem dem zuständigen Sekretär geschuldet.

Dazu steht auch nicht im Widerspruch, daß zum Beispiel in Vorbereitung von Parteitagen Berge von Papier mit Konzeptionen und Vorschlägen erarbeitet wurden. Praktische Konsequenzen sind daraus allerdings nicht abgeleitet worden. Gleiches gilt auch für die in den letzten Jahren geübte Praxis von Günter Mittag, für die Zeit des Sommerurlaubs eine Vielzahl von Arbeitsaufträgen – auch zu strategischen und konzeptionellen Fragen – an die Minister und an die Abteilungen zu verteilen. Diese umfangreichen Ausarbeitungen wurden von ihm jedoch kaum benutzt, sondern in der Regel der Staatlichen Plankommission »zur Auswertung« übergeben.

Eine solche harsche Schuldzuweisung für die Negierung strategischer Fragen bedarf natürlich der Beweise, der Argumente. Wer war Günter Mittag, was wollte er? Hier soll nur auf wenige, gravierende Tatbestände aufmerksam gemacht werden.

Während der gesamten Zeit als Politbüromitglied von 1966 bis 1989 oder als Sekretär des ZK (1976 bis 1989) vertrat er bedingungslos das jeweilige wirtschaftspolitische Konzept des 1. Sekretärs bzw. des Generalsekretärs. Und er vertrat sie nicht nur, häufig überzog er maßlos. Deutlich wird das an der Geschichte des »Neuen Ökonomischen Systems«.

Unter Walter Ulbricht ließ er sich noch als einer der Väter »dieses Kindes« feiern. Dabei trieb er die »strukturkonkrete Planung«, das heißt die Errichtung gigantischer Großvorhaben, in solche Dimensionen, die alle volkswirtschaftlichen Proportionen sprengten. Nach der Ablösung von Walter Ulbricht und dem Machtantritt von Erich Honecker 1971 riß er das Steuer um 180 Grad herum und wurde zum Wortführer einer Überzentralisierung der Planung und aller Entscheidungsprozesse in Wirtschaftsfragen.

Auch in den Jahren der »Einheit von Wirtschafts- und Sozialpolitik« war Günter Mittag ein treuer Paladin des Generalsekretärs, selbst dann noch, als Anfang der achtziger

Jahre bekannt wurde, daß die DDR mehr verbrauchte als sie produzierte, daß die Auslandsverschuldung in nicht mehr zu beherrschenden Größen zunahm und volkswirtschaftliche Disproportionen zu ernsten Produktionsstörungen und politisch brisanten Versorgungsmängeln führten. Das Negieren der Mißstände oder das Abschieben der Verantwortung auf die untere Leitungsebene war Flucht aus der Wirklichkeit und seiner eigenen Verantwortung. Letztlich ging es Günter Mittag stets darum, sich gegenüber dem Generalsekretär unentbehrlich zu machen und ihm zu suggerieren, daß er alle Fragen lösen könne und für alle Probleme den einfachen, punktuellen Ausweg parat habe.

Diese Grundsätze bestimmten auch die Art und Weise, wie er seine Funktion als Wirtschaftssekretär des ZK der SED wahrnahm, beginnend Mitte der siebziger Jahre und stark ausgeprägt in den achtziger Jahren. Grundprobleme und strategische Fragen der Entwicklung von Industrie, Bauwesen, Verkehrswesen, Finanzen, Planung und Leitung standen nicht im Mittelpunkt von Mittags Aufmerksamkeit. Nur sporadisch, dann jedoch völlig überzogen, wie etwa bei dem Mikroelektronikprogramm, engagierte er sich persönlich. Mehr und mehr zog er Detailentscheidungen an sich, engte er den Handlungsspielraum der Regierungsinstitutionen systematisch ein und verzettelte sich in Tagesfragen. Damit war für Mittag ein großes Arbeitspensum verbunden. Ob wochentags oder sonntags und selbst im Urlaub prüfte und bewertete er Briefe, Vorschläge, Konzepte, führte Telefongespräche mit Abteilungsleitern und Ministern. Seine Allgegenwart war und sollte jederzeit zu spüren sein. Allerdings blieb vor allem in den letzten Jahre, sicherlich auch krankheitsbedingt, viel unerledigt, darunter grundsätzliche Entscheidungen mit weitreichenden Folgen.

Dieser Arbeitsstil hatte gravierende Auswirkungen auf die Arbeit der Abteilungen. Planerfüllung, Lösung von materiell-technischen oder finanziellen Aufgaben, Arbeitskräfte- und Lohnsorgen, kurz, die gesamte Breite wirtschaftlicher Fragen der ihnen zugeordneten Wirtschaftsbereiche waren ihr Arbeitsfeld. Ein Arbeitsfeld, das immer umfangreicher wurde, je stärker die Entscheidungen auf den Wirtschaftssekretär konzentriert waren und der Ministerrat davon entbunden wurde. Operative, vielfach zweit- und drittrangige Probleme dominierten mehr und mehr; das Erarbeiten von Listen, Übersichten und Tabellen lenkte von den eigentlichen Aufgaben ab.

Zwangsläufig mußten sie bei einem solchen System von Verantwortlichkeit und Entscheidungshierarchie die Rolle der Interessenvertretung »ihres« Wirtschaftsbereichs im Apparat des ZK übernehmen. Ein solcher Arbeitsstil hatte jedoch auch einen nicht zu übersehenden Vorteil: Die Abteilungen besaßen exaktes Wissen über die reale Lage in den Bereichen. Damit gerieten jedoch die Abteilungen auch zunehmend in Zwiespalt: Wie sollte man sich zu dieser realen Situation verhalten, was war nötig, was möglich? Anpassung an Auffassungen und Standpunkte des Sekretärs oder auf der Grundlage hieb- und stichfester Analysen Veränderungen herbeiführen, bestehende Fragen aufgreifen und beantworten? Das Ergebnis dieser Bemühungen zur Konfliktlösung ist bekannt: Schadensbegrenzung in manchen Fällen, doch ohne grundlegenden Erfolg.

Die Rolle von Vertretern der Wirtschaftsbereiche prägte notwendigerweise auch die Beziehungen zwischen den Abteilungen. Differenzen zwischen Zielen und Bedingungen, Diskrepanzen zwischen berechtigten Anforderungen und begrenzten wirtschaftlichen Möglichkeiten führten auch hier – ebenso wie in der Regierung – zu geteilten Interessenlagen. Und hier wie da lagen die Hauptdifferenzen zwischen den »Ressortbereichen« und den »gesamtwirtschaftlich« Zuständigen.

De facto nahm Mittag eine Stellung ein, die ohne Übertreibung als »Oberster Wirtschaftsleiter« bezeichnet werden kann. Das führte zum Teil zu grotesken Praktiken. So mußte von den Abteilungen auf Verlangen von Günter Mittag jeden Morgen die Planerfüllung des Vortages – nach Ministerien aufgeschlüsselt – vorgelegt werden; ein enormer Aufwand ohne jeglichen Wert für das praktische Leben, nur von Wert für ihn selbst. Er wollte damit dem Generalsekretär beweisen, daß er »alles im Griff« hatte.

Als Mitte der achtziger Jahre ein Jahresplanprojekt von den Regierungsorganen nicht fertiggestellt werden konnte, weil Leistungshöhe und die dafür notwendigen materiellen Voraussetzungen – wie so häufig – weit auseinanderklafften, hatte er den Einfall, diesen gordischen Knoten selbst zu zerschlagen. In einer Drei-Tage-Aktion wurden alle Minister sowie die Generaldirektoren und Parteiorganisatoren des ZK der Kombinate in das ZK bestellt und von Mittag persönlich zurechtgewiesen und diszipliniert. Am Ergebnis selbst änderte das jedoch nichts, was allen Beteiligten von vornherein klar war.

Es wurden Planaufgaben festgelegt, die in vielen Kombinaten und Betrieben von vornherein nicht erfüllt werden konnten. Daher wurden sie im Laufe des Jahres schrittweise korrigiert, abgesenkt – wie es im Sprachgebrauch hieß –, um die Jahresendprämie für die Belegschaftsmitglieder, die eigentlich an die Planerfüllung gebunden war, aber zunehmend den Charakter eines dreizehnten Monatsgehaltes angenommen hatte, doch noch zahlen zu können. War ein solches Herangehen schon ökonomisch ein äußerst hohes Risiko – Störungen in den Liefer- und Absatzbeziehungen zwischen den Betrieben blieben unausweichlich, Exporte und Importe gerieten aus dem Lot und schufen zusätzliche Schwierigkeiten in der Zahlungsbilanz, Versorgungslücken nahmen zu –, so waren die politischen Konsequenzen noch weitreichender. Da in den meisten Betrieben die Vertrauensleutevollversammlungen der Gewerkschaft dem Planentwurf zugestimmt hatten, der jedoch im Verlauf des Jahres immer mehr vom ursprünglichen Konzept ohne deren Zustimmung abwich, wurde die Losung »Arbeite mit, plane mit, regiere mit« mehr und mehr ausgehöhlt. Die Werktätigen in den Betrieben waren nicht mehr gestaltende Subjekte, sondern wurden zu Objekten; Volkseigentum war praktisch zum entfremdeten Staatseigentum geworden.

Um das Bild von Günter Mittag abzurunden, sei noch erwähnt, daß seine Charaktereigenschaften dieser Art von Machtausübung voll entsprachen. Sie waren geprägt von dem bekannten Grundsatz preußischer Drillmeister, daß der Soldat seinen Vorgesetzten mehr fürchten müsse als den Feind. Demütigungen, Drohungen und Arroganz charakterisierten ihn. Er duldete keinen Widerspruch in größeren Beratungen, wagte es dennoch jemand zu widersprechen, war er nachtragend und ungehalten. Wendigkeit und Prinzipienlosigkeit um des Machterhalts willen bestimmten Mittags politisches Taktieren.

So wurde 1988 mit seiner Zustimmung und Befürwortung vom Leiter des Amtes für Preise eine Politbürovorlage über Preiserhöhungen für Erzeugnisse außerhalb des Grundbedarfs mit dem Ziel, Subventionen abzubauen, eingereicht. Als Erich Honecker in der Politbürositzung diese Vorschläge kategorisch ablehnte, wechselte Günter Mittag schnell die Front und fiel in rüden Worten über den Verfasser der Vorlage her.

Welcher Instrumente bediente sich Mittag bei seiner Machtausübung? Das war in erster Linie die Wirtschaftskommission, sein wichtigster Hebel zur Entmachtung des Ministerrates und seine Legitimation als »Oberster Wirtschaftsleiter«. Personell sicherte er das vor allem dadurch, daß alle für Wirtschaftsfragen zuständigen Mitglieder des Ministerrates, einschließlich des 1. Stellvertreters des Vorsitzenden des Ministerrates sowie Mitglieder und Kandidaten des Politbüros als Mitglieder der Wirtschaftskommission unter sein Kuratel gerieten. Entgegen aller Legendenbildung ist festzustellen, daß es kein Beschlußrecht für diese Kommission oder Entscheidungen der Kommission als Ganzes gab.

Entscheidungen, Aufträge und Weisungen erteilte ausschließlich der Leiter dieser Kommission, also Günter Mittag. Seine Vertretung war ausdrücklich nicht vorgesehen.

Fand diese Kommission zu Beginn ihrer Tätigkeit noch einen hoffnungsvollen Ansatz für sachliche, klärende Diskussionen und für die Erarbeitung realistischer Lösungen volkswirtschaftlicher Aufgaben, verkam sie in den achtziger Jahren immer mehr zum Werkzeug einer subjektivistisch geprägten Wirtschaftspolitik zum persönlichen Machterhalt Günter Mittags.

Charakteristisch war, daß Beratungsunterlagen zum Teil überhaupt nicht oder »im Komplex« behandelt wurden. Behandlung »im Komplex« bedeutete, daß unter Verweis auf den vorliegenden Papierberg Mittag erklärte, man wolle sich nicht in Details verlieren, sondern die Grundfragen besprechen. Dazu wurde in der Regel ein Ressortminister aufgefordert, zu der Planerfüllung in seinem Verantwortungsbereich zu sprechen. Dieser Bericht wurde anschließend von den Vertretern der Querschnittsbereiche, z.B. Finanzen und Außenhandel, analysiert und kritisch bewertet. Damit war für den Wirtschaftssekretär der Boden bereitet, den betreffenden Minister – auch als abschreckendes Beispiel für alle anderen – zu disziplinieren. In der Regel endete eine solche »Beratung« mit der Feststellung von Mittag, daß sie gezeigt habe, welche riesigen Reserven vorhanden seien und daß alle Vorlagen nach den Maßstäben dieser Beratung prinzipiell zu überarbeiten wären.

Ein weiteres Instrument Mittags waren die »Leipziger Seminare«. Ende der siebziger Jahre begann ein Zyklus, in dem jährlich zwei Seminare mit den Generaldirektoren und den ZK-Parteiorganisatoren der Kombinate durchgeführt wurden. Teilnehmer waren außerdem alle Wirtschaftsminister, Bankchefs, die Vorsitzenden der Industriegewerkschaften, Vertreter der Presse und des Fernsehens.

Zu Beginn waren diese Seminare durchaus eine produktive Einrichtung, die von den Teilnehmern, insbesondere den Generaldirektoren, wegen der interessanten Diskussionen zu Fragen der Wirtschaftsführung, Exkursionen in neue Betriebsstätten, inhaltlich bemerkenswerter Vorträge von Generaldirektoren und Wissenschaftlern begrüßt wurde.

Mehr und mehr jedoch degenerierten die Seminare zu wirkungslosen Planerfüllungs- und Reservenerschließungsveranstaltungen. Das begann in den Grundsatzreden von Mittag und endete in einer stupiden Abfragerei von Kennziffern und Planabweichungen.

Ihren besonders makabren Charakter bekamen diese Seminare jedoch durch die »Verpflichtungsbewegung«. Mittag forderte, daß zu jedem Frühjahrsseminar von allen Kombinaten Verpflichtungen zur Mehrproduktion über den Plan abgegeben werden mußten, detailliert nach Erzeugnissen, und zur Rückgabe von bilanzierten Roh- und Brennstoffonds, von Material und Zuliefererzeugnissen oder zur höheren Selbstkostensenkung. All das wurde in einem Brief an Erich Honecker als Ergebnis des Seminars übermittelt, um unübersehbar zu dokumentieren: Mittag hat alles im Griff, die offenen Probleme des Planes werden gelöst, die Löcher gestopft.

Es ist sicher leicht vorstellbar, welch großen bürokratischen Aufwand diese Aktion forderte. Weitaus schlimmer jedoch waren die moralischen Verwerfungen, die eine solche Praxis notwendigerweise gebar. Wie sollte ein Generaldirektor bei der Ausarbeitung des Planes das wahre Leistungspotential des Kombinats ohne Abstriche in den Plan aufnehmen, wenn einige Wochen später von ihm eine zum Plan zusätzliche Leistung mit geringerem Verbrauch an Energie und Material nicht nur erwartet wurde, sondern bei Strafe des Untergangs zu erbringen war? Wer wohl hatte den Mut, sich auf die Anklagebank zu setzen und zu behaupten, er habe keine Reserven? Bezeichnend war, daß bereits in Ministerien darauf geachtet wurde, daß in den Plänen »Spielräume« für diese Art von Verpflichtungen freigehalten wurden.

Daher ist es nicht verwunderlich, daß in einer Reihe von Bezirksleitungen der SED zunehmend Vorbehalte gegenüber diesen Seminaren wuchsen. Andererseits übten jedoch auch Bezirksleitungen zusätzlichen Druck auf die Betriebe und Kombinate aus, weil ihnen die Verpflichtungen zu bescheiden schienen.

Eine wichtige Rolle im System der Machtausübung von Günter Mittag spielten auch die Parteiorganisatoren des ZK in den zentralen Kombinaten. Sie waren Bindeglied zwischen der Zentrale und den Betrieben im jeweiligen Kombinat und zuständig für die Durchsetzung der Parteibeschlüsse auf wirtschaftspolitischem Gebiet. Der Parteiorganisator hatte die Aufgabe, die Umsetzung der Beschlüsse des ZK in seinem Verantwortungsbereich zu organisieren sowie die zuständige Abteilung des ZK regelmäßig über die Lage im Kombinat zu informieren.

Mit diesen Parteiorganisatoren existierte eine direkte Einflußmöglichkeit von Mittag über die wirtschaftspolitischen Abteilungen bis hinein in die Betriebe, vorbei an den Bezirks- und Kreisleitungen der SED.

Die Funktion des Parteiorganisators war umstritten. Einerseits war er Mitarbeiter des ZK und andererseits gewählter Sekretär einer Parteiorganisation – in der Regel des Stammbetriebes des Kombinats. Er galt nur dann als bestätigter Parteiorganisator des ZK, wenn er bei der Wahl in seiner Grundorganisation die erforderliche Mehrheit erhalten hatte. Eine korrekte Wahrnehmung dieser Doppelfunktion war weitgehend von seiner Persönlichkeit und seinem Verhältnis zur zuständigen Bezirks- und Kreisleitung abhängig.

Wie zu allen Zeiten und überall war die Informationspolitik gleichfalls ein wesentliches Element Mittagscher Machtausübung. Für Günter Mittag war wesentlich, wer wann welche Information über wirtschaftliche Prozesse, Tatbestände und Probleme erhielt. Das betraf besonders die Statistik. Prof. Arno Donda, der Chefstatistiker der DDR, beschrieb anschaulich, wie der Wirtschaftssekretär mit seinem Apparat dirigistisch eingriff. Mittag behielt sich vor, den Verteilerschlüssel für alle statistischen Materialien auf wirtschaftlichem Gebiet selbst festzulegen. Das betraf nicht nur sensible Gebiete wie etwa Umweltstatistiken, sondern ging bis zu den Planerfüllungsabrechnungen. Gängige Praxis war auch, daß die Berichte der Zentralverwaltung für Statistik über die Planerfüllung »veröffentlichungsreif« gemacht wurden, indem Kritisches herausgestrichen und insgesamt die Lage geschönt dargestellt wurde. Es war deshalb nicht verwunderlich, daß Arno Donda wie auch andere leitende Genossen jegliche eigene Publikation Mittag zur Genehmigung vorlegen mußten.

»Gefahr« drohte auch aus den Bezirksleitungen der SED, die monatlich Berichte über die politische Lage im Bezirk an Erich Honecker gaben. Wer als Wirtschaftslenker agierte, mußte natürlich jede abweichende, gar kritische Aussage zur wirtschaftlichen Lage und zu Problemen als direkten und persönlichen Angriff empfinden und entsprechend reagieren. Deshalb sollten die zuständigen Abteilungen Gegenbeweise finden, um die Mängel als Ergebnis ungenügender Leitungstätigkeit im Territorium zu entlarven.

Bis zu welcher Perfidie der Umgang mit kritischen Informationen gedieh, zeigte die Geschichte eines Berichtes über die Diskussion zum Plan 1990 im Frühsommer 1989. Dieser Bericht entstand im Bereich Parteiorgane auf der Grundlage vieler vorliegender kritischer Informationen und wurde allen Mitgliedern und Kandidaten des Politbüros übergeben. Günter Mittag erteilte den ihm unterstehenden Abteilungen den Auftrag, die Aussagen des Berichtes zu widerlegen. Die Arbeitsergebnisse der Abteilungen legten jedoch Mißstände offen. Daraufhin wurde die Abteilung Planung und Finanzen beauftragt, eine »sachliche« Information vorzulegen. Aber auch diese verwies auf die großen Differenzen und Lücken im Plankonzept. Günter Mittag griff zur Selbsthilfe: Die von ihm diktierte Fassung enthielt nichts weiter als die Auskünfte, wie viele Werktätige an der Plandiskussion teilgenommen hatten und wie viele Vorschläge unterbreitet worden waren. Unter Schweigen passierte diese Vorlage das Politbüro – unter Vorsitz von Mittag.

In der vierten Etage des ZK-Gebäudes, wo die wirtschaftspolitischen Abteilungen ihre Büros hatten, befand sich das wirtschaftspolitische Machtzentrum der DDR, das allerdings nicht die wirtschaftspolitischen Abteilungen, nicht die Kommissionen und Arbeitsgruppen bildeten, sondern einzig und allein der Wirtschaftssekretär Günter Mittag – neben Erich Honecker der mächtigste Mann im ZK-Apparat. Er hatte in allen wirtschaftspolitischen Entscheidungen freie Hand, mit einer Ausnahme: Bei Preisen, Mieten und Tarifen sowie bei der Grundversorgung der Bevölkerung galt nur das Wort Honeckers, das erste und das letzte Wort sprach er. Mittag schöpfte die ihm gegebenen Möglichkeiten voll aus – subjektivistisch, voluntaristisch, diktatorisch – und mit einem katastrophalen Ergebnis für die DDR.

Erhard Meyer, Jahrgang 1932,
war als Sektorleiter in der Abteilung Planung und Finanzen des ZK tätig

Siegfried Leiterer

Maschinenbau zwischen Weltspitze und Mittelmaß

Das Dilemma eines
Wirtschaftszweiges mit Tradition

Die metallverarbeitende Industrie hatte für die Bereitstellung von Ausrüstungen in allen Bereichen der Volkswirtschaft der DDR, für den Export (ca. 70 Prozent des Exports in die RGW-Länder und 30 bis 40 Prozent des Exports in das nichtsozialistische Wirtschaftsgebiet) sowie für die Produktion von technischen Konsumgütern eine besondere Bedeutung.

Demgemäß nahm die Abteilung Maschinenbau und Metallurgie unter den wirtschaftspolitischen Abteilungen eine gewisse Schlüsselstellung ein. Sie resultierte aus der volkswirtschaftlichen Verantwortung, die sie gegenüber den ihr zugeordneten Ministerien für Elektrotechnik/Elektronik, Werkzeug- und Verarbeitungsmaschinenbau, Schwermaschinen- und Anlagenbau, für Allgemeinen Maschinen-, Landmaschinen- und Fahrzeugbau sowie Metallurgie wahrzunehmen hatte.

In den siebziger Jahren vollzog sich eine beschleunigte Entwicklung exportintensiver Industriezweige. Vor allem Datenverarbeitungstechnik, Büromaschinenbau, Werkzeugmaschinenbau, wissenschaftlicher Gerätebau entwickkelten sich mit großer Dynamik. Sie erreichten einen ständig wachsenden Anteil am Gesamtexport der DDR. Der Werkzeugmaschinenbau der DDR gehörte in den achtziger Jahren mit zu den führenden Produzenten und Exporteuren im internationalen Maßstab. Eine ähnliche, wenn auch zeitlich mehrfach unterbrochene Entwicklung vollzog sich im Landmaschinenbau, im Schiffbau und in der Produktion von Tagebauausrüstungen, metallurgischen

Ausrüstungen sowie Kranen.

Kombinate wie Haushaltgeräte Karl-Marx-Stadt, Rundfunk und Fernsehen Staßfurt sowie Elektrogerätewerk Suhl haben maßgeblich zu einer stabilen und qualitativ guten Versorgung der Bevölkerung mit technischen Konsumgütern beigetragen, wenn auch aufgrund begrenzter Kapazitäten mit eingeschränktem Sortiment.

Erst mit erheblicher Verzögerung und nach einer Vielzahl von Vorschlägen des zuständigen Ministers und der Abteilung Maschinenbau und Metallurgie erfolgte Anfang der achtziger Jahre der beschleunigte Ausbau der Kapazitäten für den polygraphischen Maschinenbau und den traditonsreichen Textilmaschinenbau. Beide Kombinate konnten in kurzer Zeit bemerkenswerte Anteile auf den internationalen Märkten erobern. Wegen nicht ausreichender Kapazitäten konnten jedoch die vorhandenen Absatzchancen nicht voll genutzt werden.

Schwerwiegende Folgen ergaben sich in den weiteren Jahren aus dem Zurückbleiben der Zulieferzweige innerhalb der metallverarbeitenden Industrie, z.B. Gießereien, Hydraulik, Wälzlager, Normteile, Elektromotoren, elektronische Bauelemente.

Andere Zweige, wie etwa die PKW-Produktion, wurden trotz einer Vielzahl von Vorschlägen geradezu sträflich vernachlässigt. Bestimmte Industriezweige waren für Günter Mittag absolut tabu. Die Vorschläge zur Entwicklung der Produktion von PKW, so z.B. der arbeitsteiligen Produktion eines modernen Wagens der Kompaktklasse in Zwickau und Eisenach, lehnte er ohne Begründung und Diskussion strikt ab oder er reagierte sinngemäß wie folgt: »Ich kann mich nicht erinnern, dazu einen Auftrag gegeben zu haben.«

Die technologische Schlüsselstellung des Automobilbaus für die Volkswirtschaft wurde von Mittag offensichtlich nicht begriffen. Da seine Haltung bekannt war, unternahm auch der Ministerrat keine weiteren nennenswerten Initiativen. Die von der Abteilung erarbeiteten Informationen über steigende Wartezeiten auf einen PKW – zuletzt 16 bis 17 Jahre – und die Mitte der achtziger Jahre einsetzende explosionsartige Zunahme der Bevölkerungseingaben zu dieser Misere nahm Mittag ohne Reaktion zur Kenntnis. So wie in diesem Fall ignorierte er elementare volkswirtschaftliche Erfordernisse auch in anderer Hinsicht. In unzähligen Analysen – verbunden mit Überlegungen und Vorschlägen – informierte meine Abteilung über die sich vornehmlich seit Anfang der achtziger Jahre verschärfenden Disproportionen zwischen der Final- und Zulieferindustrie innerhalb des Maschinenbaus und der Elektroindustrie. Das Entwicklungstempo der Zulieferzweige reichte immer weniger aus, die Finalproduzenten qualitäts- und sortimentsgerecht zu versorgen. Vorschläge zur Veränderung der Situation wurden über Jahre von Mittag zurückgewiesen. Statt dessen ließ er den Begriff der »dynamischen Proportionierung« prägen. Dahinter stand seine Auffassung, in den Kombinaten, die vorwiegend Finalerzeugnisse herstellten, nicht gesicherte Zuliefererzeugnisse selbst zu entwickeln und zu produzieren. Diese Auffassung setzte er gegenüber der Staatlichen Plankommission und den Ministerien rigoros durch. Begründet wurde dies an Beispielen großer Vereinigungen der Schwerindustrie der UdSSR und japanischer Großunternehmen, obwohl die Struktur und Größe genannter Unternehmen mit den entsprechenden Vereinigungen Volkseigener Betriebe (VVB) bzw. Kombinaten der DDR nicht annähernd vergleichbar waren. Durch diese Mittagsche Verschleppungstaktik wirkten die Diskrepanzen weiter. Selbst die begrenzten Kapazitäten der Finalproduzenten konnten zeitweilig wegen fehlender Zuliefererzeugnisse nicht ausgelastet werden. In solchen Fällen wurden in Mittags Auftrag Mitarbeiter der Abteilung des ZK gemeinsam mit Vertretern der Ministerien in Zulieferbetriebe geschickt, um fehlende Teile zur Fertigstellung von Exporterzeugnissen »doch noch irgendwie« zu sichern.

Für die Kombinate des Maschinenbaus blieb als praktische Konsequenz nur, die Fertigungstiefe weiter zu vergrößern und Zuliefererzeugnisse in größerem Umfang selbst herzustellen – mit allen Konsequenzen für die Arbeitsproduktivität und die Kosten. Es überraschte deshalb niemanden, daß Vergleiche über die Arbeitsproduktivität zwischen Unternehmen der DDR und anderen Industrienationen bei Mittag verpönt waren – es sei denn, sie paßten hier und da in sein Weltbild. Erst 1988, angesichts der enormen Verschärfung der Situation und wachsender Kritik, erteilte Mittag der Staatlichen Plankommission den Auftrag, Maßnahmen zur beschleunigten Entwicklung der Zulieferindustrie einzuleiten. Nach Vorstellungen der Staatlichen Plankommission sollten im Zeitraum 1991 bis 1995 bis zu zwei Drittel der Investitionen des Maschinenbaus für die Zulieferzweige eingesetzt werden. Doch diese Erkenntnis kam viel zu spät.

Entsprechend der Erzeugnisstruktur und der dominierenden Stellung der metallverarbeitenden Industrie in der Volkswirtschaft der DDR war die Schaffung einer leistungsfähigen Mikroelektronik eine Schlüsselfrage. Moderne Rechner und insbesondere eine konkurrenzfähige Steuerungstechnik waren für einen effektiven Export vieler Bereiche des Maschinenbaus unabdingbar. Die große internationale Dynamik auf dem Gebiet der Mikroelektronik, das strenge Embargo der NATO-Staaten und die begrenzten Möglichkeiten der Zusammenarbeit im RGW – die wichtigsten Entwicklungs- und Produktionskapazitäten in der UdSSR waren Bestandteil der Verteidigungsindustrie mit allen damit verbundenen Konsequenzen – zwangen die DDR, bedeutende volkswirtschaftliche Mittel für die Entwicklung der Mikroelektronik aufzuwenden. Anfang der achtziger Jahre erfolgte unter persönlicher Leitung von Mittag der Start eines gigantischen Mikroelektronikprogramms, das jedoch vorrangig auf die Belange der Rechentechnik und viel zu wenig auf die dringend benötigte Steuerungstechnik für den Maschinenbau ausgerichtet war.

Das Programm – Geheimsache – war nur dem Abteilungsleiter persönlich bekannt. Erste Entwicklungsergebnisse – Muster – wurden als internationale Spitzenleistung gefeiert. Tatsächlich betrug jedoch – nicht zuletzt durch das Embargo – der Entwicklungsrückstand im internationalen Vergleich im Jahre 1989 etwa 7 bis 10 Jahre. Auch der spätere Einsatz der zu entwickelnden Bauelemente war oftmals unklar. Nach intern vorgenommenen Berechnungen war die zu erwartende Effizienz der Mikroelektronikproduktion völlig unzureichend. Die volkswirtschaftlichen Mittel, die pro Jahr für die Entwicklung dieses Industriezweiges eingesetzt wurden, waren zeitweise höher als die jährlichen Gesamtinvestitionen, die den Ministerien für Werkzeug- und Verarbeitungsmaschinenbau sowie Schwermaschinen- und Anlagenbau zusammen zur Verfügung standen. Die Kontrolle der Durchführung des Programms wurde nicht – wie in anderen Fällen üblich – der Abteilung des ZK übertragen. Vielmehr wurde ein Regierungsbeauftragter eingesetzt, der Mittag persönlich rechenschaftspflichtig war.

In den achtziger Jahren verschob sich der Anteil der ohnehin zu geringen Investitionsmittel der Industrie immer mehr zugunsten der Energiewirtschaft, insbesondere der Braunkohlenförderung und zum Aufbau der Kernkraftwerke. Diese Entwicklung wurde favorisiert, obwohl der spezifische Elektroenergie- und Wärmeverbrauch in der Volkswirtschaft der DDR schon wesentlich über dem westlicher Industrieländer lag. 1986 wurde deshalb von der Abteilung Maschinenbau und Metallurgie gemeinsam mit Fachleuten aus Ministerien und Kombinaten ein Stufenprogramm zur kurzfristigen Einsparung von Milliarden Kilowattstunden durch die Entwicklung und Produktion von energiesparenden Lichtquellen sowie modernen Regel-, Schalt- und Steuerungsanlagen erarbeitet. Ziel dieses Programms war neben der Einsparung von Elektroenergie die Verlagerung von Investitionen zugunsten des Maschinenbaus und der Elektrotechnik/Elektronik. Mittag lehnte die Vorschläge zunächst ab, weil sie nach seiner Meinung nicht in das Energieprogramm paßten. Später akzeptierte er sie mit der Maßgabe, nach vorheriger Prüfung entsprechende Aufgaben in die Pläne der folgenden Jahre einzuordnen. Tatsächlich verwirklicht wurde nur ein Bruchteil des Programms, obwohl es nach den Untersuchungen als volkswirtschaftlich außerordentlich effektiv und kurzfristig realisierbar bewertet wurde.

Verstärkt ab 1988 wurden volkswirtschaftliche Mißstände von Mittag immer mehr personifiziert. Er erteilte der Abteilung eine Vielzahl von Aufträgen zur Prüfung mit dem Vermerk »Wer trägt die persönliche Verantwortung?« In den meisten Fällen lagen nach unserer Erkenntnis die Ursachen für Fehler und Mängel bei Mitgliedern des Ministerrates, teilweise sogar bei Mitgliedern oder Kandidaten des Politbüros, die ihre Verantwortung nur ungenügend wahrnahmen. Auf diese mit großer Sorgfalt und voller Offenheit erarbeiteten Berichte der Abteilung gab es nie eine konkrete Reaktion von Mittag. Demgegenüber reagierte er bei auftretenden Schwierigkeiten zunehmend nervöser, teilweise sogar brutal. Ein Beispiel: Der in nur wenigen Tagen zu erarbeitenden Politbürovorlage »Einsatz von Viertaktmotoren und Stückzahlentwicklung bei den PKW Wartburg und Trabant« lagen nur grobe Berechnungen zum erforderlichen Aufwand zugrunde. Die unzureichenden technologischen Voraussetzungen im Automobilbau und noch mehr in den Zulieferzweigen (Schmieden, Gießereien, Chemie, Leichtindustrie und andere) hatten bis 1988, einschließlich zentral beschlossener Industriepreiserhöhungen, zu einer Überschreitung des ursprünglich konzipierten Aufwandes um mehr als zwei Milliarden Mark geführt. Mittag suchte dafür Verantwortliche – nur nicht im Politbüro oder im Ministerrat. Er setzte ohne vorherige Abstimmung mit dem Abteilungsleiter die fristlose Entlassung des unter anderem für den Automobilbau zuständigen Sektorenleiters in der Abteilung Maschinenbau und Metallurgie mit der Begründung durch, dieser trage die Hauptverantwortung für die ungenügende Umsetzung der Beschlüsse. Auf die zunächst ablehnende Haltung des Abteilungsleiters zu dieser Entlassung reagierte Mittag sowohl mit der Heraushebung seiner Machtbefugnisse in Personalfragen als auch mit der

Androhung persönlicher Konsequenzen. Im gleichen Stil wurde ein anderer Sektorenleiter wegen angeblicher Wiedergabe von Gesprächen im ZK gegenüber seiner Ehefrau aus dem Parteiapparat entfernt.

Persönlich hat Mittag mit den beiden Sektorenleitern nie über die von ihm gegen sie erhobenen Vorwürfe gesprochen.

Generell war die Arbeit der Abteilung vor allem in den letzten Jahren von zunehmender Hektik geprägt. Mittag forderte eine Flut von Stellungnahmen zu Einzelfragen, die nur selten im Zusammenhang mit den tatsächlichen Schwierigkeiten in der Wirtschaft standen. So war z.B. zu beantworten, weshalb in der DDR drei Mähdreschertypen produziert wurden oder warum der Minister für Schwermaschinen- und Anlagenbau einen neuen Waggontyp ohne Genehmigung von Honecker und Mittag auf einer internationalen Ausstellung vorstellte.

Die von der Abteilung Maschinenbau und Metallurgie in enger Zusammenarbeit mit Fachleuten erarbeiteten Konzeptionen mit Lösungswegen hingegen blieben Makulatur.

Siegfried Leiterer, Jahrgang 1930,
war stellvertretender Leiter
der Abteilung Maschinenbau/Metallurgie des ZK

Heinz Klempke

Das Transport- und Nachrichtensystem

Die komplizierte Infrastruktur der DDR

In jeder entwickelten Volkswirtschaft und ihrer Infrastruktur ist das Transport- und Nachrichtenwesen ein wesentlicher Bestandteil. Es beeinflußt ihre volkswirtschaftliche Qualität und Effizienz. In der fast 41jährigen Geschichte der DDR bestanden für diesen Bereich äußerst ungünstige, langfristig wirkende Ausgangs- und Entwicklungsbedingungen.

Im Mai 1945 waren rund 14 Prozent der Strecken, über 12 Prozent der Hauptgleise, ca. 20 Prozent der Stahlbrükken, etwa 20 Prozent der Stellwerke, 60 Prozent der Hauptwerkstätten der Deutschen Reichsbahn in der Sowjetischen Besatzungszone zerstört und 56 Prozent der Lokomotiven nicht betriebsfähig. 1.000 km Gleis und rollendes Material gingen als Reparationsleistungen in die Sowjetunion.

Mit der Gründung der DDR entstanden in Umfang, Ausdehnung und Richtung neue Verkehrsströme. Jahrzehntelang mußten dafür Mittel eingesetzt werden, die oftmals an anderer Stelle fehlten. Sowohl die politischen, gesellschaftlichen und ökonomischen Prozesse autarker Entwicklungslinien wie auch die internationale Arbeitsteilung und Entwicklung der Märkte führten wiederholt zu sich ändernden, qualitativ und quantitativ neuen Anforderungen. Hinzu kam ein nicht zu negierender subjektiver Faktor: Günter Mittag. Er leitete in den fünfziger Jahren die Abteilung Transport- und Nachrichtenwesen im ZK, und wiederholt bewertete er später mit diesem »Erfahrungsschatz« bis zu seinem Sturz auch diesen Bereich und traf dementsprechende Entscheidungen.

Beim Auf- und Ausbau des Verkehrswesens war es bedeutend, daß die Elektrifizierung der Eisenbahn als umwelt-

155

freundliche und langzeitkostengünstige Variante in den Jahren von 1960 bis 1989 mit einer Erhöhung des elektrisch betriebenen Streckenanteils auf das Fünffache und mit jährlich über ca. 300 km ab 1987 vorangetrieben wurde, was ein wichtiger Faktor der Verkehrspolitik war. Sie begann relativ spät nach einer Zwischenetappe der Entwicklung der Dieselloktransporte. Insider berichteten, daß die Verkehrsexperten unter Verkehrsminister Erwin Kramer die Etappe der Diesellok schneller überspringen wollten. Im Politbüro sei die Entscheidung anders getroffen worden. Es ist wahrscheinlich, daß neben den ökonomischen Fragen des Investaufwandes – also hohe Vorschußfonds – sogenannte strategische Gesichtspunkte, die Lieferung des Primärtreibstoffes und der Diesellocks aus der UdSSR, eine Rolle spielten.

Im Widerspruch zu volkswirtschaftlichen Erfordernissen wurden die Bereiche der Infrastruktur und damit auch das Transport- und Nachrichtenwesen stiefmütterlich behandelt, es blieb ein prinzipiell unterentwickelter Bereich. Zugleich vollbrachten die Werktätigen dieser Zweige großartige Leistungen, leiteten international anerkannte Entwicklungen ein wie z.B. Doppelstockwagen, Schubschifffahrt, Industrieflug, die jedoch insgesamt das erforderliche Entwicklungsniveau nicht sichern konnten.

Das Wirken der Abteilung war untrennbar mit beiden Entwicklungslinien verbunden. Diese Feststellung – das sei hier betont – heißt nicht, kritische Wertungen zu negieren und eigene Verantwortung zu beschönigen. Ob nun Unfähigkeit, falsches Denken oder objektiv begrenzte Bedingungen erforderliche Entscheidungen durch Partei- und Staatsführung verhinderten, sei dahingestellt. Die Verkennung des Transport- und Nachrichtenwesens und seine Vernachlässigung wird z.B. auch an solchen stark vereinfacht dargestellten Faktoren wie der Investpolitik deutlich. Während sich die Investitionen in 41 Jahren DDR rund um das 21fache steigerten, sich in der Industrie um fast 3.000 Prozent erhöhten, stiegen sie im Transport- und Nachrichtenwesen nur um ca. das Zwölffache.

Die Vernachlässigung des Transport- und Nachrichtenwesens war über Jahre teilweise auch in den territorialen
Beratungen zur Erarbeitung der Volkswirtschaftspläne
deutlich zu erkennen. Unter Leitung von Mitgliedern des
Ministerrates wurden die Entwicklungslinien der Territori-
en – konkret der Bezirke – erörtert. Die Erfahrungen der
Abteilung Transport- und Nachrichtenwesen besagten, daß
dort die Probleme dieser beiden Bereiche teilweise gar nicht
bzw. nur am Rande oder ohne reale Lösungsvorschläge erörtert wurden. Diese Praxis hatte Ursachen. Die Verantwortlichen dort wußten alle gut, daß die Probleme des Trans-
port- und Nachrichtenwesens im Zusammenhang mit in-
frastrukturellen Veränderungen bei häufig fehlenden zentralen Bilanzen in diesen Gremien nicht zu lösen waren. Was
konnten sie erreichen ohne die Bereitstellung von Omni-
bussen, Straßenbahnen, Agrarflugzeugen, ohne Kapazitäten für Brückenbauten, den Ausbau des Gleisnetzes, den
Aufbau von Sende- und Verstärkeranlagen?

Aber vor allem gab es die prinzipiell falsche – jedoch so
nie eindeutig ausgesprochene – Auffassung in der Führung,
daß die Infrastruktur mit progressiven Entwicklungslinien
zu teuer sei und zu wenig Bruttoproduktion erbringe. Vielen
vorgelegten Analysen zur Überalterung von Flugzeugen,
Schiffen, Ausrüstungen wie KOM oder Fuhrparks, Fern-
sprechämtern oder Brücken und daraus abgeleiteten Vorschlägen waren keine Erfolge beschieden, weil sie nicht als
wachstumsfördernd erkannt oder anerkannt wurden, oder
weil sie nicht in das festgelegte Wirtschaftskonzept paßten.

Eine weitere nicht ohne Wirkung gebliebene Erscheinung
sei genannt: Die Aufgaben im Transport- oder Nachrichtenwesen wurden auf ZK-Tagungen und in der gesamten
Öffentlichkeitsarbeit der SED – abgesehen von operativen
Aufgaben im Herbst- und Winterverkehr – oftmals nicht
einmal erwähnt, geschweige erörtert. Die Zuarbeiten der
Abteilung fanden nur selten Eingang in die Vorlagen oder
in die Entscheidungsvorbereitung. Diese Negierung führte
zunehmend zu verbitterten und kritischen Bemerkungen der

Werktätigen aus dem Transport- oder Nachrichtenwesen. Auch unter ihnen setzte sich die Erkenntnis durch, daß die Partei und ihre Führung die stetig sichtbarer werdenden Mißstände der materiell-technischen Versorgung negierte.

In der DDR gab es – im Unterschied zur BRD – eine verkehrspolitische Konzeption der zuständigen Staats- und Wirtschaftsorgane einschließlich der Abteilung zur Entwicklung des Verkehrswesens mit der Eisenbahn als Rückgrat, um eine volkswirtschaftliche Senkung des Transportaufwandes zu erreichen und das Transportgeschehen für die Menschen verträglich zu gestalten.

Von 1970 bis 1988 wurde der Index des spezifischen Transportaufwandes in der Volkswirtschaft um ein Drittel gesenkt. Dazu trug unter anderem die mehrfache Änderung der Transporttarife bei, um eine sinnvolle Arbeitsteilung zwischen den Verkehrsträgern zu erreichen. Die Gütertransportleistungen – ohne Seetransporte – stiegen in der DDR auf mehr als das Fünffache, wobei der Eisenbahntransport knapp darunter lag. Der Anteil der Eisenbahn betrug 1988 über 70 Prozent und des Kraftverkehrs etwa 20 Prozent. Während bei der Deutschen Reichsbahn 1988 täglich ca. 900.000 Tonnen geladen wurden, waren es 1992 nur noch rund 300.000 Tonnen. Der Kraftverkehr vervielfachte sich mit all seinen negativen Auswirkungen. Im Verhältnis Schiene-Straße dominiert heute der Straßengütertransport.

Als Bestandteil der Verkehrskonzeption in der DDR wurde der Großcontainerverkehr als eine Alternative zum Straßenverkehr aufgebaut. In den Jahren 1970 bis 1988 wurde er verachtfacht.

Eine wirkungsvolle verkehrspolitische Konzeption zu realisieren war mit vielfältigsten Hindernissen verbunden, besonders mit den unzureichenden materiell-technischen Bedingungen. In Jahrzehnten wurde die einfache Reproduktion des Schienennetzes nicht erreicht. Mit Einführung der Betonschwellen begann in den achtziger Jahren das Problem mit Alkalischäden, wovon mehrere hundert Kilometer Gleis betroffen waren. Gleisbautechnik wurde erst nach wiederholten Interventionen importiert, und das nur in sehr begrenztem Umfang.

Obwohl in der DDR der Doppelstockwagen patentiert war, die Rekonstruktion alter Reisewagen einschließlich Neubau mit Kapazitäten der Eisenbahn selbst erfolgte, gelang es im Reiseverkehr nicht, den Verfall des Wagenparks aufzuhalten.

Generell ist für das Transport- und Nachrichtenwesen festzustellen, daß zum Ausbau der Infrastruktur in der Regel die Minister, unterstützt von der Abteilung, bis zu 100 Prozent mehr Fonds zur Erreichung der verlangten Leistungsziele forderten. Die Staatliche Plankommission lehnte die exakt begründeten Anträge der Minister nie direkt ab, sondern erklärte ihre Ablehnung mit der »volkswirtschaftlichen Unmöglichkeit«. Die Abteilung beugte sich zu oft diesen Erklärungen und verlangte Entscheidungen im Politbüro, die in der Regel ausblieben. Bei Günter Mittag gab es nach meiner Kenntnis keine grundlegenden Erörterungen zur Infrastruktur.

Deutlich wurde das z.B. an der Ersatzbeschaffung von Doppelstockzügen, die für den Berufsverkehr unerläßlich waren. Vor allem in Ballungszentren wie Halle-Leuna, in den Braunkohlentagebauen von Merseburg, Cottbus, Senftenberg und an anderen Orten wurden sie benötigt. Über Jahre forderte der Minister für Verkehrswesen eine Reduzierung der Exporte von Doppelstockzügen, um den Einsatz von 100 Einheiten im Inland zu erreichen. Ergebnislos!

Nicht anders wurde verfahren bei der Versorgung der Bevölkerung mit Fernsprechanschlüssen, dem Ausbau des Taxi-Verkehrs, bei der Erneuerung des überalterten Flugzeugparks oder von Speditionsfahrzeugen. In diesem Zusammenhang sei ein markanter Tatbestand genannt. Ende der achtziger Jahre wurde Erich Honecker von einem Mitglied des Politbüros eine sehr kritische Einschätzung zum Eisenbahnwesen vorgelegt. Der Wirtschaftssekretär Mittag wurde zur Stellungnahme aufgefordert. Dieser erklärte, die Kritik entspräche nicht den Beschlüssen des Parteitages – damit war über das Schicksal dieses Materials entschieden.

Die Entwicklung der Eisenbahn verlangte zugleich eine adäquate Entwicklung des Straßenverkehrs – nicht wie oft unterstellt seine Liquidierung –, insbesondere im Vor- und Nachlauf zum Schienentransport oder mit ihm direkt verbunden wie im Containerverkehr.

Obwohl die Abteilung die nicht mehr zu vertretende Situation in der Altersstruktur der Fahrzeuge, in der Ersatzteilversorgung für LKW, Omnibusse und besonders auch für Privat-PKW kannte, demzufolge Lösungsvorschläge bis zur ökonomischen Stimulierung der Ersatzteilproduktion vorlegte, die Staatsorgane intern die Defizite deutlich beim Namen nannten, wurden prinzipiell keine Veränderungen herbeigeführt. Die 1. Sekretäre der Bezirksleitungen Dresden, Potsdam, Halle belegten in ihren Monatsberichten an den Generalsekretär die Mißstände mit Zahlen, Fakten, Auswirkungen z.B. bei fehlenden Reifen, Getrieben für den Barkas Kleintransporter, der totalen Überalterung von Fahrzeugen im privaten Kohlehandel. Eingaben an Mitglieder der Parteiführung wurden stets nur an die Abteilung weitergereicht. Zentrale Entscheidungen wurden nicht getroffen, aber teilweise wurden die Informationsquellen angezweifelt oder die Verfasser gerügt.

Hinzu kam der sich rapid verschlechternde Zustand der Straßen. Für den damaligen Motorisierungsgrad, der planmäßigen Arbeitsteilung Straße/Schiene, reichte das Straßennetz quantitativ aus, aber nicht qualitativ. Teilweise traten katastrophale Zustände ein. Die Bereitstellung von Bitumen für die sogenannte Schwarzdecke als Straßenbelag ging in einzelnen Jahren nach 1980 zwischen 90 und 50 Prozent zurück. Vorschläge von Wissenschaftlern, den Reparaturfonds für Straßen gezielt jährlich um 3 Prozent zu erhöhen und somit eine Einsparung von Treibstoffen und Ersatzteilen zu erreichen, wurden ignoriert.

Die konzipierte und zeitweilig realisierte Verkehrspolitik schloß ein, den Personennahverkehr preisgünstig und bevölkerungsfreundlich zu entwickeln. Es war durchaus keine Notmaßnahme für lange Wartezeiten bei Privat-PKW.

Die Stadtomnibuslinien wurden bei einem Zehntel des Durchschnitts der heutigen Fahrpreise in den letzten Jahren der DDR um 20 Prozent erhöht, die Straßenbahnlinien – als ökonomische und umweltverträglichste Variante – zu etwa 30 Prozent erweitert.

Trotzdem reichten diese Leistungen nicht aus, und der Omnibus- und Nahverkehr im Lande war beispielsweise durch Überalterung der Fahrzeuge besonders störanfällig. Alle Versuche, höhere Importe zu realisieren, schlugen infolge einer negativen Außenhandelsbilanz fehl.

Große Aufmerksamkeit – und dies in bewußter Stille – widmete die Abteilung gemeinsam mit der IG Transport- und Nachrichtenwesen und leitenden Funktionären der zentralen Staatsorgane der Lebenslage der Werktätigen ihrer Bereiche, die oft unter sehr schwierigen Arbeitsbedingungen litten. Teilweise wurden dabei gute Erfolge erreicht, oft aber nur punktuelle Veränderungen. Bei aller Widersprüchlichkeit wurden wesentliche Ergebnisse erzielt, die heute Schritt für Schritt rückgängig gemacht werden oder bereits beseitigt wurden. Erinnert sei hier nur stellvertretend an die Eisenbahner-Verordnung. Besondere Leistungen wurden materiell anerkannt, langjährige Berufstreue durch Lohnsicherung gewürdigt, Sicherheit des Arbeitsplatzes im Alter gewährleistet usw. Im Gegensatz hierzu mußten allein bei der Deutschen Reichsbahn 1993 ca. 26.000 Eisenbahner mit Hilfe »sozialverträglicher Maßnahmen« ihren Arbeitsplatz aufgeben, um Kündigungen zuvorzukommen. Die Postunternehmen kündigten 1993 den Abbau von rund 120.000 Arbeitsplätzen an. Nach der Wende mußten im Osten 25.000 PostlerInnen ihre Plätze hinter den Schaltern verlassen, und auf dem flachen Lande fielen die Rolläden vielerorts für immer.

Erinnert sei auch an die umfassende medizinische Betreuung in Einrichtungen des Medizinischen Dienstes des Verkehrswesens. Gleiches gilt für die zahlreichen Regelungen der damaligen Interflug und der Deutschen Seereederei.

Bei vielen heute nicht zur Kenntnis genommenen oder negierten Leistungen wie dem Aufbau einer eigenen Handelsflotte aus dem Nichts mit über 150 Schiffseinheiten, dem Aus- und Neubau von Seehäfen mit dem Zentrum in Rostock, der Entwicklung der Interflug mit leistungsstarken Wirtschaftseinheiten wie Agrarflug und Industrieflug, der international erstmaligen Elektrifizierung von Eisenbahnstrecken bei laufendem Betrieb durch das Setzen von Masten und Verlegen von Oberleitungen mit Hilfe von Hubschraubern, dem Eigenbau von Rationalisierungsmitteln oder dem Aufbau von Schalterterminals, der Erweiterung von Fernsprechanschlüssen durch – allerdings nicht unumstrittene – Doppelanschlüsse im Postwesen, der Entwicklung von Transportnormativen, der Gestaltung von Eisenbahn-Fährlinien hat die Abteilung mit den Organen des Transport- und Nachrichtenwesens zusammengearbeitet. Das reichte von der Vorbereitung von Beschlüssen und Aufgabenfestlegungen bis zur Erläuterung solcher Maßnahmen und Aufgaben im Transport- und Nachrichtenwesen unter den Werktätigen, um sich ihrer Bereitschaft zur Mitarbeit zu vergewissern.

Bis auf Einzelmaßnahmen im traditionellen Postwesen wurden dort keine entscheidenden Durchbrüche in der materiell-technischen Basis ermöglicht. Investitionen wurden vor allem – und hier auch nur in begrenztem Umfang – im Bereich Rundfunk und Fernsehen zur Verfügung gestellt, die allerdings keinen Einfluß darauf hatten, mit dem technisch hohen Stand westdeutscher Funkmedien Schritt zu halten.

Im Bezirk Dresden und Karl-Marx-Stadt z.B. mehrten sich die individuellen Aufwendungen mit oft phantasievollen Antennenaufbauten einschließlich Gemeinschaftsantennen zum Empfang der »Westsender« oder um eine bessere Bildqualität des DDR-Fernsehens zu erreichen. Bei offiziell genehmigten und ausgeführten Grundlösungen im Versorgungsnetz der Deutschen Post wären finanz- und materialmäßig etwa nur 10 bis 20 Prozent gegenüber Individuallösungen benötigt worden. Als die Abteilung diese Gedanken von Dresdner Wissenschaftlern, die zum Teil selbst Mitglieder der Volkskammer waren, Ende der achtziger Jahre konstruktiv aufgriff und in ein Grundmaterial für das Politbüro einarbeitete, wurde es vor der Endberatung und -fassung im Politbüro um diese Aussagen bereinigt und blieb letztlich nur den Verfassern bekannt.

Auch die Entwicklung des Fernsprechwesens führte trotz gestiegener Fernsprechanschlüsse zunehmend zu Unverständnis und Unwillen bei der Bevölkerung. Der Abteilung gelang es bei einer Vielzahl von Vorschlägen jedoch nicht, notwendige Veränderungen zu erreichen. Mit jedem Jahr verschlechterte sich die Lage, so daß schließlich die Jahresanmeldungen für einen Telefonanschluß die Zahl der tatsächlich errichteten Anschlüsse überschritt. Um den unerträglichen Wartezeiten von 10 bis 12 Jahren zu begegnen, wurden von der Abteilung Vorschläge erarbeitet, wie die jährliche Neueinrichtung von 60.000 auf 100.000 erhöht werden kann. Auch hier nur Mißergebnisse. Das Argument »Wollt ihr eine Wohnung oder vier Fernsprechanschlüsse?« war die Antwort anstelle positiver Entscheidungen und Veränderungen.

Dazu gehörte auch die in den achtziger Jahren nie verstummende Kritik der Bevölkerung an der Belieferung mit Presseerzeugnissen über den Postzeitungsvertrieb. Diese Vertriebsform war sehr effektiv und wurde oft von den Bürgern positiv bewertet, weil sie *einen* Vertragspartner und *einen* Zusteller hatten. Diese positive Seite wurde jedoch zunehmend überschattet, weil eine Bestellung beliebter Presseerzeugnisse wie »FF«, »Wochenpost«, »Magazin«, »Eulenspiegel« aufgrund begrenzter Auflagenhöhe stetig aussichtsloser wurde. Zu den Schlußfolgerungen der Abteilung gehörten z.B., schwer absetzbare Zeitungen und Zeitschriften zu reduzieren, Doppelveröffentlichungen umfangreicher Materialien in Tagespresse und Broschüren zu vermeiden. Im Ergebnis sollte das freiwerdende Papierkontingent für besonders gefragte Zeitschriften und Zeitungen verwendet und somit die Postzeitungsvertriebsliste mit ihren Abo-Möglichkeiten für den Bürger auch vollständig realisierungsfähig werden. Die Auflagenerhöhung beliebter Zeitschriften scheiterte, weil Devisen für erhöhte Papierimporte nicht bereitgestellt und Umverteilungen politisch nicht akzeptiert wurden.

Die realen Veränderungsmöglichkeiten und Spielräume konzeptioneller Arbeit und volkswirtschaftlicher Überlegungen wurden im Gegensatz zur Arbeitsordnung des Apparates des ZK systematisch durch den zuständigen Sekretär eingeengt. Ernsthaft wurde gegen diese Arbeitsweise nicht vorgegangen, weil neben dem falschen Verständnis von Parteidisziplin auch der Glaube an Veränderungen im Parteiapparat fehlte.

Mit Beginn der achtziger Jahre wurden zunehmend Arbeiten verlangt, die jeder Vernunft und tatsächlichen Erfordernissen widersprachen. Damit wurden konkrete Fragen nach Sinn und Widerspruch der erklärten Parteipolitik in der täglichen Arbeit übertönt. Dazu gehörte im Transport- und Nachrichtenwesen insbesondere die überdimensionierte Informationstätigkeit an den Sekretär über besondere Vorkommnisse – und die gab es zur Genüge – sowie eine Fülle von Einzelaufgaben, die oftmals in Doppelarbeit zum Staats- oder Wirtschaftsapparat oder in enger Zusammenarbeit mit den dortigen Mitarbeitern und Leitern gelöst wurden.

Die knappen und in Form von »Einzelaufnahmen« vorgenommenen Darstellungen zum Transport- und Nachrichtenwesen vergangener Jahre und Jahrzehnte und das Wirken dieser Abteilung schließen subjektives Wollen für eine erfolgreiche Entwicklung in der DDR mit historisch nicht zu negierenden Ergebnissen genauso ein wie auch Mitverantwortung für eine gescheiterte Politik der SED im Detail.

Heinz Klempke, Jahrgang 1929,
war stellvertretender Leiter
der Abteilung Transport- und Nachrichtenwesen des ZK

Rolf Kühnert

Bauen in der DDR
Anspruch und Realität eines Programms

Nach der Beseitigung der Trümmer des von den Nazis her-
beigeführten Weltkrieges und der provisorischen Wiederherstellung beschädigter Wohnhäuser, Gemeinschaftsein-
richtungen, Verkehrsanlagen und Produktionsstätten wurden mit den ersten langfristigen Plänen dem Bauwesen
Aufgaben gestellt, die in ihrer Komplexität und angesichts
der mangelhaften materiell-technischen Vorraussetzungen
kaum zu lösen waren. Mit dem Aufbau der heutigen Karl-
Marx-Allee – damals Stalinallee – und dem Neuaufbau der
Zentren zerstörter Großstädte wurde der Versuch unternommen, nationale Bautradition wiederzubeleben. Das war
begleitet von gewaltigen Anstrengungen beim Wiederaufbau der Industrie zum Ausgleich durch Kriegszerstörung
und Reparationen erlittener Verluste sowie zur Schaffung
neuer Industriezweige als Antwort auf westliches Embargo. Erste Ergebnisse wurden bei der Industrialisierung des
Bauens – so der Großblockbau – erzielt. Aber im Ganzen
blieb das Bauwesen hinter den Erwartungen zurück. Dementsprechend war es über weite Strecken der Entwicklung
der DDR – etwa bis 1965/66 – so etwas wie der Prügelknabe
des Landes, dem großzügig alle Mißerfolge angelastet wurden, so z.B. das klägliche Scheitern des Versuchs, die Probleme des Übergangs zur genossenschaftlichen Viehhaltung
durch den Bau von Offenställen zu lösen.

Mitte der sechziger Jahre kamen die Proportionen zwischen Baumaterialindustrie und Bauproduktion allmählich
ins Lot, die Industrialisierung des Bauens machte Fortschritte und hatte positive Auswirkungen auf die Arbeitsbedingungen vieler Bauarbeiter. Eng verbunden damit war der
forcierte Aufbau der Stadtzentren, von Walter Ulbricht, der

sich als großer Baumeister verstand, energisch vorangetrieben, nach seinem Sturz undifferenziert und unklug ver-
dammt. In hohem Tempo wurden zugleich die Betonindu-
strie und der Metalleichtbau entwickelt, um die zu schaf-
fenden Großvorhaben und Großforschungszentren in kür-
zester Frist realisieren zu können.

Etwa von Ende der sechziger bis Anfang der achtziger
Jahre waren die Bauschaffenden im großen und ganzen mit
ihrer Situation zufrieden. Die Orientierungen von Partei und
Regierung zur Überwindung der auch in dieser Zeit reich-
lich auftretenden Schwierigkeiten wurden bereitwillig aufgegriffen und verwirklicht. Das änderte sich Mitte der achtziger Jahre spürbar, zum Teil auch früher. Dafür gab es unter anderem folgende Ursachen: Die mit der Verschärfung
der außenwirtschaftlichen Bedingungen dem Bauwesen
auferlegten Restriktionen wie Stahleinsparung, Energieträgerumstellung, Verbot des Einsatzes von Bitumen für den
Straßenbau und von chemischen Dämmstoffen, zunächst
als Herausforderung zum effektiveren Wirtschaften empfunden, führten mit der Zeit zunehmend zu Unzufriedenheit. Bestimmte Zielstellungen waren absolut nicht zu realisieren. So wies die Bauakademie in einer wissenschaftlichen Studie (etwa 1984) eine mögliche Stahleinsparung von
jährlich etwa 2 Prozent nach, beauflagt wurden weiterhin
völlig irreale 6 bis 7 Prozent.

Ähnlich war es mit dem forcierten Einsatz von Bauarbeitern und Kapazitäten in Berlin, insbesondere zum Bau von
zusätzlich 10.000 Wohnungen pro Jahr in der DDR-Haupt-
stadt. Anfangs als patriotische Aufgabe akzeptiert (dieser
Einsatz war ursprünglich nur für zwei Jahre geplant), wurde
er nach der Weisung Erich Honeckers zur Weiterführung
der »FDJ-Initiative Berlin« in den Folgejahren den Bezirken
immer lästiger, weil die nach Berlin abkommandierten Baukapazitäten im Heimatbezirk fehlten. Das führte zunehmend
zu Unmut bei der Bevölkerung.

Verbitterung bei den Bauarbeitern rief etwa ab 1983/84
auch die Tatsache hervor, daß sich die Einsatzfähigkeit der

mobilen Bautechnik ständig verschlechterte, damit die körperlich schwere Arbeit wieder zunahm und sich die Störungen im Bauablauf durch Materialmangel häuften. Die entscheidende Ursache dafür war, daß die in den siebziger Jahren für das Bauwesen bereitgestellten Investitionen von durchschnittlich 2 Milliarden Mark pro Jahr ab 1983 auf rund 800 Millionen Mark gekürzt wurden. Das lag wesentlich unter dem jährlichen Amortisationsaufkommen von etwa 1,5 Milliarden Mark.

Hinzu kam, daß etwa ab 1980 der größte Teil dieser Investitionen in die Heizträgerumstellung vor allem in der Zementindustrie, den Beton- und Ziegelwerken sowie in andere Substitutionsmaßnahmen gesteckt werden mußte. Für die planmäßige Erneuerung der Baumaschinen, Baufahrzeuge und Kleinmechanismen sowie für die notwendige Rekonstruktion und Erweiterung von Baustoffbetrieben blieb kaum etwas übrig.

Die in den sechziger und siebziger Jahren geschaffenen Kapazitäten in der Baustoffindustrie wären im großen und ganzen für die Inlandversorgung ausreichend gewesen; Kapazitäten für neue moderne Produkte wie Gasbeton, Fliesen, Mineralwolle, Plattenmaterial zur Ablösung von Asbesterzeugnissen und ähnliches waren geplant und wurden zum Teil realisiert.

Daß dennoch das Material nicht reichte und auch die Versorgung der Bevölkerung völlig unbefriedigend blieb, ist – wiederum seit Anfang der achtziger Jahre sich ständig verschärfend – vor allem auf folgende Ursachen zurückzuführen:

- ökonomisch nicht vertretbare Exporte von Zement, Fliesen und anderen Baustoffen in das nichtsozialistische Wirtschaftsgebiet. Zeitweilig wurden von 12 Millionen Tonnen Zement 2 Millionen exportiert, der größte Teil zu Schleuderpreisen, die nicht einmal den Inlandaufwand bei devisenwertigen Energieträgern, Grundstoffen und Leistungen deckten. Hauptsache cash, cash, cash – egal, was es kostete;

- Produktionsrückgang und Qualitätsverschlechterung infolge der Energieträgerumstellung von Heizöl bzw. -gas auf Braunkohlenbrennstaub sowie wegen fehlender Ersatz- und Verschleißteile;
- Rückläufige Bereitstellung von Zuliefermaterialien, insbesondere Nadelschnittholz, Stahl, Zink, Bitumen, chemische Dämmstoffe, Lacke und Farben.

Nicht zu übersehen ist dabei auch, daß das starre Festhalten am Wohnungsneubau auf grüner Wiese ebenso wie die vorzugsweise Realisierung von Großvorhaben in der Industrie (Energieerzeugung *vor* Energieeinsparung) den Materialbedarf in die Höhe trieb. Und das, obwohl sich durch alle Parteibeschlüsse gebetsmühlenhaft die Forderung nach »vertiefter« Intensivierung zog.

Insbesondere seit Mitte der achtziger Jahre gelang es immer weniger, auf die berechtigten Klagen der Bauarbeiter und der Handwerksbetriebe über die mangelhafte materiell-technische Absicherung des Bauens befriedigende Antworten zu geben.

Solche in Parteibeschlüssen und in den Formblättern zu den Leipziger Seminaren formulierten Patentrezepte, wie »Erneuerungsstrategien«, »Zweites Leben der Maschinen«, »Eigenbau von Rationalisierungsmitteln«, Produktion und Einsatz von Mikroelektronik und Industrierobotern, stießen zunehmend auf Hohn und Spott der Bauarbeiter (»Ich brauche keine Mikrochips, sondern eine anständige Kelle!«). Leistungsbereitschaft und die Anwendung des Leistungsprinzips verfielen sichtlich, obwohl letzteres schon immer in der Bauindustrie problematisch war.

Die leitenden Genossen im Bauwesen, ob im Ministerium, in der ZK-Abteilung, in der Industriegewerkschaft Bau-Holz, in der Bauakademie oder in den Kombinaten und Bauämtern, haben diese Talfahrt gesehen, analysiert und über sehr vieles auch die Parteiführung informiert und gleichzeitig Entscheidungsvorschläge unterbreitet – bis auf wenige Ausnahmen ohne Erfolg.

Wohnungsbauprogramm – Versuch zur Lösung der Wohnungsfrage

Nach Trümmerbeseitigung und notdürftiger Instandsetzung vorhandener Wohngebäude kam allmählich der Wohnungsneubau in Gang. Aufgrund vorrangiger Aufgaben zum Aufbau der Industrie stagnierte zunächst die Anzahl der Neubauwohnungen bis 1955 bei etwa 30.000 Wohnungseinheiten pro Jahr. Mit einer Wohnbauquote von unter 2 je 1.000 Einwohner war die DDR damit in Europa absolutes Schlußlicht.

Da eingeschätzt wurde, daß der Wohnungsmangel ein wesentlicher Grund für die hohe Zahl von Republikflüchtigen war, stellte die Führung der SED 1955 die Aufgabe, den Wohnungsbau in kurzer Zeit auf mindestens 100.000 Wohnungen pro Jahr zu steigern. Tatsächlich wurden im Jahre 1960 rund 80.000 Wohnungen geschaffen. Aufgrund anderer Prioritäten – Industrie, Kollektivierung der Landwirtschaft, Stadtzentren, vielleicht auch der Mauerbau – sank in den Folgejahren die Zahl der fertiggestellten Wohnungen pro Jahr auf etwa 65.000.

Mit dem Führungswechsel von Ulbricht zu Honecker erhielt der Wohnungsbau Priorität. Was Honecker dazu in seiner Autobiographie schreibt, entspricht durchaus den Tatsachen. Das Wohnungsbauprogramm, 1973 durch Bauminister Junker begründet und von einer Plenartagung des ZK beschlossen, sah vor, von 1976 bis 1990 zwischen 2,7 und 3,0 Millionen Wohnungen durch Neubau oder Modernisierung zu schaffen und so »die Wohnungsfrage als soziales Problem in der DDR zu lösen«.

Die Zielstellungen der Jahrespläne wurden regelmäßig erfüllt und zum Teil überboten, allerdings mit folgenden drei Einschränkungen: Einige tausend Wohnungen wurden am Jahresende als fertiggestellt gemeldet, die aufgrund von Restarbeiten (Außenanlagen, provisorische Stromversorgung und anderes) erst ein bis zwei Monate später bezugsfertig waren. Außerdem schloß die Position »modernisierte Wohnungen« aufgrund von drei unterschiedlichen Modernisierungsstufen in bestimmtem Maße Doppelzählungen nicht aus. Ferner enthielten die statistisch erfaßten Neubauwohnungen auch die Position »Plätze in Feierabend- und Pflegeheimen«.

Laut Statistischem Jahrbuch der DDR 1989 wurden von 1971 bis 1988 etwa 1.916.000 Wohnungen neugebaut und 1.143.833 modernisiert. Nach der Wende erfolgte eine Neuberechnung nach der ECE-Methodik und eine entsprechende Korrektur im letzten Statistischen Jahrbuch der DDR 1990. Darin wird behauptet, daß 1,1 Millionen Wohnungen zuviel ausgewiesen wurde (Karl-Heinz Manzel: »Planabrechnung und Wirklichkeit«, Bundesbaublatt 5/1991). Ein solcher Fälschungsvorwurf ist nicht berechtigt: In den Statistischen Jahrbüchern der DDR bis 1989 wurden die modernisierten Wohnungen gesondert ausgewiesen. Um- und Ausbau sowie Rekonstruktion als Neubau zu definieren, mag strittig sein, nicht aber die Notwendigkeit dieser Arbeit.

Auch die großzügige Förderung des Eigenheimbaus war vorgesehen: Nur 5 Prozent Zinsen für Handwerksleistungen, 1 Prozent Tilgung – das heißt keine Zinsen – für Baumaterial, in der Regel kostenlose Bereitstellung von Baugrundstücken und bereitwillige Hilfe von Arbeitskollegen und Nachbarn.

Daß dennoch pro Jahr im Durchschnitt nur etwa 10.000 Eigenheime fertiggestellt wurden, wäre gesondert zu erörtern (unter anderem extrem niedrige Mieten, Datschenproblematik). An der Finanzierbarkeit des Eigenheimbaus lag es jedenfalls nicht, die war für alle, die Arbeit hatten und selbst kräftig anpacken konnten, ohne größere Probleme gegeben.

Völlig unbeantwortet blieb jedoch die Frage, wie die privaten Mietshausbesitzer bei den äußerst geringen, 1936 eingefrorenen Mieten eine ordnungsgemäße Bewirtschaftung und Erhaltung der Wohnbausubstanz sichern sollten. Hierzu sei bemerkt, daß die Führung der SED und die Regierung konstant der Entscheidung auswichen, welches Staatsorgan und welche Abteilung im ZK für Wohnungspolitik und Wohnungswirtschaft zuständig sein sollte. 1972 war diese Frage unter der Regierung Sindermann zur Entscheidungsreife gediehen – mit dem Abschieben von Sindermann auf den dekorativen Posten des Volkskammerpräsidenten wurde sie erneut tabuisiert.

Der größte Teil des Wohnungsneubaus wurde als »komplexer Wohnungsbau« geplant, das heißt, die Erschließung der Wohngebiete und ihre Ausstattung mit Schulen, Kindergärten/-krippen, Kaufhallen, ärztlichen Arbeitsplätzen, Feierabendheimen war Bestandteil der Projektierung und – mit Abstrichen – der Baurealisierung.

Die Aufwendungen für den komplexen Wohnungsbau wurden im Staatshaushalt geplant. Daß der größte Teil dieser Mittel in Durchführung des Planes die Form von Krediten an die Kommunalen Wohnungsverwaltungen und Arbeiterwohnungsbaugenossenschaften erhielt, ist vorrangig als planmethodisch-haushaltstechnische Entscheidung anzusehen. Schulden im Sinne des bürgerlichen Rechts waren diese Kredite nicht, sie wurden den kommunalen Gebäudewirtschaftsbetrieben bzw. den Arbeiterwohnungsbaugenossenschaften mit dem Plan zugewiesen; von einer Prüfung der Konditionen (Verzinsung und Tilgung) war keine Rede.

Noch wichtiger aber scheint das Argument, daß die enormen Mittel für das Wohnungsbauprogramm von den Bürgern der DDR erwirtschaftet worden sind, sie dafür in bestimmten Maße auf Einkommen verzichten mußten. Von diesen Bürgern entsprechend dem sogenannten Altschuldenhilfegesetz im Zuge einer Zwangsprivatisierung jetzt zu verlangen, ihre letzten Ersparnisse für den Kauf der bereits von ihnen finanzierten Wohnungen einzusetzen oder sich gar zu verschulden, wie es die Bundesregierung verlangt, hat mit Gerechtigkeit nichts zu tun.

Grundlage der Planung waren staatliche Aufwandsnormative, die entsprechend den Industriepreisveränderungen im

Laufe der Zeit erhöht wurden. Für die Ausnutzung des Wohnbaulandes gab es ebenfalls Normative. Die Tatsache, daß in der DDR Bodenpreise gar keine Rolle spielten, führte jedoch zu verschwenderischem Umgang mit wertvollem Bauland. Generell spielten Renditebetrachtungen bei der Konzipierung des Wohnungsbauprogramms keine Rolle. Es herrschte die Auffassung vor, daß sich letztlich höhere Wohnzufriedenheit in mehr Leistungsbereitschaft auszahlen würde.

Nach heftigen Diskussionen unter Architekten und in der Bevölkerung über Monotonie im Städtebau wurde Anfang der achtziger Jahre ein gemeinsamer Beschluß des Politbüros und des Ministerrats über die »sozialistische Entwicklung von Städtebau und Architektur« ausgearbeitet und im »Neuen Deutschland« veröffentlicht. Bezeichnend war nur, daß die politische Führung der DDR die von ihr gefaßten Beschlüsse vielfach ignorierte, indem sie weiterhin dem Neubau den Vorrang gab und die Erhaltung von Wohnbausubstanz vernachlässigte.

Im Jahre 1978 erhielt eine Arbeitsgruppe den Auftrag, Vorschläge auszuarbeiten, wie das Wohnungsbauprogramm unter den komplizierter gewordenen außenwirtschaftlichen Bedingungen weitergeführt werden sollte. Die Vorschläge wurden akzeptiert – mit einer Ausnahme: der Vorschlag, wie der vorhandene Wohnraum besser zu nutzen und zu bewirtschaften sowie sozial gerechter zu verteilen sei. Die Arbeitsgruppe hatte empfohlen, für die Inanspruchnahme von mehr Wohnraum gegenüber einer festgelegten Norm mehr Miete zu verlangen. Diese »ketzerische« Idee wurde buchstäblich erst im Sekretariat von Erich Honecker entdeckt. Es erging der Befehl, die betreffenden Seiten sofort aus dem Gesamtdokument herauszutrennen. Der Leiter der Abteilung Bauwesen erhielt den Auftrag, mit den Verfassern eine prinzipielle parteimäßige Auseinandersetzung zu führen. Er tat es mit Augenzwinkern. Seitdem war allen Beteiligten klar, daß das Thema Miete absolut tabu blieb. Eine Folge davon war, daß die Zuschüsse des Staatshaushaltes für das Wohnungswesen von ca. 7 Milliarden Mark im Jahre

1980 auf 16 Milliarden Mark im Jahre 1988 anstiegen – und das bei etwa gleichbleibendem Volumen des Wohnungsbaus.

Die Frage, ob das Ziel »Lösung der Wohnungsfrage als soziales Problem bis 1990« erreicht werden konnte, wurde Ende der achtziger Jahre immer häufiger Gegenstand interner Diskussionen. Nachstehend der Versuch einer Bewertung. Zunächst ist angesichts der ständigen Versuche, alles in der DDR Entstandene kaputtzureden, festzustellen: Die Durchführung des Wohnungsbauprogramms war eine bemerkenswerte Leistung der Volkswirtschaft und der Bauschaffenden. Nachdem einige Leute lauthals verkündet hatten, man müsse heute alle Plattenbauten abreißen, hört man jetzt andere Töne. Seit Bonn das Heil in der Privatisierung volkseigener Wohnungen sieht, sind die zum Abriß verurteilten Wohnblöcke plötzlich wieder sehr wertvoll geworden. Um jedoch nichts zu bagatellisieren:

Allen Beteiligten war bewußt, daß künftig bei der Sanierung der Wohnbausubstanz enorme Aufgaben bevorstanden. Erste Maßnahmen in dieser Richtung wurden in Angriff genommen. Dennoch bleibt festzustellen, daß – ein Weiterbestehen der DDR vorausgesetzt – es außerordentlich kompliziert gewesen wäre, Ende 1990 die angekündigte Lösung der Wohnungsfrage als soziales Problem zu erreichen. Die Frage bestand dabei weniger im Quantitativen als vielmehr im Qualitativen.

Die Hauptprobleme können so charakterisiert werden:
- Das starre Festhalten an der einseitigen Orientierung auf den Wohnungsneubau bei Vernachlässigung der Instandhaltung der vorhandenen Bausubstanz (wenngleich zu Beginn des Wohnungsbauprogramms der forcierte Wohnungsneubau »auf grüner Wiese« durchaus sinnvoll und notwendig war, um den dringend notwendigen Nettozuwachs an verfügbaren Wohnungen zu erreichen).
- Die totale Ignoranz der Spezifik des privaten Mietshausbesitzes als ein ganz entscheidender Grund für den Verfall vieler Innenstädte.

- Es gab zwar die Möglichkeit, zinsgünstige Kredite auf-
zunehmen, oftmals wurden solche Kredite sogar
zwangsweise vergeben, aber wer wollte sich schon ohne
Aussicht auf die Möglichkeit der Rückzahlung solcher
Kredite verschulden?
- Die Bevorzugung Berlins und einiger Bezirksstädte sowie einiger weniger Industriestandorte wie Eisenhüt-
tenstadt, Hoyerswerda und Schwedt. Demgegenüber
litten die traditionellen Industriestandorte im Süden der
DDR zunehmend an Auszehrung – auch mit verheeren-
den Auswirkungen auf die Erwirtschaftung des Natio-
naleinkommens.
- Die viel zu späte und zögerliche Hinwendung zum innerstädtischen Bauen – trotz entsprechenden Orientierungen in Beschlüssen seit 1978. Dabei waren allerdings
beträchtliche territoriale Unterschiede nicht zu übersehen. Viele Räte der Städte und Bezirke wichen vor
Schwierigkeiten einer innerstädtischen Bebauung zurück. Statt dessen wuchsen die Städte auf grüner Wiese immer weiter in die Landschaft hinein.
- Das dogmatische Festhalten an viel zu niedrigen Mieten
(im Durchschnitt 3,6 Prozent des Familieneinkommens).
Sie boten keinerlei Anreiz, zu große Wohnungen gegen
kleinere zu tauschen. Die staatlichen Subventionen kamen in erster Linie den Bewohnern zum Teil unterbe-
legter Neubauwohnungen zugute und nicht denen, die
in heruntergekommenen Altbauwohnungen hausten.
Das war bei Lichte besehen eine soziale Ungerechtig-
keit gegenüber Wohnungssuchenden und Familien mit
Kindern. Etwa seit Mitte 1988 lagen in der Bauakademie, im Ministerium für Bauwesen und in der Abteilung Bauwesen des ZK kritische Analysen über diese
Situation vor, an Lösungen wurde intensiv gearbeitet.

Rolf Kühnert, Jahrgang 1930,
war stellvertretender Leiter der Abteilung Bauwesen im ZK

Anmerkung der Autoren Rolf Kühnert, Heinz Klempke, Siegfried Leiterer und Erhard Meyer aus den wirtschaftspolitischen Abteilungen des ZK der SED:

Wir kommen nicht umhin, die verhängnisvolle Rolle Günter Mittags zu betonen. Das ändert nichts daran, daß wir selbst ein hohes Maß an Verantwortung trugen.

Die wirtschaftspolitischen Abteilungen des ZK standen vor allem in der zweiten Hälfte der achtziger Jahre in einer sich ständig zuspitzenden Konfliktsituation zwischen der Anpassung an vorgegebene Entscheidungen und dem Bemühen, Änderungen, Besserungen sowie Schadensbegrenzungen herbeizuführen.

Letztlich waren wir objektiv bis zuletzt funktionierende Instrumente Mittags, der in »seinem« Bereich auch so manchen willigen Gehilfen, Apologeten und Liebediener hatte. Die anderen arbeiteten zähne-knirschend, aber auch mit eiserner Disziplin, wie sie von jedem ZK-Mitarbeiter verlangt wurde.

Wolfgang Herger/Werner Hübner/Günther Frenzel

Eigenverantwortung und Selbstbestimmung
Zur Militär- und Sicherheitspolitik der SED

Militär- und Sicherheitspolitik der SED und der DDR war
von Anfang an zweifach fremdbestimmt: zum einen von den
sicherheits- und machtpolitischen Interessen der KPdSU
und der Sowjetunion, zum anderen von der Tatsache, daß
aus der Zerschlagung Hitlerdeutschlands zwei deutsche
Staaten hervorgegangen waren, die sich als Frontstaaten
zweier gegensätzlicher Systeme mit politischer und militärischer Brückenkopf- und Vorpostenfunktion gegenüber-
standen. Von ihrem Territorium aus und von ihnen wurde
der kalte Krieg mit besonderer Intensität geführt. Die Vor-
bereitungen für den heißen Krieg nahmen zum Teil sehr konkrete Formen an. Nirgendwo in der Welt gab es eine so
hohe Konzentration sich feindlich gegenüberstehender
Kräfte und Mittel. Das Gefüge widersprüchlicher Bedingungen und Interessenverflechtungen erforderte von der SED,
das gegenseitige Verhältnis beider deutscher Staaten stets
als die zweite Prämisse ihrer Militär- und Sicherheitspolitik
zu betrachten, wobei das ökonomische und militärische Gewicht der BRD und der DDR ungleich waren.

Es bedurfte hier keiner »Theorie von der Verschärfung
des Klassenkampfes beim Aufbau des Sozialismus«. Der
Kampf der beiden Gesellschafts- und Bündnissysteme im
kalten Krieg, in dessen Spannungsfeld beide deutsche Staaten existierten und an dem sie beide – gegeneinander,
fremdbestimmt und eigenverantwortlich – nach Kräften
teilnahmen, war allgegenwärtig. Er war von Anbeginn vorhanden, nahm in Abhängigkeit von der machtpolitischen
und militärischen Großwetterlage an Schärfe zu, flaute mitunter ab und brach mit größerer Wucht erneut hervor,

wechselte die Formen und Methoden, aber die Systemauseinandersetzung war bis zum Ende der DDR und damit bis zur Auflösung ihrer Streitkräfte und ihrer bewaffneten Organe stets vorhanden. Sie wirkt heute nach in den
Auseinandersetzungen um die Bewertung der staatlichen
Souveränität, der Rechtmäßigkeit der Handlungen der
Staatsorgane und der Streitkräfte der DDR entsprechend
den dafür geschaffenen Gesetzen.

Vor dem skizzierten Hintergrund wird deutlich, auf welchem schmalen Handlungsstreifen die Militär- und Sicherheitspolitik der SED eigenverantwortlich wirksam werden
konnte.

Die entscheidende Grundlinie der Militär- und Sicherheitspolitik der SED wurde bis zum Schluß durch das Verhältnis und die Beziehungen zur KPdSU und zur UdSSR
sowie die feste Einbindung der DDR in das sozialistische
Lager und das militärische Bündnissystem des Warschauer Vertrages bestimmt. Das ergab sich nicht nur aus dem
Status der UdSSR als Siegermacht des Zweiten Weltkrieges und Hauptkraft des Warschauer Vertrages. Die DDR
wäre niemals ohne die politische Schutzfunktion der Sowjetunion, ohne deren militärische Absicherung gegen re-
staurative Kräfte im Inneren und nach außen existenzfähig
gewesen. Darüber hinaus schufen die gemeinsamen ideologischen und theoretischen Grundlagen der gesellschaftspo-
litischen Ziele und die Erfahrungen der KPdSU als der führenden Kraft der kommunistischen Weltbewegung, die sie –
wenn nach ihrer Meinung notwendig – auch rigoros
durchsetzte, politische, ideologische und militärische Bin-
dungen. Diese wurden von der Führung der SED, wieder
in Abhängigkeit von der jeweiligen politischen Großwetterlage, meistens voller Überzeugung, selten widerstre-
bend angenommen.

Tatsächlich war die DDR – wie sich jetzt immer deutli-
cher herausstellt – einmal mehr, einmal weniger spürbar,
Faustpfand und Spielball der Sicherheitsinteressen und der
Machtpolitik der UdSSR in Europa, wobei diese im Verhält-

nis zur BRD mit den Staatsinteressen der DDR durchaus nicht immer feinfühlig und solidarisch umging.

Es lag auf der Hand, daß Aufbau, Strukturen und Ausbildung der neuen Polizeikräfte, der Organe der Staatssicherheit und auch der späteren Armee nach dem Vorbild der Sowjetunion gestaltet wurden. Sie mußten sich prinzipiell unterscheiden von den bewaffneten Organen und den Streitkräften des bürgerlichen deutschen Staates, deren Pervertierung die Welt im Dritten Reich erlebt hatte. Alternativen dazu in der Gestaltung der politisch-moralischen Erziehung und des inneren Gefüges sowie in der Personalpolitik – wo DDR-Eigenständigkeit möglich war – fanden Eingang in die Praxis von Polizei, Staatssicherheit und Armee. Tatsache ist auch, daß anfänglich nicht wenige leitende Offiziere und Generale der sowjetischen Besatzungsmacht immer wieder darauf drängten, die deutschen nationalen Erfahrungen und Traditionen, insbesondere die militärischen Traditionen der deutschen Arbeiterbewegung, mehr zu berücksichtigen.

Die Einbindung der Militärpolitik der SED und ihrer internationalen Sicherheitspolitik in die Militärpolitik und Strategie der UdSSR zeigte auch die identischen militärischen Strukturen, die im Kommandosystem des Warschauer Vertrages eingepaßt waren. Wenn auch auf den unteren Ebenen seit der Bildung der Nationalen Volksarmee keine sowjetischen Berater mehr tätig waren, so hatte doch das Vereinte Oberkommando des Warschauer Vertrages mit seinen Vertretern bei der Nationalen Volksarmee (NVA) nicht nur eine symbolische Funktion. Für diese Lage war kennzeichnend, wie es Generaloberst a.D. Joachim Goldbach beschrieb: »Sie *(die NVA, d. Verf.)* war eine reine Koalitionsarmee und hätte auf ihrem konkreten Kriegsschauplatz nie eine eigenständige Rolle spielen können. Ihre operativen Aufgaben wurden im sowjetischen Generalstab erarbeitet, durch den Oberkommandieren der Vereinten Streitkräfte übermittelt, in DDR-Stäben aufgearbeitet, durch die DDR-Spitze zur Kenntnis genommen und den Befehlshabern der Teilstreitkräfte und Armeen sowie den Kommandeuren der Divisionen als Befehle übergeben.«[1]

In der operativen Planung gab es nicht viel Spielraum für Eigenständigkeit. Bildeten z.b. Polen und die ČSSR im Verteidigungsfall eigene kooperative Gruppierungen in Form von Frontoberkommandos, sollten die aktiven Divisionen der NVA hingegen sowjetischen Armeen direkt zugeordnet werden. Die Bildung von operativen Gruppierungen der NVA in Form einer Armee und eines Armeekorps war erst mit der Mobilmachung auf der Grundlage neu aufzustellender Divisionen vorgesehen. Militärisch sollte im Kriegsfall auf dem Territorium der DDR das Oberkommando in Wünsdorf kommandieren und an der DDR-Küste die Baltische Rotbannerflotte, in deren Bestand die Volksmarine der DDR zu handeln hatte.

Die Gruppe der sowjetischen Streitkräfte in Deutschland (GSSD) war in der DDR eine Art »Staat im Staate«. Sie handelte weitgehend unabhängig von den DDR-Behörden. Besondere Vorkommnisse, also Straftaten nach den Gesetzen der DDR, wurden auf der Grundlage des Truppenvertrages von 1957 durch die Staatsanwaltschaft verfolgt und von sowjetischen Militärgerichten verhandelt. Allerdings waren die im Truppenvertrag festgelegten Rechte und Pflichten vielen örtlichen Behörden und auch manchem sowjetischen Kommandeur nicht mehr geläufig. In den letzten Jahren häuften sich Eingaben von Parteileitungen, Bürgermeistern und Bürgern, in denen Kritik an Handlungen der Sowjetarmee geübt wurde, besonders an der Verletzung von Sicherheitsvorschriften auf Schießplätzen. Mehrfach befaßte sich das Politbüro mit solchen Eingaben. Der Chef des Hauptstabes bzw. der Minister für Nationale Verteidigung wurden beauftragt, dafür zu sorgen, daß bei der »Gruppe« die Sicherheitsvorschriften einzuhalten und das Regime auf den Schießplätzen zu verändern sei.

Die politischen und militärischen Interessen der UdSSR und des Warschauer Vertrages, der westlichen Alliierten und der NATO, das gegenseitige Verhältnis beider deutscher

Staaten und die spezifischen Interessenlagen der DDR und der BRD bündelten sich wie in einem Brennglas an der Grenze zwischen der DDR und der BRD bzw. Westberlin. Das war ohne Zweifel der sensibelste Bereich der Militär- und Sicherheitspolitik der SED. Jeder Zwischenfall an dieser Grenze, der Tote oder Verletzte zur Folge hatte, wurde im Politbüro, im Verteidigungsministerium und bei den Grenztruppen als außerordentlich unangenehm und für die DDR belastend empfunden. Das Bedauern galt nicht nur der dadurch beschädigten Reputation, sondern auch den zu Schaden gekommenen Menschen.

Die Grenze sollte sicher und ihr Überschreiten in beiden Richtungen nur an den dafür vorgesehenen Übergängen möglich sein. An ihr sollten Ruhe und Ordnung herrschen. Grenzpolizei und später die Grenztruppen hatten den Auftrag, durch besonnenes Handeln Provokationen und Zwischenfälle möglichst zu verhindern. Die Anwendung der Schußwaffe wurde als »äußerste Maßnahme der Gewaltanwendung gegenüber Personen« genannt. In den Gesetzen der DDR und in der polizeilichen und militärischen Praxis ihrer bewaffneten Organe gab es keinen »gezielten Todesschuß«[2], keinen Schießbefehl für die Grenztruppen und auch keine Erziehung der Grenzsoldaten zu schießwütigen Monstern. Allerdings galt der Auftrag, daß jeder Grenzdurchbruch mit allen Mitteln zu verhindern sei.

Die Staatsgrenze der DDR zur BRD und zu Westberlin war alles andere als eine ausschließlich innerdeutsche Angelegenheit. Die 1961 im Auftrag des Warschauer Paktes errichtete Mauer bildete die Grenze zwischen den beiden mächtigsten Militärblöcken der Welt, der NATO und dem Warschauer Vertrag, sie war militär- und sicherheitspolitisch eine außerordentlich bedeutende Trennungslinie in Mitteleuropa. Die DDR wurde beispielsweise fast jedes Jahr durch Manöverhandlungen der NATO, die bis auf wenige Kilometer an ihre Staatsgrenze heranführten, daran erinnert, daß für sie und die Staaten des Warschauer Vertrages an dieser Grenze eine latente und zu bestimmten Zeiten eine akute militärische Bedrohung existierte. Jeder Zwischenfall konnte zum Funken im Pulverfaß werden. Dieser Situation mußten sowohl das Grenzregime der DDR als auch die operativen Planungen der Gruppe der sowjetischen Streitkräfte in Deutschland und damit auch der Nationalen Volksarmee entsprechen.

Ohne Zweifel war die Verhinderung der als illegal betrachteten Abwanderung von Bürgern der DDR nach der BRD eine der entscheidenden Aufgaben der Grenzschutzkräfte. Aber eine allein darauf reduzierte Interpretation der Staatsgrenze der DDR zur BRD und zu Westberlin geht an den politischen und militärischen Gegebenheiten von 45 Jahren weltpolitischer Entwicklung vorbei.

Eigenverantwortung

Seit den siebziger Jahren lautete eine der viel propagierten Losungen der SED: Je stärker der Sozialismus, desto sicherer der Frieden! Stärke war im umfassenden Sinne gemeint. Daß bei den für die Landesverteidigung Verantwortlichen die Betonung auf militärischer Stärke lag, braucht angesichts ihres Metiers, angesichts der Erfahrungen der Sowjetunion aus dem Überfall Hitlerdeutschlands und der Erfahrungen aus dem kalten Krieg nicht zu verwundern. Damit war im Prinzip die Abschreckungsfunktion der sozialistischen Streitkräfte begründet.

Das schloß auch den durch die bitteren Erfahrungen der Anfangsperiode des Großen Vaterländischen Krieges der Sowjetunion dominierten Auftrag bis 1987 ein, den Gegner im Falle seines Angriffs auf dessen eigenem Territorium zu vernichten. Darauf wurden die Struktur der Streitkräfte und ihr zahlenmäßiger Umfang, die Modernisierung der Waffen, die Neuaufstellung von Truppen und Stäben sowie die Durchdringung des gesellschaftlichen Lebens mit Wehrerziehung (vorwiegend wegen der hohen Zahl von Berufs- und Zeitsoldaten, die als notwendig galt) ausgerichtet.

Mit Beginn der achtziger Jahre wurden Fragen nach dem Sinn militärischer Macht und den Folgen militärischer Gewaltanwendung in Europa, besonders in Deutschland, immer lauter gestellt. Das Argument von der Sinnlosigkeit militärischer Handlungen erfuhr zusätzliche Aufwertung durch das politische Argument: Es träfe beide deutsche Staaten zuerst. Aber auch ökonomische Aspekte wurden immer wichtiger: Wir können uns höhere Militärausgaben nicht leisten! Bei jeder Gelegenheit, die sich bot, machte sich die politische Führung der DDR die Argumente für die Unzulässigkeit von Krieg in Europa zunutze, um die materiellen Belastungen für die DDR möglichst zu verringern. Denn mit dem NATO-Langzeitrüstungsprogramm, speziell mit dem Raketen-Nachrüstungsbeschluß, war dem sowjetischen Generalstab eine gewichtige Begründung für weitere Gegenmaßnahmen gegeben worden. Zusammen mit den Konsequenzen der Preiserhöhung z.B. bei Erdöl standen diese völlig im Gegensatz zu den Interessen der DDR. Unterschiedliche Ursachen führten offensichtlich zu einem Interessenkonflikt zwischen sowjetischem Verhalten und DDR-Interessen bereits vor Gorbatschow, in der Zeit der »Sprachlosigkeit« der sowjetischen Führung unter Breshnew und seinen Nachfolgern. Einige Symptome auf militärpolitischem Gebiet deuteten darauf hin.

Gewichtig war in diesem Zusammenhang der Tenor der Rede Erich Honeckers zur Internationalen Karl-Marx-Konferenz 1983 vom »einigenden Willen, mit ganzer Kraft für das große Ziel des Friedens zu wirken«.[3] In der DDR war Ende 1983 unter der Bevölkerung Kriegsangst zu spüren. Erich Honecker reagierte auf der 7. Tagung des Zentralkomitees darauf unter anderem mit dem später vielzitierten Satz: Alles für den Frieden, jetzt erst recht! Den Hintergrund dafür bildete der Bundestagsbeschluß zur Raketenstationierung.

Im Jahre 1984 wurde in der DDR die Zivilverteidigung, die zu diesem Zeitpunkt dem Ministerium für Nationale Verteidigung unterstand, völlig umorientiert: Sie konzentrierte sich nicht mehr auf die Aufgaben zum Schutz vor den

Wirkungen von Massenvernichtungswaffen (KCB-Schutz),
sondern auf die Organisation von Katastrophenschutz, also
auf Begreifbares, Naheliegendes. Anlaß für diese weitreichende Veränderung waren unter anderem Beschwerden
aus der Volksbildung über örtliche Übungen, welche die Folgen eines Kernwaffeneinsatzes simulierten, oder die Informationen an die Parteiführung, daß die Ausbildung für die
Zivilverteidigung während der Arbeitszeit stattfand. Politbüro und Nationaler Verteidigungsrat waren der Auffassung, in dieser Frage selbständig entscheiden zu müssen,
und handelten entsprechend. Es ist dazu auch keine Reaktion aus Moskau bekanntgeworden.

Im Zuge der erwähnten Veränderungen wurde auch
Anfang 1984 die Propaganda in den Medien für die Gesellschaft für Sport und Technik (GST) ebenso untersagt wie
die Vorbereitung der wehrpolitischen und wehrsportlichen
Aktion von FDJ und GST »Signal DDR 35«, obwohl diese
schon eine gewisse Tradition zu den runden Jahrestagen
der DDR hatte.

In der Führungstätigkeit von Politbüro und Sekretariat
des ZK spielten Fragen der Verteidigung und der äußeren
Sicherheit nicht jene Rolle, die ihnen heute zugeschrieben
wird. Das unumgänglich Notwendige wurde behandelt,
mehr nicht. Einerseits wurden verbal Aussagen zur Landesverteidigung getroffen, andererseits aber die konkreten
Festlegungen dort, wo es Geld kostete, immer zurückhal-
tender, wenn es um Forderungen des Vereinten Oberkom-
mandos ging, immer widerstrebender entschieden. Hier-
aus erklärt sich auch, daß viele Forderungen der Militärs
auf dem Papier bleiben mußten. Zunehmend setzten sich
die ökonomischen Zwänge durch: Investitionen wurden hin-
ausgeschoben, gekürzt oder völlig gestrichen. Ein großer
Teil dieser Kürzungen führte jedoch auch zu Einschränkungen in den Dienst- und Lebensbedingungen der Angehörigen der bewaffneten Kräfte.

Hinzu kam im letzten Drittel der achtziger Jahre langfristiger Einsatz von Kräften der NVA und der VP-Bereitschaf-

ten in beträchtlichem Umfang (bis über 20.000 Mann) in der Volkswirtschaft. Selbst die Offiziershochschulen blieben teilweise davon nicht verschont. Die Effizienz dieser Einsätze stand kaum in einem vertretbarem Verhältnis zum Aufwand und den moralischen Folgen. Die Wehrpflichtigen konnten nicht einsehen, daß sie zur Armee einberufen wurden, um dort für den geringen Wehrsold und nicht ihrer Qualifikation entsprechend in anderen Betrieben zu arbeiteten. Die Motivation der Berufs- und Zeitsoldaten litt beträchtlich unter der Tatsache, als »industrielle Reservearmee« mißbraucht zu werden. Das schränkte den Organismus und die Funktionsfähigkeit der NVA mehr ein als die im Januar 1989 verkündete einseitige Truppenreduzierung der DDR um 6 Panzerregimenter und 1 Jagdfliegergeschwader.

»Neues Denken« in der DDR

In den siebziger und achtziger Jahren hatten sich im Politbüro, in der Regierung, in den militär- und sicherheitspolitischen Führungsorganen der DDR sowie im Offizierskorps folgende Erkenntnisse gefestigt:

Angesichts des entstandenen globalen militär-strategischen Gleichgewichts, der Gefahr eines atomaren Weltkrieges, die jede militärische Konfrontation zwischen USA und UdSSR, zwischen NATO und Warschauer Vertrag in sich barg, und angesichts der Tatsache, daß ein atomarer Weltkrieg, aber auch ein mit konventionellen Mitteln geführter Krieg in erster Linie in Deutschland und Mitteleuropa schwerste, irreparable Schäden verursachen würde, durfte der Krieg kein Mittel der Politik, keine Fortsetzung der Politik mit gewaltsamen Mitteln zur Erreichung politischer Ziele mehr sein.

Deshalb – und unter Berücksichtigung der wirtschaftlichen und politischen Schwierigkeiten der DDR – unternahm die politische und militärische Führung sowohl im Rahmen des Warschauer Vertrages als auch im Alleingang große Anstrengungen, um Fortschritte in der Sicherung des Friedens, zur Beendigung des Wettrüstens, zur Einleitung wirksamer Abrüstungsschritte und bei der Schaffung eines europäischen Sicherheitssystems zu erreichen.

Das fand auch seinen Niederschlag in Festlegungen des XI. Parteitages der SED 1986, die dem Erkenntnisstand von Friedensforschung und einigen Mitarbeitern im Außenministerium der UdSSR entsprachen: »In einem Nuklearkrieg gäbe es weder Sieger noch Besiegte. Ebensowenig ist das Wettrüsten zu gewinnen.«[4] »Es ist der Sinn des Soldatseins im Sozialismus, den Frieden zu erhalten, zu verhindern, daß die Waffen sprechen. Kampfkraft und Gefechtsbereitschaft der Armeen der sozialistischen Gemeinschaft sind eine entscheidende Garantie, daß militärische Überlegenheit des Imperialismus nicht zugelassen wird und eine Aggression zum tödlichen Risiko für ihre Urheber würde. Wehrdienst im Sozialismus ist Friedensdienst.«[5]

Diese Grundaussagen fanden sich auch im Kommuniqué der Tagung des Politischen Beratenden Ausschusses der Teilnehmerstaaten des Warschauer Vertrages am 28. und 29. Mai 1987 in Berlin und in dem dort beschlossenen Dokument »Über die Militärdoktrin der Teilnehmerstaaten des Warschauer Vertrages« wieder.[6]

Als zwei Jahre später, im Frühjahr 1989, eine Militärdoktrin der DDR entstand, wurde die Formulierung »tödliches Risiko für einen Aggressor«, die noch auf dem XI. Parteitag der SED und in der Militärdoktrin des Warschauer Vertrages vom 29. Mai 1987 zur Kennzeichnung der Abschreckungsfunktion der Vereinten Streitkräfte angewendet wurde, in dieses offizielle Dokument der Militärpolitik der DDR nicht mehr aufgenommen. Sie stand im Gegensatz zu den Sicherheitsinteressen der DDR, welche zwingend verlangten, alles zu tun, um jeden Krieg in Mitteleuropa zu verhindern. Außerdem hatte diese Formulierung in der Vergangenheit willkürliche Auslegungen für weitere Rüstungen erfahren und in den NATO-Staaten als Alibi zur Aufrechterhaltung der Bedrohungslegende gedient. Die BRD und die NATO ignorierten diese grundlegende Veränderung in den militärischen Ansichten des Warschauer Vertrages. Mehr noch: Zur gleichen Zeit, vom 24. Februar bis 9. März 1989, fand in der BRD die strategische militärisch-zivile Kommandostabsübung »Wintex-Cimex 89« statt, als deren Höhepunkt, erstmalig wieder seit 15 Jahren, 42 Atomschläge, davon 9 auf die DDR, trainiert wurden.[7]

Trotzdem oder gerade angesichts dessen festigten sich die Positionen der Vernunft und des Realismus' im Kreise derer, die die DDR-Militärdoktrin ausarbeiteten. Die Abteilung für Sicherheitsfragen des ZK legte ihre Auffassungen zur Militärpolitik in ihrem Entwurf einer DDR-Militärdoktrin dar, den sie dem Chef des Hauptstabes der NVA als Antwort auf einen Vorlagen-Entwurf Anfang Februar 1989 übermittelte. Allerdings kam es zu keiner formellen Beschlußfassung mehr.

Kennzeichnend für diese Kursänderung waren insbesondere die aktive und konstruktive Teilnahme der DDR an den Genfer und Wiener Verhandlungen, an der Ausarbeitung, Inkraftsetzung und Veröffentlichung einer gemeinsamen Militärdoktrin der Staaten des Warschauer Vertrages im Mai 1987, die weitgehend den Gegebenheiten der weltweiten militärpolitischen Lage und den Erfordernissen der Sicherung des Friedens entsprach und den Verteidigungscharakter aller militärischen Maßnahmen der Vereinten Streitkräfte ausdrücklich festschrieb, sowie am KSZE-Prozeß insgesamt und an den friedenssichernden Maßnahmen der UNO.

Darüber hinaus unternahm die DDR einschneidende einseitige Schritte zur Reduzierung der Streitkräfte und zur Abrüstung in der DDR. Sie leitete eine umfassende Militärreform ein und erarbeitete eine Zivildienstgesetzgebung sowie eine Studie zum Thema »NVA 2000« mit weitreichenden Konsequenzen. Außerdem begann sie mit der Neustrukturierung der Grenztruppen und des Systems der Sicherung der Staatsgrenze, mit Reduzierung, Umstrukturierung und Auflösung der Kampfgruppen der Arbeiterklasse.

Diese und weitere Maßnahmen waren darauf gerichtet, das Konfrontationsdenken zu überwinden. Sie waren begleitet vom Abbau der Feindbilder in der politischen Orientierung der Streitkräfte. Honecker als »Kriegstreiber« zu denunzieren, wie es z.B. FU-Professor Manfred Wilke tat, hat nichts mit historischer Wahrheit zu tun. Es ist eine Lüge.[8]

Gegenwärtig werden viele Un- und Halbwahrheiten über die NVA nicht nur in der Presse, sondern auch in sich seriös gebenden Büchern verbreitet.[9] So behauptet z.B. Generalleutnant a.D. Schönbohm, daß die »militärischen Kommandostränge« der NVA »vom Politbüro bzw. vom Nationalen Verteidigungsrat über die Bezirks- und Kreisleitungen« der SED liefen.[10] Das ist schlicht und einfach Unsinn.

Etwa 1985/86 begann eine Reform des militärischen Denkens, des Aufbaus und der Struktur der Landesverteidigung sowie der Streitkräfte, ihrer Ausbildung und Erziehung, ohne daß der Reformbegriff verwendet wurde. Es gab in der DDR und in der NVA einen theoretischen Vorlauf für ein neues militärisches Denken und Handeln. Dieses Denken und Handeln knüpfte an die Erkenntnisse der Friedensforschung und der Militärwissenschaft in Ost und West sowie an das neue Denken Gorbatschows mit eigenständigen, weiterführenden Erkenntnissen an. Hervorgehoben seien die kriegs- und militär-theoretischen Arbeiten an der Militärakademie »Friedrich Engels«, insbesondere die unter Leitung von Kapitän zur See Prof. Dr. Scheler entstandenen und unter dem Titel »Frieden, Krieg, Streitkräfte« im Frühjahr 1989 veröffentlichten Aufsätze. Damit wurde in der Tat ein neues militär-theoretisches Denken in der DDR inauguriert, das in der Erkenntnis gipfelte, daß »im nuklear-kosmischen Zeitalter die Kriegsverhinderung zur absoluten Notwendigkeit und zur wichtigsten Aufgabe der Verteidigung« wird.[11] Bedeutsam waren auch die militär-ökonomischen Arbeiten an der Militärakademie von Oberst Prof. Dr. Schönherr[12] und die ersten Ergebnisse der Konversionsforschung an der Berliner Hochschule für Ökonomie unter Leitung von Oberst d.R. Prof. Dr. Einhorn.

Sicherlich sind viele von den genannten Ideen und Theorien damals wie heute umstritten. Sie widerlegen zumin-

dest die These von der Stagnation des marxistisch-leninistischen Denkens auf militär-theoretischem Gebiet zu Fragen des Friedens, des Krieges, der Streitkräfte und der Abrüstung in der DDR. Diese Ideen fielen bei vielen Generalen und Offizieren im Ministerium für Nationale Verteidigung, im Hauptstab und in der Politischen Hauptverwaltung der NVA, in den Kommandos der Teilstreitkräfte, der
Verbände und der Grenztruppen, in der Hauptverwaltung
der Zivilverteidigung und auch in der Abteilung für Sicherheitsfragen des ZK der SED auf fruchtbaren Boden. Es entsprach auch dieser Denkart, daß die bewaffneten Organe
der DDR nicht zur Niederhaltung des eigenen Volkes mit
Waffengewalt eingesetzt wurden und die Verteidigung des
Friedens als höchster Auftrag der Streitkräfte galt.

Allerdings war dieser gesamte Prozeß mit heftigen militärpolitischen und theoretischen Auseinandersetzungen um
die Schaffung der notwendigen politischen, ideologischen,
operativen, materiellen und finanziellen Bedingungen und
um die Art und Weise ihrer Verwirklichung verbunden. Kon-
servatismus und schöpferisches Denken kollidierten oft.
Schließlich ging es in der Konsequenz darum, militärische
Macht und deren Instrumente überhaupt in Frage zu stellen.

Es wird nicht einfach sein, dieser Umbruchsituation im
militärischen Denken und Handeln der DDR Vergleichba-
res in Deutschland zu finden. All diese Maßnahmen erfolgten nicht gegen das ZK der SED, sondern unter aktiver Teilnahme gewählter Mitglieder des ZK und vieler Mitarbeiter
der Abteilung für Sicherheitsfragen und anderer Abteilungen des ZK. Bezeichnend dafür ist z.B. das Zustandekommen des Dialogs mit Militärpolitikern und Militärs der BRD.
Bereits ein Jahr vor der ersten offiziellen Begegnung von
Generalen und Offizieren der Bundeswehr und der NVA
im Frühjahr 1989, an der ein General der Abteilung für Sicherheitsfragen teilnahm, gab es eine vorbereitende Zusammenkunft in Hamburg mit den späteren Gastgebern und
dem Vertreter der Abteilung. Honecker und Krenz hatten
zugestimmt.

Das neue militärische und sicherheitspolitische Denken war auch eine Ursache für die Handlungsweise der politischen und militärischen Führung der DDR unter Egon Krenz im Herbst 1989, alles zu tun, um eine bewaffnete Konfrontation und damit eine militärische Katastrophe mit nicht kalkulierbarem Risiko und irreparablen Folgen zu verhindern. Betrachtet man rückblickend die Situation bis zur Wende und auch die ersten Monate danach, so ist die Schlußfolgerung durchaus gerechtfertigt, daß sich Militärwesen und Landesverteidigung der DDR in ihren Strukturen und in ihrer inneren Befindlichkeit in einem tiefgreifenden Reformprozeß befanden. Er wurde 1990 rigoros abgebrochen, begleitet von dem schlecht getarnten Bemühen, selbst die Erinnerung daran auszulöschen.

Die auf die Verhinderung eines Krieges und die Sicherung des Friedens gerichtete Militärpolitik der DDR und das Engagement der Angehörigen der Streitkräfte, darunter Tausender Mitglieder der SED, waren keine agitatorische Apologetik und keine »verordnete Friedensdemagogie«. Sie waren außerordentlich ernst genommene Aktivität für eine bessere DDR in einem Deutschland und Europa der Sicherheit und des Friedens.

In keinem anderen Land, auch in keinem der anderen Mitglieder des Warschauer Vertrages, war die Sicherheit des Staates mit seiner Existenz so eng verknüpft wie in der DDR.

Die Aufgaben des MfS

Der Anspruch der BRD auf Alleinvertretung, die Nichtanerkennung und internationale Diskriminierung des Staates DDR, der Boykott beträchtlicher Teile seiner Wirtschaftstätigkeit, seine geheimdienstliche Ausspähung, die Pläne zu seiner Liquidierung und nicht zuletzt die seitens der BRD staatlich geförderte und organisierte Massenflucht aus der DDR waren Anlaß, staatlicher Sicherheit einen höheren Rang zu geben als in anderen Staaten üblich.

Hinzu kam, daß der kalte Krieg seine Hauptfront in Deutschland hatte und dessen Aktionen teilweise Ausmaße annahmen, die eine Kennzeichnung als »Krieg« durchaus verdienten.

Staatliche Sicherheit der DDR zu gewährleisten – vordergründig gesehen als eine Aufgabe des MfS – stand durchaus im Kontext zu Frieden und Sicherheit in Europa. Nur in Kenntnis dieses Hintergrundes ist die Entwicklung des Apparates der staatlichen Sicherheit, einschließlich seiner Deformierungen, die auf falschen Konzepten, Fehleinschätzungen und Machtanmaßung beruhen, zu bewerten. Sie lediglich als Repressionen gegen Andersdenkende und wirkliche oder vorgebliche Feinde des Sozialismus zu sehen, wird den Tatsachen nicht gerecht.

Es unterliegt keinem Zweifel, daß die politische Stabilität der DDR, die Sicherheit im Inneren auch durch Einwirkungen von außen beeinflußt wurde. Die BRD gab zu jeder Zeit Anlaß – ob real oder vorgeschoben – für die Begründung von Schutz- bzw. von Verteidigungsmaßnahmen. Ständig wirkte die Herausforderung des Westens auf das sozialistische Gesellschaftsmodell, auf seine Unzulänglichkeiten und Fehlentwicklungen. In dieser sehr greifbaren Konfrontation verschmolzen die inneren und die äußeren Faktoren für die Sicherheit der DDR.

Die politische Stabilität der DDR galt als feststehende Größe: Von innen keinesfalls gefährdet, als UNO-Mitglied allgemein anerkannt, durch Friedens- und Dialogpolitik geachtet, gegen eventuelle Gefahren von außen durch das Bündnis des Warschauer Vertrages geschützt.

Politische Stabilität zu erhalten, war Auftrag aller Parteien und Organisationen. Ergaben sich jedoch ernsthafte Schwierigkeiten, erfolgte der Ruf nach dem MfS. Politische Stabilität – als erstrangig politische Aufgabe nur mit politischen Mitteln herstellbar – wurde reduziert zum Problem staatlicher Sicherheit und abgeladen auf deren Instrument.

Viele Partei- und Staatsfunktionäre bis hin zum Politbüro waren in der Vorstellung befangen, daß jegliche oppositionelle Äußerung oder Aktivität (oder was sie dafür hielten) Teil der komplexen Bedrohung des Sozialismus sei. Sobald westliche Medien tatsächliche oder scheinbare oppositionelle Forderungen oder Betätigungen aufgriffen, wurden deren Urheber der Feindtätigkeit bezichtigt. Sicher hat es diese auch gegeben. Selten jedoch waren jene, die die Verhältnisse in der DDR kritisierten, auch Feinde des Sozialismus. Unter dem Vorzeichen, Politik in der DDR diene nur dem Wohle des Volkes, wurden Kritik an dieser Politik und Veränderungsvorschläge zwar wahrgenommen, aber nur selten waren sie Anlaß zu öffentlicher Diskussion oder gar von Veränderungen: Meist wurden sie verharmlost, beiseite geschoben oder gar bekämpft.

Der Selbstzufriedenheit und Anmaßung der politischen Führung stand wachsende Unzufriedenheit in der Bevölkerung und in der Partei, in politischen Führungskreisen und in der Intelligenz gegenüber. Spürbar wurde das erstmals bereits 1968 (»Prager Frühling«). Deutlich und immer stärker wurde der Druck von innen jedoch im Zusammenhang mit dem KSZE-Prozeß. Mit den Helsinki-Beschlüssen von 1975 entstanden ohne Zweifel günstigere Bedingungen für den Frieden und die Abrüstung, für eine schrittweise Politik der Vertrauensbildung auf völkerrechtlicher Grundlage und damit verbunden hohe Anforderungen an Weltoffenheit, Rechtsstaatlichkeit, Realisierung der im Korb 3 eingeforderten Menschenrechte. Der Alleinvertretungsanspruch der BRD mußte von ihr formell aufgegeben werden, Grenzen wurden anerkannt. »Wandel durch Annäherung« wurde mit der SPD regierungswirksam. Die internationalen Entwicklungen liefen immer mehr auf Öffnung und Zusammenarbeit, auf Kommunikation und Kontakt hinaus. Das schloß Pläne ein, auf welchem Wege und mit welchen Mitteln die sozialistischen Herrschaftsverhältnisse in Osteuropa und der DDR beseitigt werden sollten.

Allerdings war nicht zu übersehen, daß die internationale Auseinandersetzung der beiden Weltsysteme eine neue

Qualität erreichte. Gleichzeitig damit traten die inneren Schwächen der sozialistischen Staaten, selbstverständlich auch in der DDR, ihre Unzulänglichkeiten, Defizite und Fehlentwicklungen immer offener zutage. Nicht ohne Wirkung blieben die Medien der BRD, insbesondere Fernsehen und Rundfunk, auf die Bevölkerung der DDR.

Eine objektive Einschätzung der Lage, Konsequenzen aus dieser Entwicklung, eine politische Überprüfung der Vorstellungen über die innere Sicherheit wären dringend geboten gewesen. Doch die starren Positionen des Generalsekretärs zur inneren Sicherheit verhärteten sich zunehmend. Statt auf Flexibilität wurde auf Verharmlosung der spürbar wachsenden Unzufriedenheit einerseits und auf die bekannten administrativen Wege und Methoden andererseits gesetzt, wurden Überwachung und Restriktion ausgebaut. Gesundbeterei generell führte zur sich selbst eingeredeten Nichtexistenz innerer Spannungen. Vom MfS wurde erwartet, alles zu kennen, alles zu regeln, »es darf nichts passieren!« Dem entsprach das Ausmaß der Kontrolle und Überwachung.

Das MfS bekam und übernahm stets mehr Aufgaben, wurde als Apparat aufgebläht, schuf reale Machtkonzentration, erschien auch so in der Öffentlichkeit und trug zur Deformation des politischen Systems des Sozialismus bei.

Es ergab sich die paradoxe Lage, daß die Führung der DDR zwar den KSZE-Prozeß unterstützte, gleichzeitig jedoch nicht oder nur sehr zögerlich bereit war, diese damit entstandenen Herausforderungen hinsichtlich demokratischer Entwicklungen, insbesondere der mit Korb 3 eingeforderten Menschenrechte, der Reise- und Pressefreiheit in Reformen bzw. innenpolitische Veränderungen umzusetzen. Das mußte im Zusammenhang mit ständig größer werdenden ökonomischen Problemen, zunehmenden Versorgungsschwierigkeiten und der Vorbildwirkung der reichen BRD auf die DDR-Bevölkerung zur Zunahme innenpolitischer Spannungen und letztlich zur Destabilisierung des Staatsgefüges führen.

Zahlreiche Mitarbeiter des MfS nahmen diese Entwicklung richtig wahr und bewerteten sie entsprechend. Sie erwarteten, daß aufgrund der berichteten Zustände die politische Führung Veränderungen herbeiführen würde. Die offenkundige Ignoranz der eigenen Vorgesetzten bzw. der Führung der DDR empörte viele Mitarbeiter und steigerte ihre Unzufriedenheit. Sie hatten – durch ihre zahlreichen Informationen und Informanten – ein kritischeres Urteil, das z.b. den meisten Parteiinformationen fehlte. Aber: Auch sie beugten sich der strengen Disziplin.

Doch in Führungsbereichen des MfS gab es auch ernsthafte Überlegungen und Ausarbeitungen, um auf neue Anforderungen zu reagieren. Das schloß ein, den eigenen Apparat in anderer Weise zu organisieren, seine rechtlichen Grundlagen z.b. in einem Gesetz über die Tätigkeit des Ministeriums für Staatssicherheit zu fixieren. Zu den »Geburtsfehlern« des MfS gehörte, daß es wohl ein Gesetz über seine Bildung gab, aber keines, in welchem seine Befugnisse und Aufgaben geregelt waren, sehr zum Nachteil der Mitarbeiter und der Gesellschaft. Bestimmend dafür waren die Sicherheitsvorstellungen der Kommunisten aus den zwanziger und dreißiger Jahren, aus denen heraus das MfS – nach sowjetischem Vorbild – ein absolut konspiratives Organ sein mußte. Die neuen Bestrebungen gingen dahin, sich von Aufgaben zu trennen, die diesem Ministerium nicht zustanden, und insgesamt die Arbeit transparenter zu machen. Zum Komplex des MfS gehörten Dienstbereiche, die in anderen Ländern von selbständigen Behörden oder privaten Unternehmen wahrgenommen werden: der Personenschutz, die Bewachung von Regierungsgebäuden, der Schutz und die Beschaffung von technischem »Know how«, Staatsschutzbereiche bei Polizei, Staatsanwaltschaft und Justiz, Paßkontrolle an den Grenzen, militärischer Abschirmdienst und anderes. Zum MfS zählten auch Einrichtungen zur materiellen Sicherstellung, was nicht nur Sicherheitsgründen geschuldet war. Selbst in diesem Ministerium mußte der allgemeine Mangel an Handwerkern »innerbetrieblich« ausgeglichen werden.

Entsprechende Dokumente, um die Struktur des MfS zu verändern, waren nicht erst seit den Wendetagen in Arbeit und in der Diskussion.

Die Haltung zu und die Reaktion auf die innenpolitischen Entwicklungen, betrachtet unter sicherheitspolitischen Gesichtspunkten, widerspiegelten das existentiell folgenreichste Versagen des Politbüros.

Es käme einer totalen Fehlbeurteilung der verschiedenen Informationskanäle, einschließlich der Parteiinformation, gleich, würde man Meinungen folgen, das Politbüro habe die Lage nicht gekannt. Das Politbüro, nicht nur der Generalsekretär, mußte auf Grund der ihm zugänglichen Informationen die innere Lage genau gekannt haben. Signale, die vorrangig durch das MfS, aber auch durch Mitarbeiter der Abteilung für Sicherheitsfragen gegeben wurden und die ihren Niederschlag in unterschiedlichen Vorschlägen für ein neues Herangehen an die »Innere Sicherheit« fanden, wurden von der Führung nur zögerlich zur Kenntnis genommen, meist jedoch verdrängt oder ignoriert.

So bestätigte sich Ende der achtziger Jahre in der DDR ein weiteres Mal: Jeder Versuch, drängende politische Fragen und massiv aufbrechende gesellschaftliche Widersprüche mit administrativen, repressiven und polizeilichen Mitteln lösen und beherrschen zu wollen, muß zur Katastrophe führen.

Das Politbüro unter Erich Honecker hat bis zuletzt nicht die Notwendigkeit anerkannt und sich hartnäckig gesträubt, offen vor der Partei und den Bürgern zur Lage im Lande Stellung zu nehmen und ein neues Konzept vorzuschlagen. Damit war der Zug, nicht nur der mit den Botschaftsflüchtlingen von Prag, abgefahren und nicht mehr aufzuhalten.

Wolfgang Herger, Jahrgang 1935,
war Leiter der Abteilung Sicherheitsfragen des ZK;
Werner Hübner, Jahrgang 1931,
arbeitete als Sektorleiter in der Abteilung Sicherheitsfragen des ZK;
Günther Frenzel, Jahrgang 1928,
war als politischer Mitarbeiter in der Abteilung Sicherheitsfragen des ZK tätig.

Anmerkungen

1) Detlef Balk (Hrsg.): Die Nationale Volksarmee, Nomos-Verlagsgesellschaft, Baden-Baden, S. 128

2) Mitte der siebziger Jahre wurde von der Innenministerkonferenz der BRD der Versuch unternommen, über den sogenannten Musterentwurf (ME) für ein einheitliches Polizeigesetz des Bundes und der Länder unter anderem den gezielten Todesschuß (auch »finaler Rettungsschuß« genannt) zu legalisieren. Die Fassung vom 25. November 1977 in: Heise/Riegel: Musterentwurf eines einheitlichen Polizeigesetzes, Stuttgart u.a . 1978. Bis 1990 hatten die Bundesländer Bayern, Niedersachsen und Rheinland-Pfalz diese Ermächtigung in ihre Polizeigesetze übernommen.

3) Karl Marx und unsere Zeit – der Kampf um Frieden und sozialen Fortschritt, Verlag Zeit im Bild, Dresden 1983, S. 907

4) Bericht des Zentralkomitees der Sozialistischen Einheitspartei Deutschlands an den XI. Parteitag, Dietz Verlag Berlin 1986, S. 10

5) Ebenda, S. 80

6) Neues Deutschland, Berlin 30./31. Mai 1987, S. 1f

7) Vergl. Berliner Zeitung v. 1. April 1993, S. 4, siehe auch: Militärwesen, Berlin 1989, Heft 5, S. 96, Heft 6, S. 94

8) Berliner Zeitung v. 9./10. Januar 1993, S. 4

9) Die Stabsoffiziere der NATO Oberst i. G. Volk und Major G. Square, die offenbar zu einem »Bildungsurlaub« im ehemaligen Bundeswehrkommando Ost weilten, behaupten, daß ein Kompaniechef der NVA mit »brutto 2.639 Ostmark« besoldet worden sei. Es gab bis Ende 1989 in der NVA keinen einzigen Kompaniechef mit diesem sagenhaften Gehalt! Ein Regimentskommandeur mußte schon mindestens Oberstleutnant sein, um mit solchen Dienstbezügen nach Hause zu gehen. Vergl.: Ein Staat – eine Armee. Von der NVA zur Bundeswehr, Report Verlag, Frankfurt a. Main, Bonn 1992, S. 247

10) Ebenda, S. 36

11) Frieden, Krieg, Streitkräfte. Herausgegeben von der Militärakademie »Friedrich Engels« Berlin 1989, S. 215

12) Ebenda, S. 228f

Werner Kirchhoff

Das Verhältnis der SED zu den anderen Blockparteien

Die »Nationale Front« der DDR unter dem Kommando des Generalsekretärs

Bei den Landtagswahlen 1946 hatten die Parteien SED, LDPD und CDU noch eigene Listen aufgestellt. Doch bereits im Jahre 1950 erfolgten die Wahlen auf der Grundlage einer gemeinsamen Liste, mit der die führende Rolle der SED festgeschrieben wurde. Da die anderen Parteien – zu denen seit 1948 auch die NDPD und die DBD gehörten – sich dieser Führungsrolle untergeordnet hatten, suchten sie ihr Wirkungsgebiet in dem Rahmen, der damit abgesteckt war. Sie verstanden sich als mitgestaltende Kraft im Bündnis mit der SED, nicht als Opposition gegen sie zu sein.

Dem Gedanken des sogenannten Demokratischen Blocks hatte ursprünglich die gemeinsame Einsicht zugrunde gelegen, daß die Zusammenarbeit aller antifaschistisch-demokratischen Kräfte notwendig sei, wenn ein Wiedererstarken von Faschismus und Militarismus verhindert werden sollte. Antidemokratischen Kräften sollte nicht – wie in der Weimarer Republik – durch Uneinigkeit der demokratischen Parteien eine Chance gegeben werden. Zudem war nach dem Ende des Krieges und der Naziherrschaft die Notwendigkeit einer gesellschaftlichen Neuordnung, der Verwirklichung der antimonopolistischen und antimilitaristischen Festlegungen des Potsdamer Abkommens in Deutschland allgemeiner Konsens. Das galt auch für die westlichen Besatzungszonen, wie das Ahlener CDU-Programm von 1947, die Losung der SPD vom »Sozialismus als Tagesaufgabe« und andere Dokumente beweisen.

Aus der ursprünglichen Gemeinsamkeit der demokratischen Parteien wurde durch die Politik der SED später mehr und mehr eine Einschränkung der demokratischen Möglichkeiten der anderen Parteien, wenngleich sie auch stets aktiv an der Machtausübung beteiligt waren.

Ihr Aktionsfeld war jedoch auch deshalb stark eingeengt, weil sie nur in den Wohngebieten wirken durften, nicht – wie die SED – in den Betrieben und Institutionen. Während beim Aufbau der Nationalen Volksarmee noch ehemalige Offiziere – vielfach Mitglied der NDPD – einbezogen worden waren, wurden die Blockparteien später von der SED überall dort, wo Entscheidungen getroffen wurden, fast völlig aus der Verteidigungs- und Sicherheitspolitik ausgegrenzt. Ähnliche Tendenzen gab es in der Außen- und Bildungspolitik und in anderen Bereichen.

Die offizielle Version, daß es sich in der DDR um ein Mehrparteiensystem handelte, stand also im Widerspruch zur Praxis. Das begann im übrigen schon damit, daß viele Funktionäre der SED – bis in die höchste Ebene –, wenn sie die anderen Parteien meinten, stets von »den Blockparteien« sprachen. Sie stellten im Sprachgebrauch die SED selbst außerhalb und über die anderen Parteien, obwohl sie »nur« *eine* Partei im Demokratischen Block war, auch wenn die anderen Parteien deren Rolle als führende Regierungspartei anerkannten.

Im allgemeinen entwickelte sich trotz alledem über die Jahrzehnte zwischen den meisten Mitgliedern und Funktionären der SED und jenen der anderen Parteien ein ausgesprochen kameradschaftliches Verhältnis. Selbstverständlich existierten in der SED auch Sektierertum und engstirniges Verhalten gegenüber den anderen Parteien. So betrachteten manche Mitglieder und Funktionäre der SED die Block- und Bündnispolitik lediglich als taktisches Manöver, als Politik mit Augenzwinkern und nicht als Strategie, als Voraussetzung und Grundlage für eine erfolgreiche und dauerhafte Umgestaltung der Gesellschaft im sozialistischen Sinne.

Dennoch waren CDU, LDPD, NDPD und DBD reale Faktoren der Politik. In den Volksvertretungen aller Ebenen waren sie mit über 40 Prozent vertreten, in der Volkskammer saßen ihre Abgeordneten in allen Ausschüssen, einige Ausschußvorsitzende kamen aus diesen Parteien. Jede dieser Parteien stellte einen Stellvertretenden Vorsitzenden des Staatsrates, einen Stellvertretenden Vorsitzenden des Ministerrats, Minister, stellvertretende Minister, stellvertretende Ratsvorsitzende sowie Mitglieder von Räten in den Bezirken, Kreisen, Städten und Gemeinden. Aus ihren Reihen kamen 1.400 Bürgermeister. All das spricht für ihren Anteil an der Ausübung der Macht.

Jede dieser Parteien gab in eigenen Verlagen Zeitungen mit hohen Auflagen heraus, die nicht selten interessanter, informativer und unterhaltsamer als manche Zeitung der SED waren. Die Durchsetzung der führenden Rolle beziehungsweise der Auffassungen der SED gegenüber den anderen Parteien bedurfte keiner besonderen Anstrengungen. Die heute gängige, weil politisch nützliche Behauptung, diese Parteien seien Repressionen unterworfen gewesen, entspricht nicht den Tatsachen. Unterdrückung war durchaus nicht nötig. Im Gegenteil, es gab nicht wenige Beispiele, wie andere Parteien die SED links überholen wollten. So sah sich die SED mitunter zur Empfehlung an ihre Bündnispartner veranlaßt, bestimmte Forderungen und Vorschläge unter Berücksichtigung der Stimmungslage ihrer Mitglieder und der Sympathisierenden nicht zu unterbreiten.

Übrigens: Mir und anderen wäre es mit Sicherheit nicht entgangen, wenn Persönlichkeiten aus diesen Parteien, die heute in Bonn und in den Regierungen der neuen Bundesländer hohe Ämter innehaben, in der DDR irgendwelche oppositionellen Positionen bezogen hätten, wie sie heute behaupten. Oder die DDR war – entgegen anderslautenden Erfahrungen – derart tolerant, daß »Widerstandskämpfer« CDU-Kreisvorsitzende und mehr werden und bleiben sowie hohe akademische Grade erwerben konnten.

Es hatte sich die Praxis herausgebildet, daß die anderen Parteien vor Parteitagen der SED, vor Direktiven zu den Fünfjahrplänen und programmatischen Dokumenten dem

ZK der SED ihre Vorschläge schriftlich unterbreiteten. Diese stimmten mit Intentionen der SED überein und wurden nach Prüfung in die Beschlußentwürfe und Dokumente aufgenommen. Stimmten sie nicht mit den Prinzipien der Politik der SED überein – wie diese besonders Erich Honekker, Günter Mittag, Joachim Herrmann und Erich Mielke verstanden –, wurden sie abgelehnt.

Die Initiativen der befreundeten Parteien umfaßten alle Bereiche des Lebens: Demokratisierung und Rechtsordnung, die Veränderung des Wahlsystems, die Rolle der Volksvertretungen, des Demokratischen Blocks und der Nationalen Front; die Förderung von Handwerk und Gewerbe, die Verbesserung der Dienst- und Versorgungsleistungen; die Lösung ökologischer Probleme; wirtschaftspolitische Fragen wie Subventionen, Preise, die Herauslösung kleinerer Betriebe aus den Kombinaten; bessere Versorgung der Landwirtschaft mit Maschinen und Ersatzteilen; die Entwicklung von Kunst und Kultur. Solche Initiativen gab es auch noch sehr umfänglich im Jahre 1989 für die Beschlußentwürfe auf dem XII. Parteitag der SED, der im Frühjahr 1990 stattfinden sollte.

Obwohl in Reden Honeckers auf ZK-Tagungen und in anderen Verlautbarungen stets von der »wachsenden Bedeutung« der Bündnispolitik die Rede war, nahm sie in der Praxis besonders in den achtziger Jahren zunehmend formale Züge an. Die Stellung der SED zu den anderen Parteien war äußerst widersprüchlich. Einerseits verhielt man sich ihnen gegenüber in bestimmten Fragen restriktiv, andererseits kam man ihren Wünschen und Vorschlägen entgegen. So konnten die Parteien Mitglieder werben (ihre Gesamtmitgliederzahl stieg von 350.000 im Jahre 1973 auf 480.000 im Jahre 1989), sie erhielten mehr Mandate in den örtlichen Parlamenten zugeteilt, sie konnten eine zunehmende Anzahl von Posten als stellvertretende Minister, stellvertretende Vorsitzende und Mitglieder von Räten der Bezirke sowie als Bürgermeister besetzen. Im gewissen Umfang galt das auch für die Wirtschaft, die Landwirtschaft und die Kultur.

Erst in den letzten Jahren konnten Mitglieder dieser Parteien auch Angehörige der Volkspolizei und Offiziere der NVA werden.

Wenn die FDP heute – nach der Fusion mit LDPD und NDPD – in den neuen Bundesländern, in denen nur 20 Prozent der Bevölkerung der Bundesrepublik leben, mehr Mitglieder als in den Altländern hat, zeigt das die langjährig gewachsene Stabilität der Mitgliedschaft in diesen Parteien. Auch die CDU hat eine solche stabile Mitgliedschaft übernommen. Freilich verließen viele Mitglieder der anderen ehemaligen Blockparteien nach dem Anschluß die FDP und CDU.

Der in den vierziger Jahren von allen Parteien gebildete Demokratische Block – in den fünfziger Jahren um die Massenorganisationen erweitert – spielte in den siebziger und vor allem in den achtziger Jahren nur noch eine untergeordnete Rolle. Sitzungen des »Blocks« fanden immer seltener statt, zum Beispiel nach Tagungen des Warschauer Vertrages und vor Wahlen. Sie hatten im wesentlichen informativen Charakter, eine offene oder gar kritische Diskussion gab es nicht. Die Zusammenkünfte endeten mit dem Einverständnis zu bereits fertigen Pressemitteilungen.

Je größer die Schwierigkeiten in Politik, Wirtschaft und Gesellschaft der DDR in den siebziger und achtziger Jahren wurden, um so mehr versuchte Erich Honecker durch breit publizierte Treffen mit den Vorsitzenden der anderen Parteien sowie dem Präsidenten des Nationalrates der Nationalen Front den Eindruck von völliger Harmonie und Gemeinsamkeit zu erwecken. In der Regel standen im Mittelpunkt lange Monologe Honeckers, in die er, wenn auch äußerst sparsam, bestimmte Interna einstreute. Zu diesen Ausführungen und der vorbereiteten Pressemitteilung gaben die Teilnehmer ohne Widerspruch ihre Zustimmung. Eine freimütige Aussprache fand nicht statt, demzufolge wurde die tatsächliche Lage im Lande und die wachsende Unzufriedenheit der Bevölkerung auch dort bis zuletzt nicht erörtert.

An exakten und wahrheitsgetreuen Informationen hat es andererseits keineswegs gefehlt. Alle 10 Tage lieferte das Sekretariat des Nationalrates der Nationalen Front einen Bericht mit Informationen aus allen Bezirken. In den Berichten – und den Anlagen dazu – wurden Mängel, Mißstände und Kritiken der Bürger in den Kommunen konkret und unverblümt benannt. Diese Informationen gingen an die ZK-Abteilungen Parteiorgane, Agitation, Staat und Recht. Obwohl diese Berichte immer wieder gefordert wurden, gab es darauf keine Reaktion.

In den fünfziger und sechziger Jahren brachte die »Nationale Front des demokratischen Deutschland« noch ein gesamtdeutsches Anliegen zum Ausdruck. Zu Zeiten der Politbüromitglieder Albert Norden und Werner Lamberz nahmen der Nationalrat und sein Präsidium zu wichtigen nationalen und internationalen Ereignissen und Erscheinungen Stellung, wurden Positionen im Für und Wider erörtert und Verlautbarungen wirklich erstritten. In den letzten Jahren dagegen fanden überhaupt keine Präsidiumstagungen mehr statt; sie wurden für unnötig und überflüssig gehalten.

Nach der späteren Auffassung der SED von der Herausbildung einer eigenen sozialistischen deutschenNation in der DDR blieb nur noch die »Nationale Front der DDR«. Auch darin zeigte sich eine grobe Fehleinschätzung der nationalen Frage, wie sich besonders 1989 erwies.

Die Gespräche Erich Honeckers mit den Parteivorsitzenden und dem Nationalratspräsidenten wurden zum bestimmenden Element in der Demonstration der Gemeinsamkeit der DDR-Parteien. Zugleich wurde damit formal das Gewicht der Nationalen Front unterstrichen. Tatsächlich war der Nationalrat der Nationalen Front zum letzten Mal 1968 gewählt worden. Nun wurde er vor allem dazu gebraucht, Appelle abzugeben und bestimmte gesellschaftliche Ereignisse mitzutragen. Für Honecker war er im großen und ganzen ohne Bedeutung. Er hat vor diesem Forum nie gesprochen. Alle diesbezüglichen Anfragen wurden abgelehnt.

Personelle Veränderungen in der Zusammensetzung des Nationalrates und seines Präsidiums erfolgten per Umlaufvorlage seitens der vertretenen Partei oder Organisation an das Präsidium des Nationalrates der Nationalen Front. Es gab keine Wahl, ja nicht einmal eine persönliche Vorstellung der neu aufgenommenen Mitglieder. Die Ergänzung der Ausschüsse erfolgte auf allen Ebenen seit Ende der sechziger Jahre nur noch durch Delegierung. Die Folge war, daß die demokratische Legitimation der Ausschüsse immer brüchiger und in den Orten und Wohnbezirken oft angezweifelt wurde. Viele Bürger nahmen ihre Zugehörigkeit zu einem Ausschuß, da dieser kein großes Ansehen und keinen Einfluß hatte, immer weniger ernst.

Tagungen des Nationalrates der Nationalen Front fanden in den achtziger Jahren in der Regel nur noch einmal jährlich zum Fünfjahres- bzw. Jahresprogramm der Bewegung »Schöner unsere Städte und Gemeinden – Mach mit!« und in Wahljahren zur Verkündung des Wahlaufrufes statt. Die Reden des Präsidenten wurden vorher vom zuständigen Sekretär des Zentralkomitees der SED bestätigt. Die Diskussionsredner und deren Beiträge wurden von den Leitungen der jeweiligen Partei oder Organisation, für die der Redner sprach, ebenfalls vorher abgesegnet. Es kam nicht selten vor, daß der Redner noch am Tages der Konferenz eine neue Rede in die Hand gedrückt bekam, die mit dem ursprünglichen Entwurf nur wenig Ähnlichkeit besaß. Eine freimütige Aussprache oder gar Äußerungen zu Mängeln und Mißständen des Alltags fehlten, oder es wurden nur vage Andeutungen gemacht. Diese Tagungen liefen stets nach dem gleichen Ritual ab; sie waren deshalb auch uninteressant und steril.

Dabei gab es durchaus Überlegungen zur Aktivierung und Belebung des politischen Wirkens der Nationalen Front, zum Beispiel regelmäßige Kongresse der Nationalen Front mit geheimer Wahl der Delegierten (der letzte Kongreß fand am 21./22. März 1969 statt); regelmäßige geheime Wahl der Ausschüsse und ihrer Vorsitzenden von der Basis bis zum Nationalrat und seinem Präsidenten (das erfolgte letztmalig im Zusammenhang mit dem Kongreß im Jahre 1969); regelmäßige Tagungen des Präsidiums zu innen- und außenpolitischen Themen mit Rechenschaftslegungen und Kontrolle der erfüllten Aufgaben. Bei diesen Anregungen gab es Übereinstimmung des Sekretariats der Nationalen Front mit der LDPD, der CDU, der NDPD und der DBD, die zum Teil ähnliche Vorstellungen unterbreiteten.

Doch alle diese Initiativen wurden von der SED-Führung rigoros abgelehnt. Ich kann mich nicht erinnern, daß es in den achtziger Jahren jemals eine Diskussion oder eine grundlegende Beratung zu konzeptionellen Fragen oder perspektivischen Vorstellungen gegeben hätte. Die Nationale Front wurde auf ein paar Wochen Wahlagitation und praktische – wenn auch für die Menschen wichtige – Alltagsanliegen reduziert.

Formal war die Nationale Front Träger der Wahlbewegung. In Wirklichkeit beschränkte sich das auf die Agitation zum Wahlaufruf, der etwa sechs Wochen vor dem Wahltermin vom Nationalrat verkündet wurde, nachdem er vorher vom Politbüro und im Demokratischen Block (gleich Mandatsträger!) bestätigt worden war. Die Nationale Front gab ferner ihren Namen für die Einheitsliste – den »Wahlvorschlag der Nationalen Front«.

Die Aufteilung der Mandate auf die Parteien und Massenorganisationen erfolgte nach einem im Demokratischen Block festgelegten und in den Jahrzehnten nur unbedeutend veränderten Schlüssel. Die Vorstände der Parteien und Massenorganisationen schlugen ihre Kandidaten für die Volkskammer vor. Die Gesamtliste wurde vom Politbüro des ZK der SED bestätigt und dann formell vom Präsidenten des Nationalrates der Nationalen Front dem Vorsitzenden der Wahlkommission der DDR als Wahlvorschlag der Nationalen Front übergeben. In gleicher Weise wurde auf den verschiedenen Ebenen bei Bezirks- und Kreistagswahlen verfahren.

Schließlich führten die Stadt-, Kreis- und Bezirksausschüsse der Nationalen Front Tagungen durch, auf denen formell die Liste der Kandidaten der Nationalen Front bestätigt wurde. Allerdings kam es dort nur in seltenen Fällen noch zu Veränderungen – sowohl bei Personen als auch in der Reihenfolge der Kandidaten auf der Liste.

Die im Wahlgesetz vorgesehene Auswahl, Aufstellung und Prüfung der Kandidaten durch die Wähler unmittelbar an der Basis, in Betrieben und Wohngebieten hätte bei strikter Anwendung durchaus ihre Vorzüge unter Beweis stellen können. Aber gerade diese demokratische Prozedur glitt mehr und mehr ins Formale ab und verlor an öffentlichem Interesse.

Im Alltagsleben der Bevölkerung jedoch spielte die Nationale Front eine gewisse Rolle. In den über 20.000 Ausschüssen der Nationalen Front wirkten mehr als 400.000 Bürgerinnen und Bürger mit, davon gehörten 40 Prozent der SED und 20 Prozent den anderen Parteien an, 40 Prozent waren parteilos; wobei es mit zunehmendem Widerspruch zwischen Erfolgspropaganda und realem Leben immer schwieriger wurde, die genannten »Anteile«, insbesondere von Mitgliedern der anderen Parteien und von Parteilosen, zu erreichen oder zu halten. Das Interesse an der Mitarbeit im öffentlichen Leben nahm zusehends ab, auch bei Mitgliedern der SED.

Von den Vorsitzenden der 15 Bezirksausschüsse der Nationalen Front gehörten neun nicht der SED an, oder sie waren parteilos. Insgesamt wurde in nur etwa 20 Prozent der Ausschüsse der Nationalen Front die Funktion des Vorsitzenden von Mitgliedern anderer Parteien ausgeübt. Von 245 stellvertretenden Kreissekretären waren 135 Mitglieder der anderen Blockparteien. Die Kreis- und Bezirkssekretäre, also die leitenden hauptamtlichen Funktionäre, waren allerdings bezeichnenderweise alle Mitglied der SED.

Als in den achtziger Jahren die Schwierigkeiten bei der Instandsetzung der Gebäude, bei der materiellen Sicherung der Alltagskultur, des Bildungswesens und weiterer Bereiche zunahmen, gelang es durch die aktive Arbeit von Ausschüssen der Nationalen Front, so manche Lösung zu finden. Der Aufruf der Nationalen Front zur freiwilligen, unentgeltlichen Mitarbeit der Bürger richtete sich vor allem auf Werterhaltung und Reparaturen an Wohngebäuden, Schulen, Kitas, Jugendklubs, Sportanlagen und Altersheimen sowie anderer kommunaler Einrichtungen, auf die Anlage und Pflege von Grünflächen, Parks, Kinderspielplätzen und vieler anderer örtlicher Objekte.

Das Ausmaß der Mitarbeit Hunderttausender veranlaßte Günter Mittag zu der Forderung im Politbüro, man müsse diese Initiative einschränken, da sie die Planwirtschaft, insbesondere die staatlichen Bilanzen, gefährde. Ohne diese vielfältigen Einsätze wäre aber vieles, was in den Gemeinden zu einem normalen oder angenehmeren Leben beitrug, niemals geschaffen und erhalten worden, denn von seiten des Staates gab es dafür häufig keine Kapazitäten. Trotzdem verfiel insbesondere die Altbausubstanz in den Städten schneller, als dies selbst durch massenhafte Selbsthilfe – in Verbindung mit staatlichen Maßnahmen – hätte aufgehalten werden können. Das führte zu einem spürbaren Nachlassen der Bereitschaft zur Mitarbeit.

Abgeschafft, wie so manches Erhaltenswerte, wurde nach dem Anschluß der DDR das landesweit gut funktionierende System der Erfassung und des Aufkaufs wiederverwertbarer Rohstoffe. SERO funktionierte unter anderem durch das Mitwirken der Bevölkerung; auch daran haben die örtlichen Ausschüsse der Nationalen Front und die Hausgemeinschaften maßgeblichen Anteil. Sachverständige und einsichtige Verantwortliche sind sich heute längst darüber im klaren, daß es besser gewesen wäre, dieses System in der gesamten Bundesrepublik zu übernehmen.

Als bleibenden Wert in der Geschichte der DDR kann man zweifellos auch das Zusammenleben in sogenannten Hausgemeinschaften bezeichnen. Was hier an Zusammengehörigkeitsgefühl entstand, an Solidarität, Nachbarschaftshilfe, Unterstützung für ältere und behinderte Menschen sowie für Alleinerziehende getan wurde, war praktizierte Humanität und Nächstenliebe. Zu den positiven Seiten des vielfältigen Gemeinschaftslebens in den Wohngebieten gehörte auch Geselligkeit, kulturelle Selbstbetätigung, handwerkliche und sportliche Freizeitbeschäftigung. Das alles war keineswegs, wie heute mitunter abschätzig behauptet wird, Reflex auf Mangel und Notstand oder Flucht in die gesellschaftliche Nische. Es hatte etwas mit einem ausgeprägten Gefühl von Verantwortung zu tun – Verantwortung für den Nächsten wie auch für gesellschaftliche Belange. Dieses Gefühl erwuchs natürlich auch aus der Politisierung der Gesellschaft, vor allem jedoch gründete es sich auf soziale Gleichheit. In der DDR lebten natürlich Wohlhabende und nicht ganz so Vermögende, aber es gab keine Stinkreichen und keine entsetzlich Armen. Ein soziales Gefälle, wie wir es jetzt erleben, war in der DDR unbekannt.

Die Ausschüsse der Nationalen Front und die Hausgemeinschaften wirkten allerdings auch als »Ordnungshüter«, und das hatte undemokratische Züge. Der gemeinsame Gang zur Wahl oder zu organisierten Veranstaltungen wurde von vielen Menschen als etwas empfunden, von dem sie sich nicht ausschließen wollten oder konnten, weil sie überzeugt waren, richtig zu handeln, andere aus Gewohnheit, aber nicht wenige, um nicht aufzufallen. Auch damit rechnete die SED mehr und mehr.

Weisungsbefugt gegenüber den anderen Parteien und dem Nationalrat der Nationalen Front waren Erich Honekker und der zuständige Sekretär des Zentralkomitees, nicht jedoch die Abteilung befreundete Parteien des ZK der SED. Diese hielt ständigen Kontakt zur CDU, LDPD, NDPD und DBD, zum Nationalrat der Nationalen Front und seinem Sekretariat. Inhalt dieser Tätigkeit war die Übermittlung und Erläuterung von Beschlüssen und Informationen der SED-Führung und Vorschläge, wie deren Umsetzung und Auswertung in den anderen Parteien und in der Nationalen Front zu erfolgen hatte.

Vertreter der Parteien äußerten in zunehmendem Maße auch kritische Meinungen zu Beschlüssen und Entscheidungen der SED sowie zu negativen gesellschaftlichen Erscheinungen im Lande und zu unangemessenen staatlichen Reaktionen darauf. Diese kritischen Stimmen wurden jedoch in der SED-Führung nicht zur Kenntnis genommen, oder sie gelangten gar nicht erst bis dorthin.

Werner Kirchhoff, Jahrgang 1926,
war Vizepräsident des Nationalrates der Nationalen Front der DDR
und Kandidat des ZK der SED von 1967 bis 1989

Wilfried Poßner

Die Jugend wendet sich ab
Wie die SED ihre Kampfreserve verlor

Am 6. Oktober 1989 war die Straße »Unter den Linden« im Herzen Berlins, der Hauptstadt der DDR, in den frühen Abendstunden festlich beleuchtet. Im Schein Tausender Fackeln demonstrierte die FDJ in der Tradition des historischen Fackelzuges, mit dem sie vor 40 Jahren die Gründung der Deutschen Demokratischen Republik feierte. Der damalige Vorsitzende der FDJ, Erich Honecker, stand jetzt als Generalsekretär des ZK der SED auf der Tribüne. Er ahnte sicherlich nicht, daß er wenige Tage später gezwungen sein würde zurückzutreten. Neben ihm: Michail Gorbatschow, der Initiator der Perestroika, und dessen Frau Raissa. Sie wiederum wurde auf angebliches Geheiß Honeckers – wie die Berliner »Morgenpost« im Juni 1991 zu berichten wußte – »flankiert« von Wilfried Poßner, dem Chef der Pionierorganisation. Die Zeitung bescheinigte uns, chic gewirkt zu haben, aber stumm geblieben zu sein, weil Poßner vor allem zwei Vokabeln fehlten – Perestroika und Glasnost.

Nein, die Wirklichkeit war anders. Mehrere Monate zuvor hatte ich in einem internen Diskussionsmaterial zur Vorbereitung auf das XII. Parlament der FDJ geschrieben, daß dies 1990 mit großer Sicherheit stattfinden werde im Lichte von Perestroika und Glasnost, verwirklicht unter den konkreten Bedingungen der DDR. Egon Krenz, Mitglied des Politbüros und Sekretär des ZK der SED und damit unter anderem verantwortlich für die Konzipierung und Verwirklichung der Jugendpolitik der SED, der dieses Material las, bescheinigte mir »Mut«, empfahl aber Vorsicht im Umgang mit derartigen Überlegungen in der Öffentlichkeit.

Dennoch: Die politische Entwicklung der letzten Wochen vor dem 40. Jahrestag der DDR schien mir recht zu geben. Es war unruhig geworden im Land. Die Opposition hatte längst die schützenden Kirchen verlassen und drängte auf die Straßen. In den Reihen der SED selbst mehrten sich angesichts vieler ungelöster Probleme der inneren Entwicklung der DDR kritische Stimmen. Der Ruf nach Reformen in Politik und Wirtschaft war unüberhörbar. Vor allem wurde eine reale Einschätzung der Lage eingeklagt. Das galt auch und besonders für die Situation unter der Jugend, war doch die Mehrheit derer, die in diesen Tagen über die BRD-Botschaften in Prag, Warschau und Budapest die DDR verließen, junge Leute. Es offenbarten sich aber auch gegenläufige Tendenzen, bewirkt vor allem durch die Starrköpfigkeit an der Spitze der Partei. Sie konnte und wollte nicht mehr zur Kenntnis nehmen, daß jeder weitere Tag des Schweigens die Chance – wenn sie überhaupt noch existierte – vergab, ihr völliges Zerbrechen zu verhindern.

Am Morgen jenes denkwürdigen 6. Oktober 1989 ließ ich Egon Krenz einen persönlichen Brief zukommen. In ihm schrieb ich unter anderem: »Meine tiefe Überzeugung ist, daß sich unsere Partei in einer außerordentlich komplizierten Situation befindet [...] Führungslos, ohne klares Konzept fällt die Partei auseinander [...] Warum – so frage ich mich – lassen wir zu, daß wichtige Felder der Diskussion (unserer Diskussion) von anderen besetzt werden? [...] Kann es richtig sein, daß man sich in einer solch schwierigen Situation als Mitglied des ZK vom Überlegen, wie es weitergehen soll, völlig ausgegrenzt sieht? [...] Mit jeder Rede im Stile der letzten Tage vertun wir die Chance letzten Vertrauens. Und so wird es auch für mich immer schwerer, reinen Gewissens diese Politik (eine Politik des Verdrängens, der hoffentlich unbewußten Mißachtung der wirklichen Erwartungshaltung im Volk) zu vertreten [...] Unser heutiger Fakkelzug wird sicher erfolgreich sein. Nur darf er nicht dazu führen, bestimmte Probleme noch weiter zu verdrängen [...] Auch die FDJler, die heute ihr ›Hoch‹ auf die Partei ausbringen, tun dies in der Regel mit der Hoffnung, daß diese Partei ihre Fragen und Probleme versteht und darauf reagiert.«

Am Abend des Fackelzuges ließ das Verhalten von Honecker und Gorbatschow nichts von der dramatischen Aussprache des Generalsekretärs des ZK der KPdSU mit dem Politbüro am Vormittag ahnen, in der er gewarnt hatte: Wer zu spät kommt, den bestraft das Leben! Gorbatschow galten vor allem die Sympathiebekundungen der vorbeiziehenden Jugendlichen. Gorbi-Rufe und gelegentliche Hochrufe auf die DDR, kaum einer – so wie bisher gewohnt – auf Erich Honecker. Aus dem Politbüro hörte man später, die FDJ habe versagt, Hochrufe könnte man schließlich »steuern«, und die hätten zuallererst Honecker zugestanden. Honekker selbst unterstellte in seinen »Moabiter Notizen«, die Führung der FDJ habe »den Fackelzug zum 40. Jahrestag in eine ›Gorbi-Gorbi-Jubelfeier‹ umfunktioniert«. Ein fataler Beleg dafür, daß er keine realistische Einschätzung der tatsächlichen Stimmung im Lande, speziell auch unter den Jugendlichen, besaß.

Wenige Tage zuvor hatten Eberhard Aurich, 1. Sekretär des Zentralrats der FDJ, Gerd Schulz, Leiter der Abteilung Jugend im ZK der SED, und ich Egon Krenz ein umfangreiches Analysematerial zur Situation unter den Kindern und Jugendlichen übergeben. In ihm wurde unter anderem darauf verwiesen, daß der Vertrauensverlust der Jugend außerordentlich zugenommen hatte und ob der Sprachlosigkeit der Führung – vor allem zur Massenflucht aus der DDR – weiter zunahm.

Wir ersuchten Egon Krenz, das Material dem Politbüro vorzulegen. Er zögerte und gab es schließlich zurück – angeblich schien es ihm noch ungenügend ausgereift. Zwei Tage später, am 8. Oktober 1989, reichten wir das Material direkt im Sekretariat Erich Honeckers ein. Wir waren vor allem deshalb in Sorge, weil es in den Medien erste Anzeichen dafür gab, den erfolgreichen Verlauf des Fackelzuges am 6. Oktober zu benutzen, um ein Bild der Harmonie von Jugend, SED und deren Führung zu zeichnen. Damit sollte ein Kontrapunkt zu den Bildern der Medien der BRD gesetzt werden, in deren Mittelpunkt die oppositionellen Demonstrationen vom 7. Oktober und die damit verbundenen Zusammenstöße mit der Polizei standen. Auch dort waren die Akteure in der Mehrheit Jugendliche. Eine Situation, in der wir uns endgültig gefordert sahen, ein klares Wort zu den Ergebnissen, Erfahrungen und Problemen der Jugendpolitik der SED zu sprechen.

In der dem Generalsekretär übergebenen knapp 50 Seiten umfassenden Studie hieß es unter anderem:

»Alle der Parteiführung in den vergangenen Jahren vorgelegten Analysen wiesen darauf hin, daß die Jugendpolitik der SED von der Partei, der FDJ, dem sozialistischen Staat, der gesamten Gesellschaft mit mehr Konsequenz und schöpferischer durchgesetzt werden muß, wozu es mehr Engagement aller Beteiligten, [...] vor allem jedoch der [...] Mitarbeit der Jugend selbst bedarf.

Die ideologische Arbeit unter der Jugend verlangt dabei, stets von einer realen Lageeinschätzung auszugehen, an die Fragen, Probleme und die Gefühlswelt der Jugendlichen anzuknüpfen.

Die Erfahrungen zeigen, daß junge DDR-Bürger an der DDR besonders wertvoll finden: soziale Sicherheit und Sicherheit am Arbeitsplatz; gleiche Bildungschancen für alle; Beseitigung der Wurzeln von Krieg und Faschismus und die Friedenspolitik; Nutzung von Wissenschaft und Technik im Interesse der Menschen.

Im Vergleich dazu meinen viele, daß die BRD einen höheren Lebensstandard hat, mehr für den Umweltschutz tue, dem einzelnen mehr persönliche Freiheiten eingeräumt werden (z.B. Reisen, Gestaltung des persönlichen Lebens). Den Jugendlichen wird der Sozialismus vor allem als etwas Positives, Bewährtes, Erfolgreiches dargestellt, das andere für sie geschaffen haben. Einerseits widerspricht dies ihren Alltagserfahrungen mit Unvollkommenheiten und Widersprüchen, die sie als wesentlich verspüren. Andererseits wollen sie gern – bei Achtung des Geschaffenen – etwas Eigenes, etwas Neues schaffen und gegebene Zustände verändern. Sie haben oft das Gefühl, daß solches Streben als störend oder falsch empfunden wird, was schnell zu resignativen oder sich anpassenden Tendenzen führt.

Jugendliche verstehen nicht unsere Erfolgspropaganda in der Wirtschaft. Sie erleben es praktisch anders und ahnen angesichts vieler Plankorrekturen und nichterfüllter Exportpläne, daß unsere wahren Probleme größer sind, als wir öffentlich darstellen.

Viele Jugendliche wissen zu wenig über die konfliktreiche Geschichte der DDR. Sie wird ihnen in der Schule, in Geschichtsbüchern und von Älteren auch meist so erklärt, als ob es nur Siege gegeben habe. Das Interesse am Zirkel ›Fragen zur Geschichte der DDR‹ und an solchen Ereignissen wie 17. Juni 1953, 13. August 1961, Jahr 1956 entspricht einem Suchen nach realistischer, konfliktreicher Darstellung der Geschichte.

Durch die Normalisierung der Beziehungen zur BRD und das gewachsene Geflecht von Beziehungen (besonders Verwandtenbesuche) haben sich Gedanken über eine mögliche ›Wiedervereinigung‹ stärker verbreitet.

Obwohl nahezu alle Jugendlichen den Neonazismus in der BRD konsequent ablehnen, gibt es einzelne, die mit Gedankengut der ›Republikaner‹ sympathisieren. Viele fragen danach, wie es kommt, daß in der antifaschistischen DDR faschistoide Tendenzen aufkommen konnten. Da dieses Problem kaum öffentlich erörtert wird, bilden sich ›Antifa-Gruppen‹, mit denen die FDJ nicht im Gespräch ist.

Die Grundthese des VIII. Parteitages über den Sinn des Sozialismus, alles für das Wohl des Volkes zu tun, wird für viele Jugendliche durch ständige Wiederholung zur Phrase. Hinzu kommt, daß ihnen das Wohl des Volkes kaum definiert wird. Jugendliche verstehen nicht, warum man für das, was man selbst leistet, sich bei Partei und Staat bedanken soll, zumal viele meinen, es könnte viel mehr geleistet werden. Der personengebundene Dank an den Generalsekretär der Partei für die Politik wird abgelehnt. Reden führender Politiker (z.B. ZK-Tagungen) und Veröffentlichungen in den Massenmedien erscheinen Jugendlichen oft so, daß sie viele ihrer Probleme in Inhalt und Sprache nicht wiederfinden. Es gibt einhelliges Unverständnis darüber, daß jede notwendige Kritik in den Zeitungen und besonders Fernsehen, aber eben auch bei den politischen Versammlungen (einschließlich Parteiversammlungen) ausgespart ist.

Als eine entscheidende Ursache für den ungenügenden Dialog der Parteiführung mit der Bevölkerung sehen Jugendliche die Tatsache, daß Mitglieder der Parteiführung, aber auch leitende Genossen in den Bezirken zu alt und nicht dynamisch genug sind. Die Diskussion um Privilegien von Funktionären ist anhaltend und wird auch durch bestimmtes Verhalten einzelner genährt (Debatten um ›Sonderläden‹, Häuser, PKW, Protektion bei Berufswahl, Wohnungen für eigene Kinder, nicht um Gehälter!). Viele regt auf, daß Besuche von Funktionären so vorbereitet werden, daß ein geschöntes Bild der Realität vermittelt wird (Protokollrundgänge, Spalier, Straßen werden repariert, Begleitung durch eine Vielzahl weiterer Funktionäre).

Jugendlichen erscheinen viele Entscheidungen der Gesellschaft und ihrer Führung undurchschaubar. Für sie ist immer ›oben‹ etwas entschieden oder beschlossen. Sie fühlen sich bei fast keiner Angelegenheit gefragt. Unter jungen Abgeordneten gibt es aufgrund der erlebten Praxis viel Unsicherheit und teilweise Resignation hinsichtlich ihrer tatsächlichen Verantwortung und der realen Möglichkeiten als Interessenvertreter.

Die FDJ muß weitere Anstrengungen unternehmen, um ihren Masseneinfluß zu vergrößern. An Mitgliederversammlungen, am FDJ-Studienjahr und an anderen FDJ-Veranstaltungen nimmt nur ein Teil der Jugend interessiert teil, weil sie bewegende Fragen zu wenig zur Sprache kommen.«

Wir waren uns bewußt, damit nur erste Ansätze für ein notwendiges tiefgründiges Nachdenken über Inhalt, Struktur und Organisation künftiger Jugendpolitik geliefert zu haben. Und wir waren noch zu befangen, um schon in diesen Tagen das als unumgänglich zu benennen, was wenige Wochen später begann – die Abkopplung der FDJ und Pionierorganisation von der unmittelbaren Führung durch die SED und Rückbesinnung auf ihre Rolle als überparteiliche, demokratische Massenorganisation, offen für alle Kinder und Jugendlichen und deren Ideen und Engagement.

Indes – die oben zitierten Aussagen gingen offensichtlich zu weit. In einer Sitzung des Politbüros des ZK der SED charakterisierte Honecker diese Analyse als Verrat der FDJ-Führung an der Partei. Es muß ihn schmerzlich getroffen haben, daß ausgerechnet »seine FDJ« ihn in dieser Situation im Stich ließ – wie er es für sich interpretierte. Noch in seinem letzten schriftlichen Zeugnis, den bereits zitierten »Moabiter Notizen«, verurteilte er das Papier, »in dem als Kernpunkt gefordert wurde, im Interesse der ›Erneuerung der DDR‹ die älteren Funktionsträger von der Zentrale bis hin zu den Kreisen abzulösen und sie durch Kader aus der FDJ zu ersetzen«. Andere Mitglieder des Politbüros, darunter Kurt Hager und Gerhard Schürer, meinten, man müsse diese Information ernst nehmen. Das alles scheint heute kaum nachvollziehbar, stand doch in dem Papier nicht mehr als das, was landauf landab gedacht und zunehmend auch kritisch artikuliert wurde. In dieser unverfälschten Form aber war offensichtlich seit langem kein Dokument mehr auf den Tisch der Parteiführung gelangt.

Honecker trat zurück, die Probleme blieben, sie verschärften sich. FDJ und Pionierorganisation wurden in den Sog des Absturzes hineingerissen. Ein Aufbäumen und die bis zur Selbstkasteiung reichende Abrechnung mit Vergangenem, das Auswechseln alter durch neue Gesichter – nichts half, das Ende der Jugendpolitik der SED und der von ihr geförderten Kinder- und Jugendorganisation war vorprogrammiert.

Die FDJ und die Pionierorganisation brachen zusammen. Die Mitglieder liefen weg, und viele der mehr als 5.000 hauptamtlich tätigen Pionierleiter verloren ihre Arbeit. Sie waren die ersten, die man aus den Schulen wies, darunter nicht wenige erfahrene, kompetente Pädagogen, die man später vor allem in den Kreisen der Eltern schmerzlich vermißte. Mit ihrem erzwungenen Weggang brach in der Regel auch ein großer Teil der außerunterrichtlichen Betreuung der Schüler zusammen. Bis auf wenige Ausnahmen, wo der persönliche Einsatz des einzelnen Lehrers, Übungs- oder Ensembleleiters dies verhinderte, begann das »Massensterben« der Arbeitsgemeinschaften, Schulklubs, der Singegruppen, Chöre und Orchester, der Kultur- und Sportgruppen, der Pionierhäuser, der Stationen Junger Naturforscher und Techniker, der Pionier- und Betriebsferienlager.

Die Jugendpolitik der SED war darauf gerichtet, die heranwachsenden Generationen mit dem Sozialismus zu verbinden, ihnen die DDR als ihr Vaterland nahezubringen und sie zu motivieren, sich für deren umfassende Stärkung und deren Schutz aktiv einzusetzen. Sozialistischer Patriotismus und proletarischer Internationalismus, Friedensliebe und antiimperialistische Solidarität – das waren ideologische Grundwerte der Jugendpolitik der SED.

Diese Politik hatte von Beginn an neben der ideologischen auch eine materielle Komponente. Dazu gehörten die Sorge um Gesundheit und Wohlbefinden der vom Krieg gezeichneten Kinder und Jugendlichen nach der Zerschlagung des Faschismus ebenso wie zahlreiche sozialpolitische Maßnahmen in den siebziger und achtziger Jahren, die vor allem jungen Eheleuten und Berufsanfängern zugute kamen. Zu nennen wären in diesem Zusammenhang die niedrigen Mieten (je nach Standard 0,80 bis 1,25 Mark pro Quadratmeter Wohnfläche), das ausgebaute Netz an Kinderkrippen und Kindergärten (finanzieller Aufwand pro Platz und Kind je Tag in der Kinderkrippe bis zu 1,40 Mark, im Kindergarten von 0,35 Mark), die Sicherheit des Arbeitsplatzes für Mütter (Kündigungsschutz bis zu drei Jahren), das Babyjahr als bezahlte Freistellung, die Gewährung von zinslosen Krediten in Höhe von 7.000 Mark an junge Eheleute und die Reduzierung der zu tilgenden Kreditsumme bei der Geburt von Kindern (bis Ende 1988 wurden dafür 9,3 Milliarden Mark in Anspruch genommen, 2,2 Milliarden an Rückzahlungen erlassen), die Betreuung der Kinder in Schulhorten, die von mehr als 80 Prozent der betreffenden Schüler genutzt wurde, 86 Prozent nahmen ein preiswertes warmes Mittagessen in der Schule ein (0,55 Mark je Essen für die Eltern).

Alles in allem subventionierte der Staat rund 85 Prozent der Kosten, die für Geburt, Entwicklung, Bildung und Erziehung eines Kindes notwendig waren; der bundesdeutsche Staat bringt dafür gegenwärtig nur ca. 30 Prozent auf. Daß man dabei in der DDR zum Teil erheblich über das ökonomisch Vertretbare hinausging, ahnte man wohl gelegentlich, öffentlich in Zweifel gestellt wurde es kaum. Ende der achtziger Jahre verfügten die Kinder und Jugendlichen der DDR über ein – wenn auch bei weitem nicht ausreichendes – international geachtetes Angebot an Möglichkeiten zur Bildung und zur Entwicklung geistig-kultureller und sportlicher Fähigkeiten. Umstritten sind zweifellos die parteipolitischen Motive, die dieser Entwicklung zugrunde lagen. Unstrittig dagegen ist wohl die Tatsache, daß die Gesellschaft in der Pflicht stand, umfassende Voraussetzungen für eine geistig und körperlich gesunde Entwicklung der Kinder und Jugendlichen unabhängig vom Einkommen ihrer Eltern zu schaffen.

Um so tragischer ist der Umstand, daß vor allem durch Mangel an Demokratie, an wirklicher Mitverantwortung und -gestaltung der Wert des für die Kinder und Jugendlichen Geleisteten geschmälert wurde, und hierin liegt letztlich eine wichtige Ursache für das Scheitern des sozialistischen Versuchs »DDR«.

Bereits auf ihrer ersten Funktionärskonferenz – das war im November 1950 – hatte man sich zur Führung des Jugendverbandes durch die SED bekannt. Hier liegt die Wurzel für das spätere Selbstverständnis der FDJ, Helfer und Kampfreserve der Partei zu sein. Eine Losung, die wegen ihrer Unvereinbarkeit mit dem postulierten Anspruch, allen Mädchen und Jungen politische Heimat sein zu wollen, in den achtziger Jahren immer stärker kritisiert wurde. Es blieb nicht nur beim geistigen Führungsanspruch durch die SED. Sie, ihr Zentralkomitee, ihr Politbüro und ihr Sekretariat, nicht selten auch der Generalsekretär Honecker – und wenn es um Fragen der Entwicklung der Schuljugend ging, auch und besonders Margot Honecker – befanden im einzelnen darüber, was der Jugendverband zu tun oder zu lassen hatte. Ob die Einberufung des Parlaments, die Wahl der leitenden Funktionäre, das Auslösen einer Solidaritätsaktion, die Aufmachung der Tageszeitung »Junge Welt«, eine modifizierte Kleidung für die Pioniere, ob Festival des politischen Liedes, Rockkonzert oder die Einführung des Jugendfernsehens »Elf 99« – entschieden wurde im Haus des Zentralkomitees und dort in der zweiten Etage. Jugendabteilung des ZK und Führung des Jugendverbandes mutierten letztlich zum ausführenden Organ. Wohl waren Kreativität und Ideenreichtum gefragt, aber nur im streng vorgegebenen Rahmen. Das zwang zu Kompromissen und zum Taktieren und bewirkte, daß es lange Zeit brauchte, bevor man etwas Neues in Bewegung setzen konnte.

Wohlverhalten war gefragt – das des einzelnen ZK-Mitglieds ebenso wie das der Jugend überhaupt. Wich irgendeine Entwicklung von dem ab, was man unter »Wohlverhalten« verstand, wurde zunächst mit den Mitteln der Ideologie dagegengehalten, versagten diese, passierte das durch Administration. So zum Beispiel, als Anfang der achtziger Jahre vor allem aus den Reihen der kirchlichen Jugend- und Friedensarbeit die Aktion »Schwerter zu Pflugscharen« initiiert wurde; eine Aktion, deren Konzept und Symbolik große Resonanz unter den Jugendlichen fand.

Ihr Symbol – der hammerschwingende Schmied, unter dessen Schlägen sich das Schwert in Pflugscharen formt – war ein Geschenk der Sowjetunion an die UNO und stand als Denkmal in den Parkanlagen des Hauptquartiers der Vereinten Nationen. Es erschien als Poster und als Sticker auf Jackenärmeln, Büchern und Taschen. Seine Träger bekundeten damit, gegen Krieg, gegen Hochrüstung und

Menschheitsvernichtung zu sein. Ihr Protest richtete sich gegen die geplante Stationierung von Pershing II und Cruise Missiles durch die NATO ebenso wie gegen die »SS 20« der Sowjetunion. Das aber reichte, Initiatoren wie Anhänger zu verdächtigen, dem Staat DDR und dem Warschauer Pakt mangelnde Friedensfähigkeit zu bescheinigen und sich von den durch SED, FDJ und Pionierorganisation und anderen Organisationen initiierten Aktivitäten und Initiativen in der Friedensbewegung abgrenzen zu wollen (was partiell auch zutraf).

Wir sahen in ihnen nicht Verbündete gegen Rüstungswahn, sondern witterten in ihnen die Opposition oder durch diese »mißbrauchte« junge Leute. Und während sich die Außenpolitik der DDR für einen weltweiten Dialog gegen Rüstung engagierte, unterließen wir diesen im Land selbst. Unfähig zu einer Lösung des Problems durch ein Aufeinanderzugehen, um ein Miteinander zu erreichen, trat an die Stelle von Argumentation die Administration. Vielerorts wurden Schüler und Lehrlinge genötigt, Symbole »Schwerter zu Pflugscharen« zu entfernen und sich von entsprechenden Aktivitäten der Kirche fernzuhalten. Die Kirche protestierte. Sie tat es vergeblich.

Es war die letzte Chance vertan worden, einen Konsens zu finden zwischen kirchlicher Jugendarbeit und SED-orientierter Jugendpolitik. Viele, die sich in ihrem Engagement gegen Krieg und Hochrüstung durch die FDJ und die Pionierorganisation nicht vereinnahmen lassen wollten bzw. sich der Bevormundung von Lehrern und Funktionären ausgesetzt sahen, zogen sich fortan erstmals oder eben noch stärker zurück in den Schutz der evangelischen Kirche.

Ich sah durchaus einen Platz für junge Christen in der Pionierorganisation bzw. in der FDJ und in deren Leitungen. Ich sah aber auch den persönlichen Konflikt, den nicht wenige von ihnen mit dem Statut der Pionierorganisation und der FDJ hatten. An einer Neufassung wurde im Zentralrat der FDJ gearbeitet, das galt im übrigen auch für das Gelöbnis zur Jugendweihe.

Dennoch: Bei allen subjektiv ehrlich gemeinten Sätzen im Umgang mit jungen Christen, überhaupt mit weltanschaulich und politisch anders denkenden Kindern und Jugendlichen tat sich die Jugendpolitik der SED bis zuletzt schwer.

Zum einen war da immer die Gefahr, sich mit dem Engagement einzelner speziell für die und in der Kinder- und Jugendorganisation zu schmücken. Möglich auch, dieses Engagement zu mißbrauchen als Ausweis einer scheinbar wirklich demokratisch aufgebauten Massenorganisation – offen für alle Kinder und Jugendlichen.

Zum anderen gab es bei einem Teil der Funktionäre, der Parteisekretäre und Schuldirektoren starke Unsicherheiten, auf solche Kinder und Jugendlichen zuzugehen, deren Auffassung zu tolerieren und sie bei Achtung ihres Denkens und Tuns zu integrieren, ohne sie vereinnahmen zu wollen.

Die Schwelle, an der persönlicher Opportunismus einsetzte, war relativ niedrig. Viele Fragen zur Entwicklung des Jugendverbandes und der Pionierorganisation (z.B. zum Statut, zu Inhalt und Organisation des nicht mehr zeitgemäßen FDJ-Studienjahres, zur Selbstbefriedigung »ökonomischer Initiativen«, zur Symbolik) hätten couragierter gestellt werden müssen: Daß es nicht geschah, ist weniger dem Festhaltenwollen an irgendwelchen Privilegien geschuldet, als vielmehr dem Umstand, daß man an seiner Arbeit hing (nicht an der Funktion!) und sich der Illusion hingab, Veränderungen Schritt für Schritt bewirken zu können. Die uneingeschränkte Autorität der Parteiführung in Sachen Jugendpolitik wurde als gegeben hingenommen, kritisch hinterfragt wurde sie nur im kleinsten Kreis von Vertrauten. Andererseits stärkte die per Beschluß des Politbüros oder Unterschrift Honeckers verordnete Rückendeckung für Initiativen und Aktivitäten des Jugendverbandes auch die Autorität der FDJ und der Pionierorganisation und ihrer Führung, mitunter sehr zum Leidwesen mancher Ministerien und Institutionen – zum Beispiel wenn es um zusätzliche Mittel für Kinder- und Jugendeinrichtungen, für die Entwicklung des Tourismus, der Jugendklubs und der Jugendmode ging.

Nicht übersehen werden darf auch, daß die Organisation durch die SED benutzt wurde, in der Öffentlichkeit ein Bild der Harmonie und der Zukunftsgewißheit für die sozialistische Idee zu zeichnen und die Kinder frühzeitig geistig an die Allmacht der Partei und die »Vaterrolle« ihres Generalsekretärs zu binden. Diesbezüglich trägt jeder, der die Jugendpolitik der SED in einer Funktion vertrat, Verantwortung und auch eine gewisse Schuld – und wenn es nur dafür wäre, das schon längst als falsch Empfundene nicht deutlich genug als Irrweg benannt zu haben.

Jahre nach den stürmischen Herbsttagen 1989 sieht sich das letzt lich überlegene Gesellschaftssystem der BRD mit der Tatsache konfrontiert, daß ihm speziell die junge Generation die Gefolgschaft verweigert. Von wachsender Aggressivität und Gewaltbereitschaft, schon in den unteren Klassen der Schulen, von einer Zunahme rechtsradikaler Tendenzen – dokumentiert durch brennende Asylbewerberheime und neue Aufmärsche –, von rasant steigender Jugendkriminalität, Kinderprostitution und Rauschgiftdelikten, vom Werteverfall und von Orientierungskrisen geht die Rede. Vielleicht ist das so durch die Medien gezeichnete Bild von der Jugend eine Nuance zu düster. Nachdenklich stimmen muß es auf jeden Fall.

Die 1991 von Imbke Behnken und anderen publizierte »Schülerstudie 90 – Jugendliche im Prozeß der Vereinigung« läßt erahnen, welch komplizierte Prozesse von Jugendlichen der ehemaligen DDR zu verarbeiten sind. In Schüleraufsätzen dokumentierten Pro und Contra zu Gesamtdeutschland hieß es unter anderem:

»Ich hoffe, daß wir so viel wie möglich aus der DDR in die Vereinigung mitnehmen [...] Warum soll ich gerade auf die ›soziale und ökologische Marktwirtschaft‹ warten? Ich würde lieber doppelt so viele Strapazen auf mich nehmen, wenn es helfen würde, eine humane, solidarische und ge-

rechte Gesellschaftsordnung durchzusetzen.« (Sechzehn-
jähriger Schüler, Merseburg).

Ein Einzelbeispiel – gewiß. Vielleicht dennoch Mahnung
genug, abzukommen von pauschalisierenden Urteilen über
das, was die DDR war und Anregung, Jugendpolitik der
SED aufzuarbeiten – kritisch, aber differenziert.

Wilfried Poßner, Jahrgang 1949,
war Vorsitzender der Pionierorganisation »Ernst Thälmann« und
Mitglied des ZK der SED von 1986 bis 1989

Christian Münter

Das Gesundheitswesen der DDR
Ein großes Konzept, das jedoch nicht aufging

Kurz nach der Wende kursierten in den Medien schauerliche Gerüchte über das Gesundheitswesen der DDR. Alle sind von unabhängigen Expertenkommissionen im Auftrag des Bundesministeriums für Gesundheit untersucht worden und haben sich als unwahr erwiesen. Eine sachliche Aufarbeitung der Gesundheitspolitik der SED steht also noch aus. Sie würde ergeben, daß die über 500.000 Mitarbeiter des Gesundheitswesens – darunter 62.000 Ärzte und Zahnärzte – widrige materiell-technische Bedingungen oft durch aufopferungsvollen persönlichen Einsatz kompensiert und ihre Arbeit in guter medizinisch-fachlicher Qualität geleistet haben. Sie würde ergeben, daß das Konzept dieser Gesundheitspolitik eine Reihe positiver Elemente enthalten hat, obwohl seine Wirksamkeit durch die mangelhafte Wirtschaftskraft der DDR zunehmend begrenzt worden ist.

Dem Gesundheitswesen war von der SED die Aufgabe gestellt worden, auf der Grundlage einer einheitlichen Sozialversicherung unentgeltliche medizinische Betreuung für jeden Bürger auf hohem Niveau zu gewährleisten. Von Anfang an wurde der vorbeugende Gesundheitsschutz für Mutter und Kind sowie für die Werktätigen in den Betrieben zum besonders wichtigen Anliegen erklärt und entsprechend ausgebaut. Im Mittelpunkt stand stets die Forderung nach uneingeschränkter medizinischer Behandlung für alle Bürger, unabhängig von Alter, Geschlecht, sozialem Status und finanzieller Lage. Diese Zielstellung ist sozialrechtlich erfüllt worden. In der Praxis gab es jedoch zeitweise Störungen in der ärztlichen Betreuung in großen Neubaugebieten und bei neueingeführten hochspezialisierten Betreuungsleistungen.

Es wurde ein dichtes Netz staatlicher ambulanter Gesundheitseinrichtungen geschaffen, bestehend aus ca. 600 Polikliniken mit vier und mehr medizinischen Fachgebieten, etwa 1.000 Ambulatorien mit bis zu drei Fachgebieten und ca. 1.600 staatlichen Arzt- sowie 900 Zahnarztpraxen. Zentren der ambulanten medizinischen Betreuung waren die Polikliniken mit ihren auch international bekannten Vorzügen für die Bürger (komplexes Angebot mehrerer medizinischer Fachgebiete), für die ärztliche Tätigkeit (Zusammenarbeit mehrerer medizinischer Fachgebiete, Erfahrungsaustausch im eigenen Gebiet und zwischen den Fachgebieten) und einer hohen Effizienz (unter anderem gemeinsame Nutzung der Medizintechnik, der Labore, Anmeldung und Verwaltung).

Außerdem gab es eine spezialisierte Dispensairebetreuung für chronisch Kranke, z.B. Diabetiker, Nierenkranke, Bluter, Lungenkranke, deren Behandlung Spezialkenntnisse und große Erfahrung voraussetzt.

Für den Gesundheitsschutz von Mutter und Kind gab es ein dichtes Netz von Einrichtungen, das eine fast hundertprozentige Betreuung sicherstellte: Schwangerenbetreuungsstellen (1988: 850), besetzt mit Ärzten, Hebammen und Fürsorgerinnen, wodurch sowohl medizinische als auch – bei Notwendigkeit – soziale Betreuung möglich war; Mütterberatungsstellen (1988: 9.500) für die medizinische und soziale Betreuung der Säuglinge und Kleinkinder bis zum vollendeten dritten Lebensjahr. In jedem Kreis bestanden Abteilungen für Kinder- und Jugendgesundheitsschutz zur medizinischen und sozialen Betreuung der Kinder und Jugendlichen vom vierten Lebensjahr bis zum Eintritt in die Berufsausbildung. Wurden überwachungsbedürftige Krankheitszustände festgestellt, ist eine spezielle Dispensairebetreuung durch entsprechende Fachärzte eingeleitet worden.

Im Betriebsgesundheitswesen waren ca. 3.000 haupt- und nebenamtliche Ärzte tätig. Sie betreuten 60 Prozent aller Werktätigen arbeitsmedizinisch. Für weitere 24 Prozent erfolgte diese Betreuung in kommunalen Gesundheitseinrichtungen.

Berufserkrankungen nahmen gegenüber 1976 um 46 Prozent ab (allerdings bei der SDAG Wismut nur um 26 Prozent). Im Betriebsgesundheitswesen tätiges medizinisches Personal wurde vom Gesundheitswesen eingestellt und vergütet, so daß es keinerlei finanzielle Abhängigkeit vom Betrieb gab.

Dank einer durchgängigen Überwachung des Gebißzustandes bei Kindern und Jugendlichen und absoluter Kostenfreiheit auch bei allen prothetischen Leistungen waren günstige objektive Voraussetzungen für einen guten Zustand der Zähne bei allen Bürgern gegeben. Eine WHO-Studie bewies überzeugend die Richtigkeit dieses Konzepts. Zunehmende Probleme ergaben sich jedoch aus dem Zurückbleiben bei modernen zahnärztlichen Ausrüstungen, Materialien und Hilfsmitteln.

Es gab ein funktionsfähiges staatliches Blutspendewesen. Der Bedarf an Blutkonserven wurde vollständig aus Eigenaufkommen gedeckt, überwiegend durch unentgeltliche Blutspenden des Deutschen Roten Kreuzes (1989 spendeten 750.000 Bürger).

Auf hohem Niveau stand die Aus-, Weiter- und Fortbildung der Ärzte, Zahnärzte und des mittleren medizinischen Personals. Dazu gehörte die obligatorische Weiterbildung zum Facharzt – auch des Allgemeinmediziners. Eine dreijährige Fachschulausbildung für alle Schwestern, für medizinisch-technische Assistentinnen und andere mittlere medizinische Fachkräfte war selbstverständlich. Es gab ein Hochschulstudium für Lehrkräfte an Medizinischen Fachschulen (Medizinpädagogen) und für leitende Krankenschwestern.

Von den Gesetzen, Anordnungen und Richtlinien, die die Tätigkeit des Gesundheitswesens regelten und mit dem Einigungsvertrag »abgewickelt« worden sind, sei hier zunächst das Gesetz zur Schwangerschaftsunterbrechung von 1972 erwähnt.

Die DDR betrachtete die Interruption keineswegs als geeignetes Instrument der Geburtenregelung – sie sollte darum stets die letzte Methode sein; sie ist aber die einzige Alternative zur Kurpfuscherei und illegalen Abtreibung. Nur unter diesem Aspekt ist die Interruption ärztlich vertretbar. Kein Arzt in der DDR durfte allerdings zur Durchführung gezwungen werden.

Schwangerschaft und Mutterschaft wurden durch vielfältige soziale Maßnahmen wirkungsvoll unterstützt. Unter Beachtung der freien Entscheidungsmöglichkeit zur Interruption ist die relativ hohe Zahl der Lebendgeborenen pro 1.000 Frauen (im Alter von 15 bis 45 Jahren) in der DDR im Vergleich zur BRD (62,2 gegenüber 47,6 Prozent) einerseits und der Absturz der Geburtenzahlen seit 1990 bis heute um über 50 Prozent andererseits ein Phänomen, das Rückschlüsse auf das »allgemeine Lebensgefühl« in der DDR zuläßt.

»Abgewickelt« wurde gleichfalls die Transplantationsordnung der DDR. Ärztliches Anliegen: Die Gewinnung einer ausreichenden Anzahl von Organen zur Transplantation für die Rettung/Heilung anderer Patienten. Juristischer Standpunkt: Es gibt kein Verfügungsrecht – weil kein Eigentum – der Angehörigen über Organe Verstorbener; nur der Betreffende selbst kann zu Lebzeiten einer Entnahme widersprechen. Die Abgabe in das bzw. die Übernahme aus dem Ausland erfolgte im Verbund von »Intertransplant« (RGW) und »Eurotransplant« (EG) entsprechend den internationalen Regeln. Zu keinem Zeitpunkt wurden menschliche Organe in/aus der DDR verkauft.

Ferner wurde die Verordnung über die »erweiterte materielle Unterstützung« gestrichen. Anliegen: Ein Patient, der aus einem medizinischen Eingriff, trotz Beachtung aller Regeln der ärztlichen Kunst, dauerhaften Schaden erlitt, wurde vom Staat materiell und finanziell unterstützt – eine auf der Welt einmalige gesetzliche Regelung. Ärztliche Sorgfaltsverletzungen wurden auch in der DDR auf der Grundlage ärztlicher Gutachten entschädigt. Dabei galt im Unterschied zur BRD und zu anderen kapitalistischen Ländern das juristische Prinzip: »Die Beweispflicht liegt beim Gesundheitswesen, nicht beim Patienten.«

Ausgelöscht wurde auch die Rahmenkrankenhausordnung, die unter anderem die Rechte der Patienten, die Stellung der Ärzte und Schwestern sowie demokratische Leitungsmethoden regelte. Für die Aufnahme in ein Krankenhaus gab es die medizinische, aber auch eine soziale Indikation.

Abgeschafft wurden die Regelungen zum »Hausarztprinzip«. Es war offensichtlich, daß die in der Medizin rasch fortschreitende Spezialisierung zwingend eine niveauvolle Primär- bzw. Hausarztbetreuung erforderte, die die Mehrzahl der Behandlungsfälle in guter Qualität eigenverantwortlich wahrnimmt, damit das Gesundheitswesen insgesamt bezahlbar bleibt. (Das 1992 in der BRD erfundene »Primär- bzw. Hausarztmodell« zeigt eine erstaunliche Übereinstimmung mit den genannten Festlegungen in der DDR – selbst im Detail.)

Vom Tisch ist auch das Impfprogramm, das durch einen hohen Impfungsgrad weitgehenden Infektionsschutz sicherte. Dazu sei bemerkt, daß die Nichtteilnahme an Pflichtimpfungen, zumindest in den letzten 25 Jahren, in keinem Fall geahndet worden ist.

Beendet wurde ferner das AIDS-Bekämpfungsprogramm der DDR. Im Mittelpunkt standen Aufklärung und Prävention sowie die Schaffung eines adäquaten Betreuungssystems. Bereits 1984 gab es in der DDR eine Meldepflicht für HIV-Infizierte, AIDS-Kranke und AIDS-Todesfälle (unter Beachtung der ärztlichen Schweigepflicht).

Geschlossen wurde das Krebsregister. Während erst heute erwogen wird, ein Krebsregister für die gesamte BRD zu führen, gab es in der DDR ein derartiges Register bereits seit den fünfziger Jahren.

Trotz der hier skizzierten Erfolge bei der Umsetzung des in seinem Kern progressiven Konzepts geriet das Gesundheitswesen der DDR in den letzten Jahren zunehmend unter Kritik. Was waren die Ursachen?

Seit Mitte der siebziger Jahre, als Ergebnisse der wissenschaftlich-technischen Revolution zunehmend Eingang auch in die Medizin fanden, vergrößerte sich der Abstand zum materiell-technischen Niveau der entwickelten kapitalistischen Länder, obwohl die finanziellen Aufwendungen für das Gesundheitswesen weiter erhöht wurden. Der objektiv schnell steigende Bedarf an moderner Medizintechnik, Arzneimitteln und medizinischem Verbrauchsmaterial überforderte die wirtschaftliche Leistungskraft der DDR immer deutlicher.

Zwar wurde in jedem Falle und oft mit frustrierend hohem Aufwand darum gerungen, moderne diagnostische und therapeutische Verfahren in die Praxis einzuführen. Doch dazu gab es nur zwei Möglichkeiten: Entweder mußte die entsprechende Ausrüstung gegen Devisen aus kapitalistischen Ländern importiert oder im eigenen Lande hergestellt werden – im RGW waren adäquate Erzeugnisse nicht erhältlich. In praxi ist zunächst in jedem Falle importiert worden. Gleichzeitig wurde versucht, mit der Entwicklung und Produktion eigener Erzeugnisse zu beginnen. Das gelang jedoch im Grunde in guter Qualität und in bedarfsdeckenden Stückzahlen nur bei Herzschrittmachern, nur mit großen Einschränkungen bei Dialysegeräten und Endoprothesen. Bei der Ultraschalltechnik, erst recht bei Computertomographen, Herzmeßplätzen und vergleichbarer Technik blieb es bei Importen, was zur Folge hatte, daß trotz ständig steigender Stückzahlen die benötigte Menge nicht erreicht wurde. So deckten z.B. die Leistungen in der Herzchirurgie und in der Transplantationschirurgie 1988 erst zu etwa 30 Prozent den Bedarf.

Ähnlich war es bei den Arzneimitteln. In der DDR waren nur ca. 1.800 Arzneimittel vom Zentralen Gutachterausschuß zugelassen. Eine Beschränkung der Palette an sich war zweifellos vernünftig (BRD: 70.000), wäre praktikabel gewesen, wenn das Sortiment ständig modernisiert worden wäre und bei Bedarf zur Verfügung gestanden hätte. Beides war aber nicht der Fall. In den achtziger Jahren verlief die Versorgung mit Arzneimitteln kaum jemals ohne sogenannte »Defekte«, das heißt, ständig fehlten jeweils zehn bis dreißig Arzneimittel (örtlich zum Teil noch mehr). Diese Störungen nahmen von Jahr zu Jahr zu. Zusätzliche Importe änderten die Situation nur unzureichend. Dadurch wurde das Vertrauen vieler Patienten und Ärzte in die Politik der SED erschüttert.

Beim medizinischen Verbrauchsmaterial (Gummihandschuhe, Spritzen, Kanülen, Skalpelle usw.) wirkte sich die Liquidierung der letzten spezialisierten Klein- und Mittelbetriebe Anfang der siebziger Jahre katastrophal aus. Ihre Produktion (insgesamt über 22.000 Positionen) wurde großen Kombinaten schematisch zugeordnet. Dort bildeten sie oft weniger als 0,1 Prozent der »Planaufgaben«, blieben also absolut ohne Interesse für die Kombinatsleitungen. Folglich gab es weder eine Marktforschung noch eine Produktentwicklung, auch keine moderne Ausrüstung für diese spezifische Produktion, oft nicht einmal die erforderlichen Arbeitskräfte.

Der baulich-technische Zustand der Krankenhäuser, aber auch vieler ambulanter Gesundheitseinrichtungen, Pflegeheime und Sanatorien war stets ein besonders ernstes Problem. Nur wenige Krankenhäuser waren seit 1949 erbaut worden. Erst ab Mitte der siebziger Jahre gelang es, einige große moderne Bezirkskrankenhäuser mit zusammen ca. 6.000 Betten und den Neubau der Berliner Charité zu realisieren. Damit konnten in bis dahin benachteiligten Territorien (z.B. Mecklenburg/Vorpommern und Brandenburg) auch Leistungen der spezialisierten medizinischen Betreuung angeboten werden. Der insgesamt schlechte bauliche Zustand des Krankenhausbereiches änderte sich aber nicht. Besonders waren die großen Psychiatrischen Einrichtungen (ehemalige »Landesirrenanstalten«) betroffen. Dafür gab es mehrere Gründe: Diese Einrichtungen sind nicht selten älter als hundert Jahre, sie haben bis zu 2.000 Betten und bilden – meist abseits gelegen – faktisch jeweils eine kleine Gemeinde für sich. Seit 1933 war nichts für ihre Instandhaltung getan worden, ihre Modernisierung hätte deshalb riesige Summen gekostet. Hinzu kam, daß das Problem »Psychiatrie« im Politbüro der SED, im Ministerrat und in der Öffentlichkeit weitgehend verdrängt wurde. Andererseits kämpften die Psychiater selbst nicht ohne Erfolg um das Wohl ihrer Patienten und die Entwicklung ihres Fachgebietes entsprechend einer staatlichen Konzeption von 1980. Schritt für Schritt verwirklichten sie eine moderne »offene« Psychiatrie. Hinsichtlich der Verflechtung von medizinischer und psycho-sozialer Betreuung leisteten Psychiater der DDR zum Teil Hervorragendes; unter anderem entstand ein dichtes Netz ambulanter psychiatrischer Beratungs- und Betreuungsstellen, das zunehmend auch eine moderne Kinder- und Jugendpsychiatrie ermöglichte.

Nur durch den aufopferungsvollen Einsatz der Ärzte und Schwestern konnten lange Zeit viele schwerwiegende materiell-technische Mängel und Lücken kompensiert und damit verbundene Belastungen für die Patienten minimiert werden. Da sich jedoch keine grundlegende Veränderung andeutete, verbreitete sich im Laufe der achtziger Jahre zunehmend Unzufriedenheit und Resignation unter den Mitarbeitern.

Absolutes Unverständnis und Verärgerung löste auch die Tatsache aus, daß der Besuch medizinischer Kongresse sowie Hospitationen im Ausland für die Mehrzahl der Ärzte der DDR ab 1961 nicht mehr möglich waren. Natürlich standen die dafür erforderlichen Devisen nur in sehr begrenztem Umfang zur Verfügung. Aber selbst wenn Einladungen mit Übernahme der Kosten vorlagen, durften nur »Reisekader« fahren. »Reisekader« konnte man nur auf Antrag des zuständigen Leiters werden. Die Praxis war, daß vermeindlich politisch indifferente oder mißliebige Personen und solche mit Verwandten in der BRD in der Regel nicht als »Reisekader« bestätigt wurden. Alle Versuche, diese Praxis zu verändern, hatten jeweils nur in Einzelfällen Erfolg. Die »Reisekader-Praxis« hat viel dazu beigetragen, das Vertrauen vieler Ärzte in die Politik der DDR zu untergraben. Sie hat auch die wissenschaftliche Arbeit erheblich beeinträchtigt, ganz zu schweigen von dem damit bezeugten Mißtrauen des Staates in seine Bürger.

Nicht unerwähnt sollen die Diskrepanzen bei der Vergütung der Mitarbeiter bleiben. Eine wirksame Leistungsstimulierung fehlte, und die ursprünglich sehr gute Position der Ärzte im Lohn- und Gehaltsgefüge der DDR war seit Mitte der siebziger Jahre schrittweise verlorengegangen, weil nun auch andere Gruppen der Intelligenz spürbar besser vergütet wurden. Viele Ärzte leiteten daraus mit Recht eine ungenügende Wertschätzung ihrer Arbeit ab.

Als schwerwiegender Fehler erwies sich, daß ausgewählte medizinisch-soziale Probleme von der Parteiführung bzw. vom Ministerrat zu »Tabu-Zonen« erklärt wurden. Dazu gehörten: der Alkoholismus, das Suizidgeschehen, Kindesmißhandlungen, Schwangerschaftsunterbrechungen, Fragen der Umwelthygiene, zum Teil auch arbeitsbedingte Gesundheitsgefährdungen. Wissenschaftliche Untersuchungen und statistische Erhebungen wurden zwar durchgeführt (oft exakter als in westlichen Ländern), ihre Ergebnisse aber geheimgehalten. Daraus ergab sich, daß eine wirksame Einflußnahme faktisch verhindert wurde. Erst 1986 konnte erreicht werden, daß wenigstens der Alkoholismus öffentlich benannt und seine Bekämpfung in Angriff genommen wurde.

Abschließend sei festgestellt: Es gab für die Gesundheitspolitik der SED ein tragfähiges Konzept. Daraus sind – auch aus heutiger Sicht – viele richtige Einzelentscheidungen und sinnvolle Regelungen abgeleitet worden. Die strikte Beachtung der Prinzipien ärztlicher Moral und Ethik war dabei ein übergreifender Grundsatz. Andere Entscheidungen müssen im Rückblick als falsch beurteilt werden – unter anderem die Nichtschaffung eines Ärztebundes als berufsspezifische Interessenvertretung, die Nichtzulassung von Selbsthilfegruppen, die restriktive Politik gegenüber privaten Niederlassungen.

Die Abteilung Gesundheitswesen beim ZK der SED wurde in den Jahren 1959/1960 geschaffen, als die Ärzteflucht ihren Höhepunkt erreicht hatte. Ihre Hauptaufgabe bestand von Anfang an darin, in der Politik der SED, vor allem auch innerhalb des Parteiapparats, das Verständnis für die Spezifik der Medizin und der ärztlichen Tätigkeit zu fördern. Zumindest gegenüber der Parteiführung ist das bis zum Schluß nicht gelungen.

Die Abteilung, deren wichtigste Partner einerseits das Ministerium für Gesundheitswesen, andererseits die Bezirks- und Kreisleitungen der SED waren, hatte Handlungsspielraum, soweit es um medizinisch-fachliche Fragen, Strukturen, Organisationsprinzipien, Probleme der Aus-, Weiter- und Fortbildung ging. Der »Freiraum« fand allerdings sofort seine Grenze, sobald es um finanzielle und materiall-technische Fragen ging. In all diesen Fällen war die Abteilung auf die wirtschaftspolitischen Abteilungen beim ZK der SED bzw. Günter Mittag angewiesen. Gängelei durch den zuständigen Sekretär hat es nicht gegeben, allerdings auch keine ausreichende Vertretung der Belange des Gesundheitswesens im Politbüro.

Der Kampf um die erforderlichen finanziellen, materielltechnischen und personellen Fonds wurde nicht konsequent genug unter demokratischer Einbeziehung der Ärzteschaft und der Bevölkerung geführt. Öffentliche Diskussionen zu Problemen des Gesundheitsschutzes wurden immer seltener praktiziert.

Die Zentrale Gesundheitskonferenz im September 1989 konnte in der zusammenbrechenden DDR keine Veränderungen mehr erreichen.

Christian Münter, Jahrgang 1926,
war stellvertretender Leiter der Abteilung Gesundheitswesen des ZK

Günter Erbach

»Sportwunder DDR«
Warum und auf welche Weise die SED und die Staatsorgane den Sport förderten

Wenn in den letzten Jahren in den deutschen Medien und auch in der von ihnen erzeugten öffentlichen Meinung der DDR-Leistungssport beschrieben und »beurteilt« wird, sind die Praktiken sehr vordergründig, ihn nach Siegermentalität mit Vorverurteilungen zu belasten und die so erzielten »Ergebnisse« als »geschichtliche Wahrheiten« zu verkünden.[1]

Ich möchte mich besonders zu den Zielen und Strukturen des DDR-Leistungssports äußern und zur Versachlichung der Diskussion beitragen. Meines Erachtens darf nicht übersehen werden, daß sich in der DDR ideologisch-politische Einflüsse und Strukturen von Gesellschaft und Staat auf den ganzen Sport bezogen und der Leistungssport – trotz aller Besonderheiten in Förderung und Führung – gleichfalls Teil des Ganzen war. Ohne ein allgemein hohes Niveau des Sports, des Zugangs zu diesem für alle und seine Wertschätzung durch weite Teile der DDR-Bevölkerung hätte der Leistungssport nicht ein derart beachtliches Maß an Zuspruch und Identifikation erfahren.

Der Spitzensport gehörte zweifellos zu den effektiven Bereichen der DDR-Gesellschaft. In 40 Jahren – bis Ende 1988 – wurden in den internationalen Arenen 4.350 Medaillen bei Welt- und Europameisterschaften und 572 olympische Medaillen, davon 204 Goldmedaillen, erkämpft.

Um die Werte einer Gesellschaft oder eines Staates möglichst objektiv zu beurteilen, darf nicht allein vom Ende und Untergang dieses Gemeinwesens gerichtet werden. Es müssen auch die angestrebten Ziele (inklusive die Ursachen für deren spätere Aufgabe), Absichten und tatsächliche

Ergebnisse bewertet werden. Dabei dürfen internationale Auseinandersetzungen – etwa der kalte Krieg und die ideologische Konfrontation – keinesfalls unberücksichtigt bleiben.

Die theoretischen Grundlagen für den Sport in der DDR waren in dem in einem langen historischen Zeitraum entstandenen Gesellschaftskonzept des Sozialismus enthalten, insbesondere in den Vorstellungen der Arbeiterklasse von Kultur, Bildung und Sport. Sie waren Teil des sozialen Kampfes für eine gerechte Welt und dem ideologischen und politischen Anspruch der SED, die Gesellschaft zu führen und zu gestalten. Die Wurzeln des Ideals vom Sozialismus als einer »Kulturgesellschaft« liegen in den bürgerlich-demokratischen Konzepten im 19. Jahrhundert, wie eine neue Gesellschaft gestaltet sein sollte – mit körperlich und geistig harmonisch gebildeten Menschen. Sie fußte zugleich auf Forderungen utopischer Sozialisten und auf programmatischen Vorstellungen von Marx, Engels und anderen Theoretikern der Arbeiterbewegung. Die von Karl Marx 1866 formulierten Konturen der Erziehung als Verbindung von geistiger und körperlicher Erziehung sowie polytechnischer Ausbildung als »die einzige Methode zur Produktion vollseitig entwickelter Menschen«[2] bildete in der DDR die Basis für alle Bildungs- und Erziehungskonzepte.

Daraus leitete sich auch die Gleichwertigkeit der Körpererziehung im Bildungswesen und des Sports (als einem Grundrecht) in der DDR-Gesellschaft ab. Gemäß Verfassung wurden staatliche Institutionen und gesellschaftliche Einrichtungen veranlaßt, dieses Grundrecht auch durchzusetzen.[3]

Wesentliche Impulse für die politische Profilierung des DDR-Sports kamen auch aus den historischen Erfahrungen der Arbeiterturn- und Sportbewegung. Viele der einflußreichsten Funktionäre der sozialdemokratischen und der kommunistischen Arbeiterbewegung sammelten persönliche Erfahrungen in den Basisvereinen des Arbeitersports.

Hier lernten sie auch Gemeinschaftsgeist, Disziplin und Solidarität kennen. Ihr Zusammenschluß und Zusammenhalt wurde durchaus als Teil des sozialen und politischen Kampfes begriffen.

Dieses subjektive Moment floß in viele Entscheidungen der SED-Führung mit ein, so beispielsweise in dem Beschluß zur Errichtung einer Deutschen Hochschule für Körperkultur und Sport (DHFK) 1950 in Leipzig oder 1957 bei der Konstituierung des Deutschen Turn- und Sportbundes (DTSB) als einheitlicher Sportorganisation der DDR.

Als progressive Tradition wurde zu Beginn der fünfziger Jahre die Turnerbewegung unter Friedrich Ludwig Jahn propagiert, weil dieser (wie damals die SED) nationale Konzepte für die Herstellung der deutschen Einheit vertrat. Gleichfalls erfolgte eine Hinwendung zu Guts Muths und Vieth, die in ihrem pädagogischen Wirken die körperliche Erziehung für alle forderten.

Die systematische Auswertung der Erfahrungen der sowjetischen Körperkultur und des Sports (inklusive der Sportwissenschaft und der Sportmedizin) besaß bald einen hohen Stellenwert. Teilweise wurden deren Strukturen übernommen.

Es wurde wie in der Sowjetunion ein Staatliches Komitee für Körperkultur und Sport gebildet, das bis 1957 die oberste Leitung des Sports war. Mit Bildung des DTSB in jenem Jahr entstand die einheitliche Sportorganisation der DDR.

Das Sportkonzept der DDR und ihr sportpolitisches Handeln wurden stets geprägt von der olympischen Bewegung, den internationalen Sportföderationen, sportwissenschaftlichen und sportmedizinischen Vereinigungen und Begegnungen auf der internationalen Ebene. Die DDR verstand ihre Teilnahme als eine praktizierte Form friedlicher Koexistenz und die Sportler fühlten sich zurecht – vornehmlich in der Zeit der diplomatischen Blockade durch den Westen – als »Diplomaten im Trainingsanzug«.

Die Ziele des Leistungssports und seine Einordnung in den Gesamtrahmen der gesellschaftlichen Entwicklung in der DDR wurden maßgeblich von zwei Faktoren bestimmt:
- durch ein eindeutiges Bekenntnis zum Leistungsprinzip in der Sportpolitik und dessen Förderung;
- von den Erfordernissen internationaler Politik, was für die DDR bedeutete: Selbstbehauptung, völkerrechtliche Anerkennung, Friedenssicherung.

Von der politischen Führung der SED und des Staates wurde 1956 – damals nahm die DDR als Teil einer gesamtdeutschen Mannschaft erstmals an Olympischen Spielen teil – erkannt, daß der Hochleistungssport eine gute Voraussetzung bot, Fortschritte bei der Heranbildung eines neuen Menschen nach innen und außen zu demonstrieren. Zugleich bot die Präsentation nationaler Symbole – Staatswappen und -fahne sowie das Abspielen der Nationalhymne – eine wirkungsvolle Gelegenheit, den von der BRD praktizierten Alleinvertretungsanspruch (Hallstein-Doktrin) zu durchbrechen. Die internationale Anerkennung der DDR wurde im wesentlichen in den Sportstätten der Welt mit vorbereitet. Der Abschluß etwa des Grundlagenvertrages am 21. Juni 1973 – ein Jahr nach dem erfolgreichen Abschneiden der DDR-Mannschaft bei den Olympischen Sommerspielen in München – erfolgte in einem gesellschaftlich aufgeschlossenen Klima in der Bundesrepublik, an dessen Zustandekommen der Sport wesentlich beigetragen hatte.

Der Hochleistungssport erwies sich also für die DDR als äußerst attraktiv, die internationale Anerkennung als Staat einzufordern und zugleich durch sportliche Spitzenleistungen und Medaillen dem Ansehen der DDR zu dienen. Das war legitim und bekannt. Wer den politischen Inhalt des internationalen Leistungssports angesichts der beiden sozialen Systeme akzeptierte, wird an dieser Tatsache keinen Mißbrauch des Sports festmachen wollen. Beide Systeme beriefen sich nämlich nicht nur auf humanistische Traditionen, sondern pflegten auch ihre Feindbilder.

Der Spitzensport »rechnete« sich damals politisch für beide Seiten. Hier war er ideologische Triebkraft in der friedlichen Auseinandersetzung mit dem Imperialismus, den man auf die hinteren Plätze verweisen und dem Mann damit auch dessen moralische Unterlegenheit bezeugen wollte; dort war es der Antikommunismus, der zu Höchstleistungen anstachelte, und diesen wiederum bediente, wenn die vermeintlichen »Muskelmaschinen« aus dem Osten siegten. Der Boykott der Olympischen Spiele 1980 in Moskau durch den Westen nach der Afghanistan-Aktion der Sowjetunion und die sozialistische »Antwort« 1984 in Los Angeles bewiesen augenfällig, wie sehr der Sport auf beiden Seiten politisch instrumentalisiert worden war. Das schloß offenkundig auch unlautere Mittel ein – Einreiseverbote, Regelverstöße und Doping. Daß wir sie gleichfalls benutzten, ist entschieden zu bedauern, aber aus der Zeit des kalten Krieges zu erklären.

Die weltpolitischen Ereignisse und die Gegebenheiten im Weltsport haben die Entwicklung des DDR-Leistungssports sehr nachhaltig beeinflußt und die Zielstellungen und Schlußfolgerungen für die einzelnen Phasen bestimmt. Das läßt sich in den Beschlüssen der SED-Führung zum Leistungssport sehr konkret nachweisen und nachlesen.

Das Sportsystem

Die in der öffentlichen Meinung des Weltsports und in den Medien gebrauchte Wendung vom »Sportwunder DDR« gründete sich auf die Zahl der Medaillen. Diese aber konnten nur dadurch erstritten werden, weil es ein effektives Sportsystem gab. Es hatte sich über Jahrzehnte in einem dynamischen Prozeß entwickelt und war bereits in den sechziger Jahren in seinen Grundstrukturen ausgebildet. Dieses System war gewolltes Resultat und Ausdruck der politischen Verhältnisse und der Machtstrukturen mit einem ausgeprägten zentralistischen Führungsstil. Es kann als ein durch SED-Beschlüsse geführtes und gefördertes einheitliches System in ausgeprägte Integration von Staat und Gesellschaft bezeichnet werden, das besonders im Leistungssport durch ständige Erneuerung den internationalen Erfordernissen angepaßt wurde. Gezielt wurden Wissenschaft und Technik genutzt; hochqualifizierte Experten wie Hunderttausende ehrenamtliche Funktionäre und Übungsleiter arbeiteten für den Erfolg.

Die staatliche Verantwortungsebene (insbesondere die Ministerien für Volksbildung, Hoch- und Fachschulwesen, das Staatssekretariat für Berufsbildung, das Amt für Jugendfragen) war für die Körpererziehung der heranwachsenden Generation verantwortlich – sie wurde planmäßig im Sinne der Verfassung gefördert. Zentrale und örtliche Organe in den Bezirken, volkseigene Betriebe und Einrichtungen waren im Rahmen der Betriebskollektivverträge gesetzlich verpflichtet, Förderprogramme des Sports zu verwirklichen. Dazu gehörten auch die Gesundheitspropaganda und die Popularisierung von Sport als einem Mittel präventiver Medizin. Spezifische Regelungen sorgten für ausreichende Finanzierung.

Die zentrale Verantwortung für die Wahrnehmung der staatlichen Belange der Sportförderung als Verfassungsgrundsatz und als Regierungsaufgabe trug das Staatssekretariat für Körperkultur und Sport. Es war ein selbständiger Geschäftsbereich in der DDR-Regierung. Zu seinen Aufgaben gehörten unter anderem die Vorbereitung staatlicher Beschlüsse und Maßnahmen der Sportförderung im Rahmen der Fünfjahrpläne und der jährlichen Volkswirtschaftspläne. Eine andere wichtige Aufgabe bestand in der logistischen Unterstützung des Leistungssports durch die Wissenschaft sowohl in Lehre als auch Forschung, der sportmedizinischen Betreuung und Investitionen bei Sportanlagen.

Zentrum der gesellschaftlichen Verantwortungsebene bildete der DTSB mit seinen Sportgemeinschaften in Betrieben, Wohngebieten, auf dem Lande, an den Fach- und Hochschulen sowie – als Sportvereinigungen »Vorwärts«

und »Dynamo« – in den bewaffneten Organen. Ferner förderte die Gesellschaft für Sport und Technik (GST) militärische und technische Sportarten wie Schießen oder Fallschirmsport.

Der Freie Deutsche Gewerkschaftsbund (FDGB), die Freie Deutsche Jugend (FDJ), der Demokratische Frauenbund (DFD), Fachverbände und Genossenschaften fühlten sich in ihrem Bereich ebenfalls für die Förderung des Sports zuständig, wobei naturgemäß die Konzentration auf den Breiten- oder Volkssport erfolgte. Die von FDGB und FDJ initiierten Massenwettbewerbe und Pokalwettkämpfe fanden große Resonanz. Seit 1970 erörterte ein Komitee für Körperkultur und Sport der DDR, dem Vertreter aller staatlichen und gesellschaftlichen Verantwortungsträger des Sports angehörten, zentrale Entwicklungsfragen des Massensports. Das Komitee hatte kein Weisungsrecht, verabschiedete aber Empfehlungen etwa zur Körpererziehung der jungen Generation, zum Sportabzeichenprogramm der DDR, zum Freizeit- und Erholungssport in Stadt und Land. Diese Sportförderkonzepte widerspiegelten den Sportalltag im Massensport der DDR – sie sind als Konzepte heute noch lesenswert.

Aufgrund seiner nationalen und internationalen Bedeutung wurde der Leistungssport in der DDR einheitlich organisiert und geführt. Das Sekretariat des *DTSB* als Exekutivorgan zur Leitung der Sportorganisation hat vom Politbüro des ZK der SED die Vollmacht erhalten, auf allen Ebenen die unmittelbare Leitung des Leistungssport zu gewährleisten. Dadurch war die DTSB-Führung berechtigt, staatlichen Organen und Leitungen gesellschaftlicher Organisationen Empfehlungen zu geben, Forderungen zu stellen und Kontrollen vorzunehmen, ob die vom Politbüro gefaßten Beschlüsse zum Leistungssport (die zuvor vom DTSB-Sekretariat vorbereitet worden waren) auch umgesetzt wurden. Der Leistungssport bildete innerhalb des ganzen Sportsystems eine relativ selbständige, herausgehobene Einheit. Eine Leistungssportkommission, die vom DTSB-Präsidenten geleitet und als zentrale Parteikommission deklariert wurde, sicherte die Koordination und Kooperation der verschiedenen Verantwortungsträger. In den Bezirken und Kreisen, an der Basis also, wurde in der Regel von den 2. Sekretären der SED-Bezirks- bzw. Kreisleitungen als Vorsitzende entsprechender Kommissionen alle Aktivitäten der Nachwuchsentwicklung koordiniert. Auf diese Weise wurde garantiert, daß alle in Berlin gefaßten Beschlüsse zum Leistungssport einheitlich umgesetzt wurden.

Die planmäßige Sichtung und Auswahl sportlicher Talente und ihre systematische Ausbildung bildete den Kern eines mehrstufigen Fördersystems. In 1.700 Trainingszentren bekamen etwa 70.000 Kinder und Jugendliche ein dreijähriges vielseitiges Grundlagentraining, dem schloß sich nach erfolgter Sichtung und Auswahl der Talente ein Spezialtraining in einer Sportart an, das weitere drei bis vier Jahre dauerte.

Dieses Eignungs- und Fördermodell erforderte ein optimales Zusammenwirken von Sport- und Bildungseinrichtungen. Nicht selten offenbarte es aber auch seine Schwächen. Mitunter wurden dogmatisch und formal die Eignungskriterien angewandt und individuelle Besonderheiten ignoriert; das führte zuweilen zu herzlosen Entscheidungen, wenn etwa sogenannte Ausdelegierungen in andere Vereine erfolgten, weil die erzielten Leistungen nicht den Erwartungen entsprachen. In den letzten Jahren wurde ein zweiter Weg im Rahmen des dreistufigen Fördersystems erprobt, wobei man sich dabei besonders auf die Spielsportarten konzentrierte. Fußballer beispielsweise wurden an bestehende Sektionen in Sportgemeinschaften delegiert und dort gefördert.

Die Sportklubs bildeten die Zentren des DDR-Leistungssports. Sie waren unmittelbar dem DTSB-Sekretariat und den Fachabteilungen des Apparates sowie den Generalsekretariaten der Sportverbände unterstellt. Zur stabsmäßigen Führung gehörten Zielvorgaben, Rahmen- und individuelle Trainingspläne und eine Vielzahl von sozialen Maßnahmen, aber

auch laufende Trainingskontrollen und die Planung von Wettkämpfen. Die DTSB-Führung sah sich dadurch in der Lage,
das Abschneiden bei Wettkampfhöhepunkten ziemlich genau zu prognostizieren. Allerdings blieb die Unberechen-
barkeit, die der Leistungssport glücklicherweise immer be-
reithält, und machte noch so präzise Rechnungen oft zu-
nichte.

Durch die frühzeitige und planmäßige Entwicklung der
Sportwissenschaft und der Sportmedizin als eigenständige
klinische Wissenschaftsdisziplin an der DHFK Leipzig, dem
Forschungsinstitut für Körperkultur und Sport Leipzig, dem
Sportmedizinischen Dienst mit dem Zentralinstitut in
Kreischa sowie die Einrichtung einer Forschungs- und Ent-
wicklungsstelle für spezielle Sportgeräte (FES Berlin) wurden die Grundlagen für die wissenschaftliche Bearbeitung
aller wesentlichen Prozesse des Leistungssports gelegt.
Anfang der siebziger Jahre war ein beachtlicher Standard
erreicht, der in der Folgezeit durch die Kooperation mit
Universitäten und Forschungseinrichtungen in der Industrie weiter ausgebaut wurde. Forschungspläne paßte man
zunehmend dem Olympiazyklus an. Qualifizierte Trainer und
Sportfunktionäre wurden systematisch aus- und weiterge-
bildet – an der DHFK waren es zwischen 1950 und 1989
rund 14.000 Frauen und Männer. Sie setzten kompetent
die Erkenntnisse aus der Sportwissenschaft und -medizin
um, die ihrerseits ständig weiterentwickelt wurden. Durch
direkte Kooperation der Forschungsgruppen mit den Sportverbänden und ihren wissenschaftlichen Zentren wurde das
Training der Spitzensportler im Sinne der Trainingssteue-
rung kontrolliert, analysiert und verbessert. Parallel dazu
erfolgte in den Klubs und Nationalmannschaften die sportmedizinische Betreuung im Sinne des Hausarztprinzips.

Seit Ende der sechziger Jahren war der Sportmedizinische Dienst in allen Kreisen der DDR präsent. Seine Hauptaufgabe bestand in der umfassenden Betreuung aller Sport-
treibenden, die jedem kostenlos offenstand. Er betreute alle

Sportveranstaltungen im Rahmen des Übungs-, Trainings- oder Wettkampfbetriebes. Und schließlich sorgte er sich um die Leistungssportler; dazu waren in den Klubs Sektions- ärzte und in den Sportverbänden Verbandsärzte mit Kom- missionen tätig. Die Einheit von Training, Gesunderhaltung, Wiederherstellung nach hohen Trainingsbelastungen und weiterer Leistungssteigerung (ohne die Weltspitzenleistun- gen nicht erreichbar sind) erforderten ein verantwortliches, kooperatives Zusammenwirken von Trainer und Sportarzt und zuerst natürlich das Verständnis und Einverständnis der Athleten. Denn der leistungssportliche Prozeß im Spit- zenbereich mit seinen Härten und Entbehrungen kann im- mer nur freiwillig erfolgen, sonst wird er nicht persönlich- keitsbildend und erfolgreich sein.

Ständig mußten – um die Effizienz zu erhöhen – die per- sonellen und materiellen Ressourcen nicht nur gesichert, sondern auch gesteigert werden. Besonders seit den sieb- ziger Jahren entstanden Trainingsstätten mit hohem wis- senschaftlich-technischem Aufwand, wozu ein speziell aus- gebildetes Fachpersonal gehörte.

Als Beispiele seien Gegenstromkanäle für den Schwimm- und Kanusport genannt, die Unterdruckhalle in Kienbaum sowie spezielle Labors mit computergesteuerter Meß- und Videotechnik.

Die Fördermittel für den Sport waren fester Bestandteil des Staatshaushalts, sie betrugen 1988 fast 1,1 Milliarden Mark. Weitere Zuwendungen erfolgten aus dem Etat eini- ger Ministerien (z.B. Volksbildung, Hoch- und Fachschul- wesen, Verteidigung), so daß für den gesamten Sport der DDR (inklusive militärsportliche Ausbildung durch GST, SV Dynamo und ASK Vorwärts) 1,9 Milliarden Mark ausgege- ben wurden, das waren 0,7 Prozent der Staatsausgaben. Ein reichliches Drittel (34,2 Prozent) davon floß in den Leistungs- sport, das heißt die DDR gab 0,24 Prozent des Staatshaus- haltes für den Leistungssport aus. Rechnet man jedoch die weiteren Ausgaben beispielsweise von FDGB, FDJ und an- deren Organisationen hinzu, betrug der gesellschaftliche

Aufwand für den Sport in der DDR 2,2 bis 2,3 Milliarden Mark.

Obwohl die logistischen Bedingungen für den Leistungssport insgesamt zufriedenstellend waren, führten die hohen Zielstellungen zunhemend zu Defiziten bei der materiellen Versorgung. Die ökonomische Krise der DDR gestattete jedoch bald keinen Zuwachs, daher waren auch auf diesem Gebiet Reformen dringend erforderlich.

Die führende Rolle der SED im Sport

Es gibt sachlich keinen Zweifel darüber, daß die gesellschaftliche Stellung und Anerkennung des Sports in der Entwicklung der DDR vor allem darauf zurückzuführen ist, daß die SED als staatstragende Partei den Sport als Bestandteil praktischer Machtausübung betrachtete, entsprechend förderte und für die politisch-moralische Festigung der DDR nutzte. Ausgehend von den objektiven gesellschaftlichen Verflechtungen des Sports wurde klar erkannt, daß der Sport eine wesentliche Rolle bei der Erziehung des proklamierten »neuen Menschen«, seiner angestrebten Lebensweise und Haltung in der Massenpolitik spielen könnte. Letztlich erwies sich auch, daß die im Sinne der Ökonomie relativ vernünftige Investition zu einer angestrebten hohen gesellschaftlichen Effizienz führte. Aber das war durchaus nicht der Ausgangspunkt. Es gab – wie schon dargestellt – dafür ausreichend historische Wurzeln in den kulturellen Traditionslinien der Arbeiterbewegung, insbesondere des Arbeitersports. Hinzu kamen die eigenen Sporterfahrungen vieler Funktionäre der SED wie Walter Ulbricht, Erich Honekker, Alfred Neumann, Herbert Warnke, Hans Jendretzki und andere. Die Verwurzelung Hunderttausender Menschen im organisierten Verbands- und Vereinswesen im Sport gab hinreichend Möglichkeiten, den Aufbau einer einheitlichen demokratischen Sportbewegung auf antifaschistischer Grundlage 1948 zu begründen und zu vollziehen.

Die praktische Machtausübung erfolgte im wesentlichen auf zwei Ebenen:

- durch Beschlüsse und Orientierungen der Parteitage im Rahmen der gesamtgesellschaftlichen Zielstellungen und Planungen, durch Beschlüsse des ZK für bestimmte Perioden und am häufigsten durch Beschlüsse des Politbüros oder des Sekretariats für die Vorbereitung gesellschaftlich-sportlicher Höhepunkte wie Spartakiaden und Turnfeste und besonders Olympische Spiele;
- durch die Tätigkeit von Mitgliedern der SED in den verschiedenen zentralen und örtlichen Leitungsgremien, insbesondere in den gewählten Führungsorganen des DTSB (Bundesvorstand, Präsidium und Sekretariat), den Präsidien der Sportverbände, den Bezirks- und Kreisorganisationen und den Klubs sowie in den zentralen und örtlichen Staatsorganen und den wissenschaftlichen Einrichtungen.

Die Vorbereitung von Beschlüssen durch Analysen, Aufgaben- und Terminfixierung, die Beschlußfassung selbst und die Kontrolle der Durchführung waren auch in der SED-Sportpolitik die wichtigsten Kettenglieder. Seit 1949 wurde auf Parteitagen und Konferenzen 14 mal zur Sportentwicklung Stellung genommen. 1951 wurden durch eine ZK-Entschließung Orientierungen grundlegender Art für die Sportentwicklung der fünfziger Jahre gegeben, so für die Entwicklung des Massen- und Leistungssports, für die Kaderausbildung und Erziehung der Sportler, für die Verbesserung der materiellen Bedingungen und die Leitung des Sports. Im Politbüro und im Sekretariat wurden von 1949 bis 1989 insgesamt 95 Beschlüsse zum Sport gefaßt, viele davon betrafen die Vorbereitung von DDR-Mannschaften auf Olympische Spiele und andere Höhepunkte des Sports.

Nach dem V. Parteitag 1958 wurde es üblich, die Olympia-Vorbereitung und -Auswertung wegen ihrer gesellschaftlichen Wertigkeit regelmäßig im Politbüro zu behandeln und entsprechende Beschlüsse zu fassen. Sowohl zur Vorbereitung als auch zur Auswertung erfolgten Analyse- und Zielvorgaben (jedoch keine Medaillenanzahl, wie es häufig behauptet wurde) sowie vor allem Aufgabenstellungen für die Erziehung und Ausbildung der Sportler, die Gestaltung des Trainings, die sportwissenschaftliche Forschung und sportmedizinische Betreuung sowie die materiell-technische Unterstützung des Leistungssports.

Fragen der Nachwuchsentwicklung wurden zum Teil gesondert behandelt und beschlossen, so z.B. die Entwicklung der Kinder- und Jugendsportschulen. Die Leistungssportbeschlüsse, die unter Federführung des Sekretariats des DTSB und der Leistungssportkommission als Parteikommission unter Leitung des DTSB-Präsidenten (der bis 1988 ZK-Mitglied war) ausgearbeitet wurden, waren die vom Politbüro beschlossenen verbindlichen Führungsdokumente für alle entsprechenden Arbeits- und Verantwortungsbereiche in Staat und Gesellschaft. Sie waren auch Direktiven für alle SED-Migliederer in den Führungsgremien des Sports. Daß sie auch noch im Präsidium des DTSB und in den achtziger Jahren ebenfalls als Ministerratsbeschlüsse auf staatlicher Ebene für verbindlich erklärt wurden, entsprach den Gepflogenheiten der absoluten Machtkonzentration im Politbüro. Veränderungen erfolgten nicht mehr, sondern es wurde eine Vielzahl von durchzuführenden Maßnahmen, die teilweise über die Vorgaben hinausgingen und auch flankierende Bedeutung hatten, festgelegt. Die Ausarbeitung dieser Beschlüsse erfolgte jedoch nicht in dirigistischem Stil, sondern in möglichst breiter Weise durch viele Verantwortliche des Leistungssports aller Ebenen, so den DTSB selbst, die Sportverbände, durch Trainer, Funktionäre und durch das Staatssekretariat für Körperkultur und Sport sowie leitende Sportwissenschaftler und Sportmediziner. Im Vorfeld waren Hunderte Spezialisten beteiligt, und die Diskussionen, Analysen und Streitgespräche erfaßten alle Entwicklungsprobleme des Leistungssports. Sie wurden durch reale Ergebnisse überprüft und mit Schlußfolgerungen und

Aufgabenstellungen versehen. Damit war ein hohes Maß an inhaltlicher Aussagekraft verbunden. Diese immer im Zyklus von vier Jahren und später von zwei Jahren erfolgte gründliche Analyse hat ein beträchtliches Maß von Planungs- und Führungssicherheit mit sich gebracht, die Verantwortlichen qualifiziert, aber auch diszipliniert. Die zunehmenden Erfolge gaben dieser zentralistischen Führungsmethode recht. So ist es auch zu erklären, daß die Beschlußvorlagen im Politbüro seit Mitte der sechziger Jahre ohne Widersprüche und Ergänzungen von der SED-Führung akzeptiert und beschlossen wurden.

Um einen großen Kreis der Verantwortlichen des Leistungssports aller Ebenen mit den Beschlußinhalten vertraut zu machen und weiterführende Informationen zu vermitteln, fanden seit Anfang der sechziger Jahre unter Verantwortung der Abteilung Sport im Zentralkomitee der SED spezielle Lehrgänge mit etwa 350 Teilnehmern statt.

Diese gründliche »Schulung«, aber auch heftige und aufgeschlossene Problemdiskussionen machten jedem einzelnen für seinen Verantwortungsbereich die Konsequenzen der Arbeit und der zu erwartenden Ergebnisse deutlich. Fortgesetzt wurde die Beschlußauswertung durch eintägige Konferenzen des Parteiaktivs im Sport in den Bezirken. Dabei wurden vor allem Fragen des Nachwuchsleistungssports einbezogen. Das wurde teilweise in den Klubs, aber auch zu speziellen Fragen an wissenschaftlichen Einrichtungen durchgeführt. Auf diese Weise wurden etwa 4.000 Trainer, Funktionäre und Sportwissenschaftler, Sportmediziner, Techniker und andere Verantwortliche mit den geheimnisumwitterten »Leistungssportbeschlüssen« vertraut gemacht.

Auch für die Entwicklung des Massensports oder des Freizeit- und Erholungssports wurden in ähnlicher Weise politische Orientierungen vermittelt, und zwar durch Parteitagsbeschlüsse, den Staatsratsbeschluß von 1968, durch die Jahressportpläne des DTSB, jährliche Direktiven für die Volkswirtschaftspläne, Jugendförderungspläne und Betriebskollektivverträge, in denen konkrete Fördermaßnahmen für den Volkssport nachzuweisen waren. Durch öffentliche »Abrechnungen« konnte eine basisdirekte Kontrolle ausgeübt werden, und es wurde häufig nicht wenig Kritik an Betriebsleitungen und Bürgermeister geübt. Sie wiederum mußten natürlich auch ihren Plan und die volkswirtschaftlichen Möglichkeiten in Rechnung stellen.

Zu Höhepunkten wurden die insgesamt acht Turn- und Sportfeste in Leipzig, die zunehmend in ihrem propagandistischen Gewand die Identifikation von Partei, Jugend und Sport ausdrückten – wie es für die siebziger und Anfang der achtziger Jahre durch soziologische Befragungen auch bestätigt wurde. Durch Politbürobeschlüsse und das Festkomitee wurden Verantwortliche aller staatlichen und gesellschaftlichen Ebenen zu gemeinsamem Handeln geführt. Ähnlich wurde bei den alle zwei Jahre stattfindenden Kinder- und Jugendspartakiaden, die im Sommer 10.000 junge Sporttalente zusammenführte, verfahren.

Das DTSB-Sekretariat, Präsidium und Bundesvorstand – gemäß Statut durch demokratische Wahlen von unten nach oben gebildet –, wurde über den Präsidenten des DTSB direkt vom zuständigen ZK-Sekretär angeleitet. In der zeitlichen Reihenfolge waren für den Sport Walter Ulbricht, der maßgeblich die sportpolitischen Leitlinien der SED und die Strukturen beeinflußt und durchgesetzt hatte, Erich Honekker, der diese gegebene Grundlinie fortsetzte und ausbaute, sowie Paul Verner und zuletzt Egon Krenz, der sich persönlich sehr mit dem Sport identifizierte, zuständig.

In den Leitungsgremien des DTSB und im hauptamtlichen Apparat des DTSB bestanden Parteigruppen bzw. Grundorganisationen, ebenfalls in den Klubs, die häufig hauptamtliche Parteisekretäre hatten.

In diesen Gruppen wurden regelmäßig Ergebnisse und Probleme der Sportentwicklung, der Beschlußdurchführung, politisch-ideologische Fragen, Hemmnisse und verallgemeinerungswürdige positive Ergebnisse, aber auch individuelle Verhaltensweisen der Parteimitglieder behan-

delt. Nach den gleichen Prinzipien erfolgte die Parteitä-
tigkeit in den staatlichen Organen und an den wissenschaftlichen Einrichtungen. An der DHFK bzw. am Forschungsinstitut für Körperkultur und Sport waren etwa
60 bis 70 Prozent des Lehrkörpers bzw. der leitenden Wissenschaftler SED-Mitglieder, bei den Studenten betrug der
Anteil 15 bis 20 Prozent (und er erhöhte sich meistens nach
Aufnahme der beruflichen Tätigkeit in den Klubs bzw.
Leitungsebenen des DTSB). In den Nationalmannschaften
waren in den achtziger Jahren etwa 60 bis 70 Prozent einschließlich der Trainer und Funktionäre Mitglied der SED, in den Olym-
piamannschaften betrug der Anteil 75 bis 80 Prozent.

Allein schon dadurch gab es ein hohes Maß an Beschluß-
vertrautheit. Da die sportlichen Erfolge z.B. nach den Olympischen Spielen in Mexiko und München immer deutlicher
ins Bewußtsein der Öffentlichkeit traten, wurde auch ein
hohes Maß der Identifikation der Sportler und Trainer, Wissenschaftler und Funktionäre mit der Sportpolitik der SED
erreicht.

1968 beschloß das Politbüro auf Vorschlag des DTSB-
Sekretariats, bestimmte Sportarten nicht mehr besonders
materiell, finanziell und personell zu fördern. Die Zuwendungen im DTSB blieben zwar für den nationalen Sport-
und Wettkampfbetrieb erhalten, waren jedoch fortan wesentlich bescheidener als für die Olympia-Sportarten. Betroffen davon waren Basketball, Hockey, Tischtennis, Ten-
nis, Eishockey, alpiner Skisport und anderes. Das führte zu
Unmut, Unverständnis und auch wiederkehrendem Protest,
wurde aber auch aufgrund der begrenzten ökonomischen
Möglichkeiten der DDR hingenomen. Die erforderliche Konzentration auf bestimmte massenpopuläre und medaillen-
intensive Sportarten wurde durchaus im internationalen
Vergleich als richtig empfunden und war es letztlich auch.
Dennoch hätte bei mehr Verständnis und besserer Ausla-
stung der Fonds so manche unbillige Härte z.B. auch im
Versehrtensport (Teilnahme an internationalen Wettkämpfen der Paralympics) vermieden werden können. Hier zeigte

sich die mangelnde Flexibilität der SED- und DTSB-Sport-
politik, obwohl besonders in den achtziger Jahren viele Vorschläge dazu vorlagen. Ein vorbereiteter Politbürobeschluß
für die weitere Entwicklung des Volkssports mit neuen Ide-
en und Vorstellungen scheiterte Ende der achtziger Jahre
an den ökonomischen Konsequenzen, unter anderem für
den Bau von Sportstätten.

Eine wichtige Rolle bei der Durchführung der SED-Sportpolitik spielte der hauptamtliche Apparat der Partei, so im
Zentralkomitee die Abteilung Sport, die 1961 aus der bisherigen Arbeitsgruppe Sport (vier Mitarbeiter seit 1959)
hervorging. In den achtziger Jahren waren neben dem Abteilungsleiter noch fünf weitere politische Mitarbeiter und
zwei technische Kräfte tätig (im Vergleich dazu gab es in
der Abteilung Wissenschaften 27 und in der Jugendabteilung 18 politische Mitarbeiter). Im Verhältnis zur Größe des
DTSB mit 3,6 Millionen Mitgliedern, 10.670 Sportgemeinschaften sowie weiteren 6.500 Orts- bzw. Betriebsgruppen
des Angler-Verbandes und 660 Motorsportclubs, den Sportverbänden, Bezirksorganisationen, den Einrichtungen des
Staatssekretariats für Körperkultur und Sport und der örtlichen und bezirklichen Organe, wissenschaftlichen Einrichtungen und Sportstättenbetrieben mit ca. 13.000 Mitarbeitern war die zuständige Sportabteilung des ZK relativ klein,
um ihren Parteikontrollaufgaben nachzukommen. Sie war
auf ein kameradschaftliches Zusammenwirken mit den
Leitern verschiedener Ebenen angewiesen. Das wurde
auch praktiziert, zumal die Mitarbeiter selbst aus den
Reihen des DTSB oder aus sportwissenschaftlichen Einrichtungen bzw. aus dem Staatssekretariat für Körperkultur und Sport kamen.

Obwohl kein Weisungsrecht durch die Abteilung bestand,
galt das Wort der Partei, wie man es so landläufig sagte.

Hatte die Abteilung Einfluß? Die Verantwortungsebene
und der Spielraum bestand bei der Vorbereitung von Beschlüssen, ihrer Kontrolle, bei der Vermittlung von Informationen und Entscheidungsvorschlägen an Sekretariat,

Politbüro bzw. den Generalsekretär, der Teilnahme an Beratungen in allen Führungsgremien des Sports, bei der Wahrnehmung ihres Vorschlagsrechts für den Einsatz leitender Kader, bei der Vorbereitung von Ehrungen und Auszeichnungen verschiedener Art. All dies sicherte der Abteilung auch im Zusammenwirken mit dem DTSB und den zentralen Staatsorganen, aber auch mit den Bezirksleitungen eine ansehnliche Autorität.

Zweifellos stellen die Führungsprinzipien und Strukturen eine Form der Instrumentalisierung dar. Sie gehörten zum Stil des »demokratischen Zentralismus«. Der Sport gehörte auf allen Ebenen zum Führungsbereich der SED-Leitungen. Daher erklären sich zum großen Teil seine hohe Integration im gesamten gesellschaftlichen Leben und schließlich auch seine Resultate im Leistungssport im internationalen Vergleich, wo man die DDR bei den Olympischen Spielen auf den dritten Platz fand.

Daß die Erfolge von der SED-Führung zur Erhöhung des Ansehens der DDR »mißbraucht« wurden, halte ich für eine fragwürdige These. Was wäre die SED für eine politische Partei, wenn sie Erfolge dieser Art nicht für ihr Prestige in Anspruch genommen hätte? Die heutigen politischen Parteien schmücken sich mit »Ehrensteuermännern«, Präsidenten, Ehrenspielführern und anderen Titeln. Das zählt heute zu Ehrenpflicht. So gesehen hat sich der Mißbrauch »demokratisch« gewandelt.

Training oder Doping

Die Medienwelt der Bundesrepublik Deutschland »lebt« von Verurteilungen der Dopingszene im Leistungssport besonders der DDR, wobei die Dopingpraktiken der Alt-BRD mehr oder minder als individuelle Fehlhandlungen verniedlicht werden.

Tatsache ist, daß die auf den Dopinglisten des IOC zu unterschiedlichen Zeiten benannten Pharmaka oder deren

Wirkstoffe den internationalen Wettkampfsport seit 1956, besonders in der Zeit des kalten Krieges, begleitet und belastet haben. Das IOC und andere Gremien, z.B. auch die Internationale Föderation für Sportmedizin (FIMS), zeigten sich nicht in der Lage, die verbreitete Anwendung von leistungsunterstützenden Substanzen zu beherrschen und effektive Kontrollen durchzusetzen.

W. Hollmann hat 1986[4] übersichtlich die »Risikofaktoren in der Entwicklung des Hochleistungssports« dargestellt, und er kam zu der Feststellung: »Doping wird ein Risikofaktor des Leistungssportes bleiben, solange es diesen überhaupt gibt.«[5] Er nannte als Beweggründe die sich immer mehr ausbreitende Kommerzialisierung und Professionalisierung. Und wenn hier als sogenannter moralisch-ideologischer Faktor noch die Feindbilder des kalten Krieges hinzugefügt werden, so sind die Beweggründe erkennbar, die eine Beherrschung der internationalen Dopingszene von keiner Seite ernsthaft sicher gemacht hat. Hollmann führt an, daß z.B. Anabolika 1960 mit den USA-Athleten nach Europa kamen, nachdem sie schon 1956 in Melbourne genutzt wurden. Erfahrungen in der Anwendung von leistungsunterstützenden Substanzen wurden neben den USA auch in England, Mexiko, Italien und der BRD gesammelt und verbreitet. Sie wurden in den sechziger Jahren auch DDR-Sportlern, ihren Trainern, Funktionären und Ärzten bekannt.

So wurde es nach und nach üblich, um gleiche Chancen bei der Teilnahme an internationalen Wettkämpfen zu haben, die international bekannten Mittel auch in der DDR zu probieren und dort, wo es sich als ansprechend und gesundheitlich im Sinne der Gesamtbelastungen als verantwortbar erwies, auch zu nutzen. Der Hauptweg zur Leistungssteigerung aber blieb der Ausbau des Trainingsregimes, die Erhöhung der Belastung und eine umfassende gesundheitliche Betreuung und Kontrolle im Sinne der Belastungsverträglichkeit und einer schnellen Wiederherstellung. Alles andere blieb und war ein internes Problem, vor allem zwischen Athlet, Trainer und Arzt. Und nur sie wissen, was Wahrheit ist und was bloße Behauptung.

Und intern blieb es auch bei den Leitern, die sich dafür zuständig erklärten, und deshalb gab es in der DDR keine Beschlüsse zu flächendeckendem Doping. Als Handlungsmaxime wurde immer wieder der Grundsatz verbreitet: Gesundheit geht vor Medaille, und danach hatten sich alle zu richten. Aber es war eben ein Prinzip, und kein Verbot oder kein Beschluß konnte festlegen, nicht bis an die Grenze des Möglichen und des Verantwortbaren zu gehen – denn wer wollte schon im Wettstreit der Systeme medaillenlos bleiben? Daher war die forschungsmäßige Abklärung, die gezielt ab Mitte der siebziger Jahre gefördert wurde, eine wichtige Voraussetzung und Bedingung, um die Grenzen und Wirkungen der verschiedenen Pharmaka exakt einschätzen zu können. Ein verantwortungsbewußtes Umgehen damit erforderte die Übereinstimmung von Athlet, Trainer und Sportarzt, denn Leistung und Gesunderhaltung beim Herangehen an die physischen Belastungsgrenzen konnte nur als ein gemeinsames, freiwillig bestimmtes Anliegen realisiert werden.

Es lag in der Verantwortung des Arztes, die im Arzneimittelgesetz enthaltenen gesundheitsfördernden und gesundheitserhaltenden Prinzipien für sein Handeln anzuwenden und entsprechende Kontrollen zu gewährleisten. Das integrative System von Training, sportmedizinischer Betreuung und Kontrolle auch und besonders im Spitzenbereich ermöglichte ein verantwortungsbewußtes Umgehen mit den Befindlichkeiten in der Grenzbelastung.

Die durch Forschung erworbenen Erkenntnisse und die über Jahre gewonnenen trainingsmethodischen und sportmedizinischen Erfahrungen führten im DDR-Leistungssport jedoch immer zwingender zu dem Schluß, das ganze Regime unterstützender Mittel von Pharmaka und Anabolika energisch zu überwinden und international gleichberechtigte Kontrollen durchzusetzen. Es wurden vielfach Initiativen entwickelt, um weltweit zu gleichberechtigten Trainingskontrollen zu kommen. Sie blieben bis Ende 1989 ohne Erfolg und sind bis heute nicht weltweit üblich, so daß keine grundsätzlich andere Situation besteht, wie sie Hollmann wiederholt beschrieben und mit Recht auch beklagt hat. In der DDR wurden 1989 durch den DTSB endlich offiziell konkrete Schlußfolgerungen gezogen und ab 1. Juni ein strenges Kontrollregime eingeführt. Der viel zu spät erfolgte Beschluß kann auch als ein Eingeständnis einer zugelassenen Fehlentwicklung gelten. Diese aber war den politischen Umständen der Systemauseinandersetzung geschuldet und kann heute nur bedauert werden, obwohl das an der Geschichte weder etwas ändert noch andere zu ehrlichen Selbstbekenntnissen veranlaßt. Bei dem guten Fördersystem und den praktizierten komplexen Wirkungsmechanismen aller sozialen und wissenschaftlichen Faktoren hätte der DDR-Leistungssport auf diesen »Westimport« durchaus verzichten können.

Doping war und ist eine Geißel des modernen Leistungssports. Seine moralische Verurteilung ist das eine und ähnelt den Appellen bei der Drogenbekämpfung. Nötig sind weltweit und für alle wirkungsvolle Kontrollen und vor allem die Beseitigung der Ursachen, die früher in der Ausprägung von Feindbildern wurzelten und heute in der Professionalisierung und der ungehemmten Kommerzialisierung des Leistungssports zu suchen sind.

Was den DDR-Leistungssport der letzten Jahre betrifft, so kann man folgendes feststellen: 65 Prozent der 1992 bei den Olympischen Spielen in Albertville und Barcelona von der deutschen Mannschaft erkämpften Medaillen gingen auf das Konto ehemaliger DDR-Sportler. Bei den Olympischen Winterspielen in Lillehammer 1994 errangen deutsche Sportler 24 Medaillen – 15,5 erhielten ostdeutsche Athleten. Offenkundig muß es wohl andere Gründe geben, weshalb Sportler, die ihre Ausbildung in der DDR hatten, so erfolgreich sind.

Letztlich führte die weltweite Hochschätzung des DDR-Sports dazu, daß jenen, die für seine Zerschlagung verantwortlich sind, unlängst dafür die schmerzhafte Quittung bekamen. Berlin bewarb sich um Olympia 2000. Die Entscheidung ist bekannt. Und es ist ein offenes Geheimnis, warum die internationale Sportbewegung diese schallende Ohrfeige erteilte.

(Gekürzte und bearbeitete Fassung eines Vorttrages zum Thema »Staat, Politik und Sport in der DDR« auf dem XIII. Weltkongreß für Soziologie – Sektion Sportsoziologie, Juli 1994 Bielefeld)

Prof. Dr. Günter Erbach, Jahrgang 1928,
war von 1956 bis 1963 Rektor der DHFK und von 1974 bis 1989
Staatssekretär für Körperkultur und Sport

Dokumente

Anhang 1

Niederschrift über ein Gespräch im kleinen Kreis zwischen Honecker und Kohl am 7. September 1987
(Auszüge)
(Sign.-Nr. J IV 894)

H. Kohl erklärte zu Beginn, er möchte nochmals seine grundsätzliche Position im Hinblick auf die Politik gegebüber der Sowjetunion bekräftigen. Er sehe hier eine große Chance. Die BRD wolle ihre Beziehungen zu anderen Staaten des Warschauer Vertrages verbessern. Das gelte besonders auch für die DDR. Man müsse die Möglichkeiten der Beziehungen ausschöpfen. Er habe es als sehr positiv empfunden, daß es möglich war, zum Teil ohne jede Öffentlichkeit, schwierige Fragen miteinander zu klären. Wichtig sei, offen zu sagen, was gehe und was nicht. Seinerzeit im Zusammenhang mit dem Kredit[1] hätten viele gefragt, wie zahle sich dies aus. Dies sei nicht sein Herangehen. Er gehe von der Perspektive aus und sei sich dabei einer breiten Unterstützung sicher. Natürlich spielten an einem Tag wie heute auch Emotionen eine Rolle.

H. Kohl schlug vor, im weiteren zunächst über Fragen der Kontakte zwischen den Menschen zu sprechen. Es seit für die BRD sehr wichtig, den jetzigen Weg im Reiseverkehr weiterzugehen. Er habe bei dem Gespräch in Moskau gesagt, daß kaum DDR-Bürger in der BRD bleiben würden. Die Zahl von 0,02 Prozent bestätige dies. Die BRD sei an Kontinuität in dieser Frage interessiert.

E. Honecker legte in Erwiderung auf die Bemerkung H. Kohls folgendes dar: Die Politik von M. Gorbatschow sei als langfristige Politik angelegt. Die gesamte sowjetische Führungsgruppe sei entschlossen, diese Politk durchzusetzen. Es gehe darum, daß die sowjetischen Menschen endlich besser leben können. Die DDR habe besonders enge politische und ökonomische Beziehungen mit der Sowjetunion. Der Handelsumsatz betrage 15 Mrd. Rubel jährlich. Es gebe Vereinbarungen über die engste Zusammenarbeit auf dem Gebiet von Wissenschaft und Technik. Damit werde das Embargo des Westens auf dem

Gebiet der Hochtechnologie durchbrochen. Die DDR produziere jetzt Speicher mit 8, 16 und 32 Bit. 1989 werde die DDR Speicher mit einem Megabit produzieren [...]

In der DDR selbst gebe es eine stetige dynamische wirtschaftliche Entwicklung. Das Nationaleinkommen wachse um 4 bis 4,5 Prozent jährlich, die Arbeitsproduktivität um 7 bis 8 Prozent.[2] Die Modernisierung der Industrie werde zielstrebbig durchgeführt. Die Vollbeschäftigung sei gesichert. Die Sozialpolitik spiele eine große Rolle. Der Lebensstandard der DDR-Bevölkerung sei sehr hoch. Seit 1970/71 seien 270 Mrd. Mark für den Wohnungsbau ausgegeben worden, mehr als für die Verteidigung. In der Versorgung der Bevölkerung habe die DDR das Niveau entwickelter Industrieländer. Sie versorge sich selbst mit landwirtschaftlichen Produkten.[3] 70 Prozent des Außenhandels der DDR werde mit sozialistischen Ländern abgewickelt. Der nächste große Handelspartner sei die BRD. Die DDR sei dafür, daß der Handel und die wissenschaftlich-technische Zusammenarbeit mit der BRD ein hohes Niveau erreichten. Die DDR gehe davon aus, daß auch der Transfer von Hochtechnologie dabei möglich würde [...]

---

1) Gemeint ist wohl der von F. J. Strauß initiierte Milliardenkredit an die DDR, der in Bonner Regierungskreisen umstritten war.
2) Diese Zahlen entsprachen nicht der Realität. Sie waren Produkte der Mittagschen Schönfärberei.
3) Das war nur zum Teil richtig. Tatsächlich importierte die DDR in großem Umfang z.B. bestimmte Futtermittel.

Niederschrift über ein Gespräch im kleinen Kreis zwischen Honecker und Kohl am 8. September 1987
(Auszüge)
(Sign.-Nr. J IV 894)

Wie vereinbart, wurden einige humanitäre Fragen behandelt. W. Schäuble erklärte, für die BRD sei im Zusammenhang mit der Amnestie in der DDR die Frage von Interesse, was mit den amnestierten politischen Häftlingen geschehe. Die Frage sei, ob man diesen Personenkreis nicht in die humanitären Bemühungen einbeziehen könne. Er möchte gern noch einmal bestätigt haben, daß es ein Mißverständnis sei, Gespräche über Familienzusammenführung nicht fortzuführen. E. Honecker bestätigte dies. Dr.Vogel[1] werde weiter tätig sein [...]
E. Honecker erwiderte, es handele sich um eine allgemeine Amnestie. Es würden nur wenige in den Haftanstalten zurückbleiben. Es würden ca. 28.000 Personen von der Amnestie betroffen [...]
Schäuble erklärte, es gebe noch die Frage nach der Amnestie für solche Personen, die die DDR illegal verlassen haben.
E. Honecker erwiderte, auch wer die DDR illegal verlassen habe, wird amnestiert.
H. Kohl würdigte die Amnestie als eine Frage von großer politischer Bedeutung. Dies sei ein großer persönlicher Pluspunkt für Erich Honecker. Dies sei von Bedeutung für das gesamte Klima.
[...]

---

1) Rechtsanwalt Prof. Dr. Vogel war der Beauftragte der DDR für humanitäre Fragen. Er führte die Verhandlungen über solche Fälle.

Anhang 2

Schreiben von Prof. Dr. Max Schmidt, Direktor des
Instituts für Internationale Politik und Wirtschaft der DDR,
an Günter Mittag vom 9. Oktober1988
(Zentrales Parteiarchiv der SED, Sign.-Nr. 42/71)

Werter Genosse Mittag!

In Fortsetzung eines Meinungsaustauschs mit Herrn
Walter Leisler Kiep,[1] den ich auftragsgemäß am 31. Mai 1988
hier im IPW mit ihm führte, fand am 16. Oktober 1988 auf seinen Wunsch ein vertrauliches Gespräch mit ihm in Hamburg
statt, wo ich beim Bergedorfer Gesprächskreis weilte.

Unter Bezug auf eine kurze Begegnung, die er anläßlich der
Trauerfeier für Franz Josef Strauß in München mit Dir hatte,
bat er mich, Dir seine Überlegungen zu übermitteln. Er verband dies mit dem Wunsch, sie Dir in nächster Zeit selbst vortragen zu können und ihm dazu eine Antwort zukommen zu
lassen. [...]

Max Schmidt

Information über ein Gespräch mit Herrn Walter Leisler Kiep
am 16.Oktober 1988

[...] Kiep unterbreitete folgendes:

1. Nach seinem Besuch in der DDR Ende Mai 1988 [...] habe er
sowohl mit dem Bundeskanzler H. Kohl in allgemeinen Zügen
als auch mit Alfred Herrhausen von der Deutschen Bank und
Karl-Heinz Kaske, dem Siemens-Chef, sehr konkret darüber
gesprochen, wie die Wirtschaftsbeziehungen zwischen beiden
Staaten vor allem durch die Einbeziehung des Hochtechnolo-
giebereiches auf Projekte neuer Qualität und langfristiger Entwicklung ausgedehnt werden können.

Als ein bedeutendes und weittragendes Feld der Kooperation
werde der Bereich der Telekommunikation und die damit zu-
sammenhängende Infrastruktur angesehen.

Der Siemens-Konzern sei aufgrund seiner technologischen
Kapazitäten und seiner enormen liquiden Mittel nicht nur in

der Lage, sondern auch interessiert zu längerfristigen Abkommen mit der DDR über die Kooperation auf dem genannten Feld, einschließlich der Modernisierung der Post, zu kommen. Aufgrund seiner bestehenden Geschäftsverbindungen sehe Siemens auch die großen Möglichkeiten der Zusammenarbeit mit den aus ihrer Sicht leistungsfähigen Kombinaten der Elektronik der DDR bei solchen Projekten.

Die Deutsche Bank halte ein längerfristiges Projekt auf diesem Gebiet für geschäftlich durchaus machbar – auch in bedeutenden Größenordnungen und über längere Fristen. Die Bonität der DDR stehe für die Deutsche Bank außer Frage. Denkbar wäre eine Zusammenarbeit von Post der DDR, DDR-Kombinaten, Siemens und einer Gruppe von BRD-Banken unter Führung der Deutschen Bank. Ausreichend wäre für ein solches Geschäft eine Ausfallbürgschaft der BRD-Regierung.

Kiep unterstrich, daß Siemens und auch die Deutsche Bank natürlich auch ein massives Eigeninteresse am Geschäft hätten, durchaus aber auch den übergreifenden politischen Aspekt der Weiterentwicklung der Wirtschaftsbeziehungen als Grundlage politischer Beziehungen sehen würden. Er legte Wert auf größte Vertraulichkeit. Auf seiten der BRD würden nur H. Kohl, A. Herrhausen, K.H. Kaske und er diese Überlegungen kennen. Man sei sehr daran interessiert, diese Überlegungen der Führung der DDR direkt vortragen zu können.

2. Kiep kam auch auf seinen Vorschlag zurück, in einem kleinen Kreis von je 4 bis 5 Personen der DDR und der BRD einen internen und vertraulichen Meinungsaustausch über Fragen zu führen, die mit der Entwicklung des EG-Binnenmarktes und seinen Folgen zusammenhängen. Das beziehe sich sowohl auf die generellen Fragen der EG-Entwicklung und ihre gesamteuropäischen Wirkungen als auch auf die spezifischen möglichen Wirkungen auf die Wirtschaftsbeziehungen DDR-BRD [...]

---

1) Walter Leisler Kiep, damals Präsidiumsmitglied und Bundesschatzmeister der CDU

Anhang 3
Schreiben Günter Mittags an Erich Honecker, 11. April 1988
(Zenrales Parteiarchiv der SED, Sign.-Nr. 41/87)

Lieber Genosse Erich Honecker!

Die Präsidentin der Hannover-Messe AG, Frau Birgit Breuel, Minister der Finanzen der Landesregierung Niedersachsens, hat Genossen Mittag und Genossen Beil zum Besuch der Hannover-Messe 1988 eingeladen.

Das Bundeskanzleramt hat gleichzeitig mitgeteilt, daß bei einem Besuch von Genossen Mittag in Hannover Bundeskanzler Kohl am 22. April zwischen 10 bis 11 Uhr auch für ein Gespräch in Bonn zur Verfügung steht.

Auf der diesjährigen Frühjahrsmesse in Leipzig war die BRD durch den Staatssekretär im Bundeswirtschaftsministerium, Dieter von Würzen, vertreten.[1] Es wird vorgeschlagen, daß Genosse Beil für einen Tag nach Hannover fährt und mit dem niedersächsischen Wirtschaftsminister Hirche (FDP) und dem Präsidenten der Messe AG, Birgit Breuel, Gespräche führt. Ein Besuch in Bonn wird gegenwärtig nicht für zweckmäßig gehalten, da keine besonderen Themen vorliegen.[2] Der BRD-Seite sollte mitgeteilt werden, daß der Minister für Außenhandel der DDR, G. Beil, für einen Tag nach Hannover kommt und daß ein Besuch von G.Mittag zum gegenwärtigen Zeitpunkt nicht möglich ist.

Bitte um Zustimmung.

Mit kommunistischem Gruß

Günter Mittag

1) Mittag verweist auf diese Tatsache, weil das offenbar gegenüber Honecker sein Hauptargument dafür ist, nicht selbst in die BRD zu fahren: In Leipzig war nur ein Staatssekretär, da kann nach Hannover kein Politbüromitglied entsandt werden.

2) Wahrscheinlich konnte Mittag keine konkreten Vorschläge für die Entwicklung der Wirtschaftsbeziehungen unterbreiten. Zudem geht aus einem dem Schreiben an Honecker beigefügten Brief von Außenhandelsminister Beil hervor, daß »die Landesregierung in Niedersachsen keine Gesprächsbereitschaft zur Lösung offener Probleme erkennen läßt«. Damit könnten die Probleme der Grenze zwischen den beiden deutschen Staaten an oder in der Elbe gemeint sein.

Anhang 4
Statistische Analyse der im Jahre 1988 durchgeführten
Parteiverfahren
Sitzung des Sekretariats des ZK am 18. Januar 1989
(Auszüge)
(Sign.-Nr. J IV 2/3/4350)

Immer mehr Grundorganisationen trennen sich mit Unterstützung der PKK[1] von solchen Mitgliedern und Kandidaten, die
der gegnerischen Hetze und Demagogie erliegen. Es wuchs
die Zahl der Mitglieder und Kandidaten, die aus der Partei
entfernt werden mußten, weil sie gegen die Generallinie der
Partei auftreten, die Erfolge unseres sozialistischen Staates
negieren, durch unparteiliches Verhalten, ständiges Nörgeln
und Meckern der Partei Schaden zufügten bzw. die DDR verrieten.[2]
Einige Parteiverfahren machen [...] deutlich, daß auf Erscheinungen des Abweichens vom Klassenstandpunkt, insbesondere auf die Hetz- und Verleumdungskampagne des Klassenfeindes, noch schneller und parteilicher reagiert werden
muß. Entsprechend den Festlegungen des Sekretariats des
Zentralkomitees erhalten die betreffenden Grundorganisationen von den PKK Hilfe und Unterstützung. In diesem
Prozeß hat sich – unterstützt durch die Kreis- und Bezirksleitungen – die Zusammenarbeit der PKK mit den Abteilungen des Parteiapparates enger gestaltet. Das trägt dazu bei,
notwendige parteimäßige Auseinandersetzungen wirksamer zu führen...

*Zur sozialen Stellung der Mitglieder und Kandidaten, die im
Ergebnis eines Parteiverfahrens mit einer Parteistrafe zur
Verantwortung gezogen oder gestrichen wurden.*
(Auswahl wichtiger Gruppen – Auszüge)

Arbeiter:	8.472 = 36,8 %	(1987 = 7.529)
davon Ausschlüsse:	5.568	(1987 = 3.738)
Streichungen:	1.127	(1987 = 769)

Funktionäre und Mitglieder der
LPG:[3]   1.005 = 4.4 %   (1987 = 832)
davon Ausschlüsse: 426   (1987 = 307)
Streichungen: 117   (1987 =   86)
Hauptamtliche: 308 = 1,3 %   (1987 = 296)

Parteifunktionäre
davon Ausschlüsse: 31   (1987 =   20)
Streichungen: 4   (1987 =   2)

Funktionäre des
Staatsapparates: 554 = 2,48 %   (1987 = 565)
davon Ausschlüsse: 126   (1987 =   91)
Streichungen: 3   (1987 =   7)

Angehörige der bewaffneten Organe
im Territorium: 962 = 4,2 %   (1987 = 862)
davon Ausschlüsse: 229   (1987 = 163)
Streichungen: 0   (1987 =   5)

Parteiverfahren, die in den Parteiorganisationen der NVA,[4]
des MfS[5] und des MdI[6] einschließlich der BdVP[7] und VPKA[8]
durchgeführt wurden und mit einer Parteistrafe bzw. Strei-
chung endeten:
Parteiorganisationen der NVA
Im Jahre 1988
wurden 2.595 Parteiverfahren durchgeführt   (1987 = 2.665)
Davon endeten:
1.118 mit einer Rüge   (1987 = 1.191)
753 mit einer strengen Rüge   (1987 =   793)
720 mit dem Ausschluß   (1987 =   675)
4 mit einer Streichung   (1987 =   6)

Parteiorganisationen des MfS
(einschließlich der BV[9] und Kreisdienststellen)
Im Jahre 1988
wurden 441 Parteiverfahren durchgeführt   (1987 =   454)

Davon endeten:

173 mit einer Rüge   (1987 = 156)
202 mit einer strengen Rüge   (1987 = 218)
47 mit dem Ausschluß   (1987 = 66)
19 mit einer Streichung   (1987 = 14)

Parteiorganisation des MdI
(einschließlich BdVP und VPKA)
Im Jahre 1988
wurden 962 Parteiverfahren durchgeführt   (1987 = 806)
Davon endeten:
383 mit einer Rüge   (1987 = 360)
331 mit einer strengen Rüge   (1987 = 289)
240 mit dem Ausschluß   (1987 = 152)
8 mit einer Streichung   (1987 = 5)

Anzahl der Parteistrafen und Streichungen seit 1981
- DDR insgesamt (Auszüge)

Jahr	Anzahl	davon Ausschlüsse	Streichungen
1981	19.076	6.895	1.701
1982	20.243	6.981	1.558
1983	20.898	7.035	1.578
1984	20.977	7.739	1.505
1985	20.521	8.087	1.308
1986	19.372	7.022	1.733
1987	19.470	7.516	1.349
1988	22.998	10.849	1.956

Die soziale und altersmäßige Zusammensetzung
der im Jahre 1988 aus der Partei Ausgetretenen:

Arbeiter	6.464	73,9 %
Produktionsarbeiter:	5.835	66,7 %
Genossenschaftsbauern:	265	3,0 %
Angehörige der Intelligenz:	870	9,9 %
Angestellte:	566	6,5 %

Sonstige (Hausfrauen, Mitglieder von PGH[10],
Selbständige, übr. Schüler, Studenten,
Rentner):   583   6,7 %

Austritte gesamt:	8.748	100,0 %
bis 25 Jahre:	1.441	16,5 %
26 bis 50 Jahre:	5.245	59,9 %
über 50 Jahre:	2.062	23,6 %

1) PKK = Parteikontrollkommission
2) »Die DDR verraten« steht für das Beantragen eines Ausreiseantrages
   zur Übersiedlung in die BRD bzw. für die Übersiedlung, etwa wenn
   jemand von einer genehmigten BRD-Reise nicht zurückkehrte
3) Landwirtschaftliche Produktinsgenossenschaften
4) Nationale Volksarmee
5) Ministerium für Staatssicherheit
6) Ministerium des Innern
7) Bezirksbehörden der Volkspolizei
8) Volkspolizei-Kreisämter
9) Bezirksverwaltungen
10) Produktionsgenossenschaften des Handwerks

Anhang 5

Schreiben der Führung der KPdSU an die Führung der SED
vom 30. Oktober1987 – 4 Exemplare[1]

Vertraulich

Die Führung der KPdSU sieht im gemeinsamen Dokument der
SED und der SPD »Der Streit der Ideologien und die gemeinsame
Sicherheit« einen Weg zur Suche nach neuen Formen
des Zusammenwirkens mit den Sozialdemokraten. Es ist ein
allgemein anerkanntes Ziel der Bruderparteien, die Arbeit mit
den sozialdemokratischen und sozialistischen Parteien zu aktivieren
und im Interesse des Kampfes für Frieden, Abrüstung
und internationale Sicherheit zu mehr gemeinsamen oder parallelen
Aktionen mit ihnen zu kommen. Das bedeutet natürlich
keine Verwischung der prinzipiellen Widersprüche zwischen
Kommunisten und Sozialdemokraten oder friedliche
Koexistenz auf idiologischem Gebiet.

Nach unserer Meinung ist es den Freunden aus der DDR gelungen,
in diesem Dokument die Grundelemente des zwischen
den Ländern der sozialistischen Gemeinschaft abgestimmten
Herangehens an die internationale Politik widerzuspiegeln, das
von der Notwendigkeit eines neuen politischen Denkens bestimmt
wird.

Es ist sehr wichtig, daß im gemeinsamen Dokument der SED
und der SPD der Absatz Schlüsselstellung einnimmt, der die
Sozialdemokraten der BRD auf Positionen des Kampfes gegen
das Wettrüsten, für kollektive Sicherheit in Europa festlegt.
Dies zeugt davon, daß die Initiativen der Teilnehmerstaaten
des Warschauer Vertrages zur Errichtung eines »gemeinsamen
europäischen Hauses« im Westen immer mehr Anhänger
finden und von der internationalen öffentlichen Meinung
unterstützt werden.

Aufmerksamkeit verdienen die Passagen, in denen versucht
wird, den Charakter der Auseinandersetzung und des Wettbewerbs
der beiden Systeme in der gegenwärtigen Etappe zu
bestimmen und eine Art »Spielregeln« für den politischen und

ideologischen Streit zwischen ihnen herauszuarbeiten. In die gleiche Richtung gehen auch unsere Vorstellungen von einem konstruktiven Dialog mit den Vertretern nüchtern denkender Kreise in den kapitalitischen Ländern, von der Nutzung der dort bestehenden Unterschiede im Herangehen an die Politik der sozialistischen Staaten.

Wir haben Verständnis dafür, daß es in einem zwischen zwei Parteien vereinbarten Dokument nicht ohne einzelne Kompromißformulierungen oder auf den ersten Blick ungewohnte Terminologie abging. Jedoch bei aller Rücksichtnahme auf den Kompromißcharakter möchten wir, wie es zwischen unseren Parteien üblich ist, mit aller Offenheit sagen, daß das Dokument auch Mängel enthält, die nach unserer Meinung hätten vermieden werden können.[2]

Wir sind bereit, unseren Standpunkt dazu beim bevorstehenden Meinungsaustausch mit den Genossen der DDR darzulegen. Wir teilen die Schlußfolgerung des Genossen Hermann Axen, daß die Führung der Sozialdemokraten der BRD einzelne Thesen des gemeinsamen Dokuments für das ideologische Eindringen in die Länder des Sozialismus, vor allem die DDR, zu nutzen beabsichtigt. Es ist jedoch auch klar, daß die Genossen der SED und der anderen Bruderparteien sich in ihrer Arbeit mit der SPD auf die starken und für uns günstigen Seiten dieses Dokuments stützen werden.

Da die gesamte Problematik der Beziehungen der kommunistischen Bewegung zur Sozialdemokratie äußerst wichtig ist, unterstützen wir den Vorschlag, Konsultationen zwischen der SED und der KPdSU durchzuführen, und sind zu eine solchen Begegnung in Berlin oder Moskau zu einem passenden Zeitpunkt bereit [...]

---

1) Die Tatsache, daß von der deutschen Übersetzung des Schreibens der Führung der KPdSU nur 4 Exemplare angefertigt wurden, läßt darauf schließen, daß davon nicht einmal das gesamte Politbüro der SED Kenntnis erhielt.

2) Dies ist eine im diplomatischen Sprachgebrauch, der im schriftlichen Verkehr zwischen den Parteiführungen herrschte, ungewöhnlich direkte Ankündigung von Kritik. Vermutlich wurde das Schriftstück deshalb nur einem so kleinen Kreis zugänglich gemacht.

Anhang 6
Arbeitsplan des Zentralkomitees der SED
für das 2. Halbjahr 1989
(Beschluß des Politbüros vom 20. Juni 1989)

Tagesordnungspunkte:[1]
Politbüro
August
- Bericht über die Durchführung der XIII. Kinder- und Jugendspartakiade der DDR in den olympischen
- Sommersportarten...
- Direktive für die Teilnahme der DDR-Regierungsdelegation an der 44. Tagung der UN-Vollversammlung...

Sekretariat
August
- Rahmenprogramm der ausländischen Gäste zum 40. Jahrestag der DDR...
- Vorschläge zur Durchführung der Auszeichnungsveranstaltungen anläßlich des 40. Jahrestages der DDR
- am 7. Oktober 1989 Bestätigung der Vorschläge für staatliche Auszeichnungen zum 40. Jahrestag der DDR...
- Verleihung der Nationalpreise 1989...
- Durchführung einer multilateralen Beratung sozialistischer Staaten in der DDR zur Auswertung der 44. UN-Vollversammlung...
- Jahresprogramm des Kulturzentrums Paris für 1990...
- Teilnahme einer Regierungsdelegation der DDR an der 25. Generalversammlung der UNESCO in Paris...

Politbüro
September
- Grundlinie des Fünfjahrplanes zur Entwicklung der Volkswirtschaft im Zeitraum 1991-1995...
- Bericht über die Ergebnisse der Leipziger Herbstmesse 1989...

- Direktive für die Vorbereitung und den Abschluß der Jahresprotokolle über die gegenseitigen Warenlieferungen im Jahre 1990
  a) mit der UdSSR
  b) mit den anderen sozialistischen Ländern...
- Vorlage der staatlichen Grundsätze und Maßnahmen zur Entwicklung der materiellen Interessiertheit der Kollektive der Genossenschaftsbauern und -gärtner der LPG, GPG und kooperativen Einrichtungen ab 1991. Bericht der Bezirksleitung der SED Leipzig über Erfahrungen und Ergebnisse der Auswertung der 8. Tagung des ZK der SED in Vorbereitung des 40. Jahrestages der DDR und des XII. Parteitages der SED...
- Wahldirektive des ZK zur Durchführung der Parteiwahlen 1990 in Vorbereitung des XII. Parteitages...
- Vorschlag für die Zusammensetzung der Delegation des ZK der SED zur Teilnahme an den Bezirksdelegiertenkonferenzen 1990...
- Vorschlag zur Wahl der Mitglieder und Kandidaten des ZK, der ZRK, der ZPKK, Abteilungsleiter des ZK sowie weiterer leitender Kader aus zentralen Organen auf den Bezirksdelegiertenkonferenzen als Delegierte zum XII. Parteitag der SED...
- Konzeption für die Betreuung, Begrüßung und Verabschiedung der ausländischen Gäste zum 40. Jahrestag der DDR...
- Verleihung der Nationalpreise 1989...
- Vorschläge für die Auszeichnung mit dem Ehrenbanner des ZK der SED, des Staatsrates der DDR, des Ministerrates der DDR und des Bundesvorstandes des FDGB zur Würdigung herausragender Leistungen der Werktätigen der Betriebe, Institutionen und Einrichtungen im sozialistischen Wettbewerb zum 40. Jahrestag der DDR...
- Vorschlag für die Übergabe der Ehrenbanner zur Würdigung herausragender Leistungen im sozialistischen Wettbewerb zum 40. Jahrestag der DDR durch die Mitglieder und Kandidaten des Politbüros des ZK der SED...

- Beratung der Sekretäre für internationale Fragen der Zentralkomitees der Bruderparteien der sozialistischen Länder in Sofia...
- Bericht des Zentralrates der FDJ über die Realisierung des Freundschaftswerkes der Jugend der DDR und der Volksrepublik Polen und Schlußfolgerungen für seine Weiterführung...

Sekretariat

September

- Vorschlag für die Zusammensetzung der Arbeitsgruppen des ZK der SED zur Unterstützung der Bezirksparteiorganisationen bei der Vorbereitung und Durchführung der Parteiwahlen sowie des XII. Parteitages der SED...
- Vorschlag für Losungen zum XII. Parteitag der Sozialistischen Einheitspartei Deutschlands...
- Plan der Vorbereitung des XII. Parteitages in den Massenmedien...
- Vorschlag für die Gestaltung des Palastes der Republik, des Tagungssaales und des Präsidiums des XII. Parteitages der SED...
- Bericht über die 46. Sitzung der Gemischten Kommission DDR – UdSSR...
- Maßnahmen zur Durchführung des Jugendwerkes DDR und der ČSSR...
- Bericht über die Ergebnisse der FDJ-Studentenbrigaden, der Lager für Erholung und Arbeit und der FDJ-Schülerbrigaden 1989 und Schlußfolgerungen für die Vorbereitung der Einsätze 1990...
- Information über die Entwicklung der nationalen Mahn- und Gedenkstätte Brandenburg und Konzeption zur Gestaltung des Museums des antifaschistischen Widerstandes der nationalen Mahn- und Gedenkstätte Brandenburg...
- Zur Situation im Lichtspielwesen der DDR und den Hauptrichtungen seiner Entwicklung bis zum Jahr 2000...
- Direktive für das KSZE-Umweltschutztreffen in Sofia...

- Teilnahme einer DDR-Delegation an der XI. Tagung der Konsultativstaaten des Antarktisvertrages...
- Information über die Realisierung des Beschlusses des Sekretariats des ZK der SED vom 11. Dezember 1985 zur Generalrekonstruktion der Museumsinsel und zum Wiederaufbau des Neuen Museums...
- Würdigung des 90. Geburtstages von Ernst Busch (22. Januar 1990)...

Politbüro
Oktober
- Entwürfe des Volkswirtschaftsplanes und des Staatshaushaltsplanes 1990...
- Information über die Sicherung der Versorgung der Bevölkerung mit Konsumgütern im 1. Halbjahr 1990...
- Information über die Erfüllung des Volkswirtschaftsplanes 1989 bis zum 30. September...
- Information über die Erfüllung des Staatshaushaltsplanes 1989 bis zum 30. September...
- Direktive für das Auftreten des Vertreters der DDR auf der 131. Sitzung des Exekutivkomitees des RGW...
- Konzeption für Gespräche von Genossen der Parteiführung mit ausländischen Gästen zum 40. Jahrestag der DDR...
- Bericht über die Tagung des Komitees der Außenminister der Staaten des Warschauer Vertrages in Warschau...
- Konzeption der Zulassungen zum Hoch- und Fachschulstudium in den Jahren 1991 bis 1995...
- Information über die Entwicklung der gesellschaftswissenschaftlichen Forschung in den Jahren 1986 bis 1988 auf der Grundlage des Zentralen Forschungsplanes...
- Orientierung für die Ausarbeitung des Zentralen Forschungsplanes 1991 bis 1995 (Forschungskomplexe und Hauptforschungsrichtungen)...
- Information über Verlauf und Ergebnisse der Nationalen Gesundheitskonferenz des ZK der SED, des Ministerrates der DDR und des Bundesvorstandes des FDGB...

Sekretariat

Oktober

- Zwischenbericht über die Durchführung des Umtausches
  der Parteidokumente und die persönlichen Gespräche mit
  den Mitgliedern und Kandidaten der SED...
- Plakatentwürfe zum XII. Parteitag der SED...
- Bestätigung von Weiterbildungslehrgängen im Jahre 1990
  mit Kadern der Nomenklatur, der Kaderreserve und
  ausgewählten Leitungskadern der Partei aus dem Bereich
  der Land-, Forst- und Nahrungsgüterwirtschaft im Institut
  des ZK der SED für sozialistische Wirtschaftsführung und
  gesellschaftliche Entwicklung in der Landwirtschaft
  Liebenwalde...
- Konzeption zur weiteren Entwicklung der sozialistischen
  Musikkultur in der DDR...
- Durchführung des internationalen Symposiums
  »Urheberrecht und kulturelle Entwicklung« (WIPO)...

1) Der Beschluß enthält neben den Tagesordnungspunkten auch die
   jeweils Verantwortlichen, die in unserem Zusammenhang unwichtig
   sind. Er zeigt, daß noch im Juni 1989 das Politbüro keinerlei Anlaß sah,
   von der gewohnten Routine in der Aufstellung des Arbeitsplanes für
   das 2. Halbjahr 1989 abzugehen, etwa eine gründliche Analyse der
   gesellschaftlichen Situation in der DDR vorzunehmen und Folgerungen
   daraus zu ziehen. Die vorgesehenen Tagesordnungspunkte
   entsprechen den in früheren Jahren üblichen. Tatsächlich behandelt
   wurde auch eine Vielzahl anderer, im Plan nicht vorgesehener Themen.
   Aber das war durchaus keine Besonderheit des Herbstes 1989.

Anhang 7

Vorschlag der Abteilung Sicherheitsfragen
des ZK der SED an den Stellvertreter des Ministers und Chef
des Hauptstabes der NVA
(Anfang Februar 1989)

Militärdoktrin der DDR

I.

Die Militärdoktrin der DDR fußt auf der Verfassung und den Gesetzen der DDR. Sie steht in Übereinstimmung mit den vom Politischen Beratenden Ausschuß beschlossenen Grundsätzen über die Militärdoktrin der Teilnerhmerstaaten des Warschauer Vertrages.

Die Militärdoktrin der DDR geht davon aus, daß Krieg kein Mittel zur Lösung internationaler Streitfragen sein kann und sein darf.

Die Verantwortung der DDR vor der Geschichte und vor ihrem Volk gebietet, daß von deutschem Boden nie wieder Krieg, sondern stets nur Frieden ausgeht. Die DDR wird niemals militärische Gewalt androhen oder Krieg beginnen. Sie betrachtet keinen Staat und kein Volk als ihren Feind und erhebt keine territorialen Ansprüche gegenüber einem anderen Staat. In der Gemeinschaft der Staaten des Warschauer Vertrages verwirklicht sie den Schutz ihrer sozialistischen gesellschaftlichen Ordnung und ihrer staatlichen Souveränität.

Die DDR verfolgt das Ziel, Frieden durch ein umfassendes System der internationalen Sicherheit zu bewahren, das gegenseitige Rüsten zu beenden und die allgemeine und vollständige Abrüstung herbeizuführen. Dazu gehört, die Streitkräfte und Rüstungen aller Staaten drastisch zu vermindern, um die Fähigkeit zu militärischen Angriffshandlungen auszuschließen und den Auftrag der Streitkräfte auf den Schutz des Territoriums und der verfassungsmäßigen Ordnung jedes Staates zu begrenzen.

Die DDR läßt sich in ihren militärischen Grundsätzen leiten von der Achtung der Prinzipien

- der Unabhängigkeit und der nationalen Souveränität,

- der Unverletzlichkeit der in Europa bestehenden Grenzen und der
- territorialen Integrität,
- der friedlichen Streitbegleichung mit politischen Mitteln,
- der Nichteinmischung in die inneren Angelegenheiten anderer Staaten,
- der Gleichebrechtigung und der anderen Prinzipien und Ziele, wie sie in der UN-Charta, der Schlußakte von Helsinki und in weiteren allgemein anerkannten Normen des Völkerrechts verankert sind.

II.

Die staatliche Souveränität, die territoriale Integrität, die sozialistische Ordnung und die Sicherheit der Bürger zu gewährleisten, ist Verfassungsgrundsatz. Die Landesverteidigung der DDR wird im Interesse ihrer Bürger entsprechend den politischen und ökonomischen Bedingungen, den militärischen Erfordernissen und den Bündnisverpflichtungen gestaltet.

Die Sicherheit der DDR gründet sich auf das Bündnis der Staaten des Warschauer Vertrages. Verträge über Freundschaft, Zusammenarbeit und gegenseitigen Beistand mit anderen sozialistischen Staaten entsprechen den gemeinsamen Sicherheitsinteressen.

Die DDR geht davon aus, daß Verträge und Deklarationen der europäischen Staaten unterschiedlicher Gesellschaftsordnung Gewaltanwendung in den Beziehungen untereinander verurteilen. Die Grenzen zwischen den europäischen Staaten sind anerkannt. Das Sicherheitsinteresse der DDR gebietet, zu berücksichtigen:

- die Bedrohung ihrer staatlichen Souveränität durch das Bestreben der BRD, die sozialistische Gesellschaftsordnung in der DDR zu beseitigen;
- die in Mitteleuropa vorhandenen angriffsfähigen militärischen Kräfte der NATO, die sich insbesondere in der Nähe ihrer westlichen Grenze konzentrieren, mit Kernwaffen ausgestattet sind und militärstrategischen Konzepten folgen, die offensive Handlungen auf DDR-Territorium – einschließlich der Anwendung von Kernwaffen – beinhalten.

Die DDR richtet ihre militärischen Anstrengungen in Übereinstimmung mit ihren Verbündeten auf Kriegsverhinderung. Das bedingt, militärische Kräfte zu unterhalten, die im Bestand der Vereinten Streitkräfte des Warschauer Vertrages in der Lage sind, das militärische Gleichgewicht zu garantieren und damit jeglichem militärischen Angriff die Aussicht auf Erfolg zu nehmen. Sie dienen ausschließlich der Verteidigung. Ihr personeller Umfang, ihre Bewaffnung und Ausrüstung, der Grad der Gefechtsbereitschaft und der Mobilisierungsfähigkeit sind bestimmt von den militärischen Absichten und Möglichkeiten der NATO – nach dem Prinzip der vernünftigen Hinlänglichkeit. Die Nationale Volksarmee verfügt über keine Kern- und Chemiewaffen. Auf dem Territorium der DDR werden chemische Kampfstoffe weder produziert noch gelagert.

III

Die Nationale Volksarmee der DDR hat die Aufgabe,

- als Teil der Vereinten Streitkräfte des Warschauer Vertrages durch ihre ständige Fähigkeit zur Abwehr einer Aggression kriegsverhindernd zu wirken,
- jeglichen überraschenden Angriff eines möglichen Gegners auszuschließen,
- auf Krisen- und Spannungssituationen konflikteindämmend zu reagieren,
- jederzeit vertrauens- und sicherheitsbildende Maßnahmen zu gewährleisten,
- bei der Abwehr einer Aggression die Staatsgrenze und das Territorium der DDR und der sozialistischen Staatengemeinschaft standhaft zu verteidigen, den Aggressor auf dem Gefechtsfeld zu schlagen, um einen Krieg schnellstmöglich, ohne weitere Ausdehnung, zu beenden und damit nicht zuzulassen, daß die vom Gegner angestrebten politischen und militärischen Ziele erreicht werden.

Die personelle Sicherstellung der Streitkräfte erfolgt auf der Grundlage der allgemeinen Wehrpflicht und nach dem Prinzip der Freiwilligkeit für Dienstverhältnisse auf längere Zeit und für militärische Berufe.

Kampftechnik, Bewaffnung und Ausrüstung der Nationalen Volksarmee werden auf dem Niveau gehalten, das den Erfordernissen der Verteidigung und der militärstrategischen Priorität gerecht wird.

Anhang 8

Vorlage für das Politbüro des Zentralkomitees, beschlossen 11. Dezember 1973
Betreff: Grundsätze für die Führung der Deutschen Demokratischen Republik im Verteidigungszustand[1]
(Auszüge)
(Sign.-Nr. J IV 2/2 A/ 1735)

VII.
Führung in den Bezirken und in der Hauptstadt der Deutschen Demokratischen Republik, Berlin
20.
(1) Die Sekretariate der Bezirksleitungen der SED üben im Verteidigungszustand im Auftrag der Bezirksleitungen die Funktion als oberste politische Führungsorgane der Bezirke und der Hauptstadt der Deutschen Demokratischen Republik, Berlin, aus und organisieren die Durchsetzung und Kontrolle der Beschlüsse der Parteiführung.
(2) Sie erfüllen im Verteidigungszustand vor allem folgende Hauptaufgaben:
a) Beratung und Beschlußfassung über Fragen
- der Politik der Partei- und staatlichen Organe der Bezirke
- der Parteiarbeit unter den Bedingungen des Verteidigungszustandes
- der politisch-ideologischen Massenarbeit
- der Leitung der politisch-ideologischen Arbeit der örtlichen Staatsorgane, der Blockparteien und Massenorganisationen der Bezirke
b) Anleitung und Kontrolle der Arbeit der Kreisleitungen, der Parteiorganisationen der Deutschen Volkspolizei, des Ministeriums für Staatssicherheit und der Stäbe der Zivilverteidigung zur Durchsetzung der Beschlüsse der Parteiführung sowie Zusammenarbeit mit den Parteiorganen der Wehrkommandos [...][2]
21.
Die obersten Führungsorgane der Bezirke und der Hauptstadt der Deutschen Demokratischen Republik, Berlin, zur einheit-

lichen Leitung aller militärischen, staatlichen und wirtschaftlichen Maßnahmen der Landesverteidigung sind die Bezirkseinsatzleitungen...

24.

Die Bezirkseinsatzleitungen sind verpflichtet, Aufgaben, die durch den Vorsitzenden des Ministerrates, den Minister für Nationale Verteidigung, den Minister für Staatssicherheit, den Minister des Inneren und Chef der Deutschen Volkspolizei sowie den Leiter der Zivilverteidigung in Erfüllung von Beschlüssen des Nationalen Verteidigungsrates und der Weisungen seines Vorsitzenden bzw. im Rahmen ihrer Zuständigkeit ihren Nachgeordneten in den Bezirken direkt oder über Beauftragte gestellt werden und einer Koordinierung bedürfen, durchzusetzen...[3]

25.

(1) Die militärischen Handlungen der territorialen Kampf- und Sicherheitskräfte werden durch die Chefs der Wehrbezirke geplant und koordiniert, die der Sicherungskräfte der Kampfgruppen der Arbeiterklasse durch die Chefs der Bezirksbehörden der Deutschen Volkspolizei.

(2) Die Kräfte werden durch die Chefs bzw. Leiter geführt, denen sie schon in Friedenszeiten unterstehen...[4]

27.

Die Leiter der Bezirksverwaltungen des Ministeriums für Staatssicherheit und die Chefs der Bezirksbehörden der Deutschen Volkspolizei erfüllen Aufgaben im Rahmen der Zuständigkeit der jeweiligen Minister...[5]

---

1) Dieser Beschluß wurde durch keinen neuen Politbürobeschluß abgelöst, blieb also bis zur Auflösung des Nationalen Verteidigungsrates im Herbst 1989 gültig.
Daß die Einsatzleitungen in den Bezirken und Kreisen ausschließlich im Hinblick auf einen möglichen Verteidigungszustand gebildet wurden, geht auch aus dem 1981 vom Nationalen Verteidigungsrat der DDR beschlossenen Statut hervor, dessen Punkt 1 lautete: »In den Bezirken und Kreisen der Deutschen Demokratischen Republik, einschließlich der Hauptstadt der DDR, BERLIN, ist die Planung, Realisierug und Kontrolle der Maßnahmen der Landesverteidigung durch Einsatzleitungen zu koordinieren und einheitlich durchzusetzen.«
2) Den Bezirksleitungen sollten auch im Verteidigungszustand Anleitung und

Kontrolle der Parteiorganisationen, nicht die Befehlsgewalt über diese staatlichen Stellen übertragen werden.

3) Der Passus besagt klar: Die Befehlslinien der Ministerien für Nationale Verteidigung, für Staatssicherheit und des Inneren sollten im Verteidigungszustand so bleiben wie in Friedenszeiten. Die Bezirkseinsatzleitungen werden dafür zuständig gemacht, Aufgaben dieser Befehlslinien im Bezirk durchzusetzen, soweit sie der Koordinierung bedürfen.

4) Das heißt: nicht durch die Bezirkseinsatzleitungen, sondern durch die zuständigen Minister und deren Unterstellte.

5) Auch hier war also selbst im Verteidigungszustand nicht vorgesehen, die Befehlslinien von den Ministern über die Bezirkseinsatzleitungen zu führen, umso weniger in Friedenszeiten.

Jürgen Nitz
Länderspiel
384 Seiten, Paperback, 24,80 DM
ISBN 3-929161-19-2

In den achtziger Jahren liefen zwischen der CDU und der SED
geheime Gespräche. Sie zielten zunächst auf die finanzielle
Stabilisierung der DDR, wofür im Gegenzug »menschliche
Erleichterungen« gewährt werden sollten. Dabei entwickelten
die Unterhändler – auf der Bonner Seite Staatssekretär
Jenninger, aus Berlin der Wirtschaftsprofessor Jürgen Nitz –
Überlegungen über eine Konföderation von DDR und BRD.
Die Gespräche wurden 1987 abgebrochen, als Kohl aus
Moskau signalisiert wurde, daß Bonn die DDR auch preiswer-
ter bekommen könnte als über die geplante Züricher Bank,
die mit einer Einlage von mehreren Milliarden DM das
»Länderspiel« stützen sollte.
Erstmals werden Gesprächsverlauf und Dokumente veröffentlicht. Kohl und andere CDU-Spitzenpolitiker leugnen, jemals
solche Gespräche geführt zu haben. Noch vor Veröffentlichung
wurde dementiert, in den Büros des Autors wurde wiederholt
eingebrochen, aus den Verlagsräumen verschwanden Papiere...

»Während Honecker 1987 durchaus bereit war, auf die Vorschläge aus der Bundesrepublik einzugehen, stieß er auf
Widerstand in den eigenene Reihen. Das ›Länderspiel‹ wurde
auf Eis gelegt. Honeckers Traum, die Anerkennung der DDR-
Staatsbürgerschaft durch die Bundesrepublik, wurde nie
verwirklicht. Daß es beinahe dazu gekommen wäre, lag an den
intensiven Kontakten zwischen der Kohlregierung und der
DDR. Kontakte, über die man am liebsten Stillschweigen
bewahren würde.«
»Deutschlandfunk«, 19. September 1994

»Im Mittelpunkt des 384seitigen Diplomatenreports ›Länder-
spiel‹ steht Staatsminister Jenninger als tragikomische Figur...
Er will sich heute an seinen Eifer partout nicht mehr erinnern.
Er habe die tollkühnen Ideen der anderen nur angehört. ›Mein
Engagement war Null.‹«
»Der Spiegel«, 3. Oktober 1994

Erich Honecker
Moabiter Notizen
252 Seiten, Paperback, illustriert, 24,80 DM
ISBN 3-929161-14-1

Die letzten Aufzeichnungen des einstmals ersten Mannes der
DDR entstanden in der 169 Tage währenden Untersuchungs-
haft in Berlin-Moabit. Sie wurden in Chile überarbeitet und mit
Dokumenten vom BRD-Besuch 1987 ergänzt. Elf Tage vor
Honeckers Tod kam der Verlagsvertrag mit der edition ost
zustande.
Innerhalb von zwei Monaten wurde das Buch 35.000 Mal
verkauft, in russisch, polnisch, tschechisch, slowakisch,
bulgarisch, ungarisch, griechisch, englisch, türkisch, korea-
nisch, chinesisch und spanisch übersetzt. Verhandlungen zur
Vergabe weiter Lizenzen laufen.
Das Interesse an Honeckers Selbstzeugnissen ist ungebro-
chen. Über Wochen behaupteten sie sich – auch ohne
Politbürobeschluß – auf den vorderen Plätzen der Bestsellerli-
sten.

»Da stürmt ein Reißer ins Regal.«
»Die Zeit« 28/94, Seite 1

»Auffällig ist, wie Honecker dem Bruderzwist frönt, dem
Lieblingslaster aller Linken seit 500 Jahren: Wenn er
Gorbatschow oder Modrow oder gar ›Herrn Gysi‹ beschimpft,
dann gerät das viel praller und lebendiger, als wenn er sich auf
den Klassengegner stürzt.«
»Die Woche«, 4. August 1994

»›Die gegenwärtig zur Schau getragene Selbstsicherheit der
Sieger wird weichen. Das kapitalistische Deutschland hat die
DDR noch längst nicht verdaut.‹ In diesem Punkte mag
Honecker über das Grab hinaus recht behalten.«
»Deutschlandarchiv«, 8/1994

Horst Grunert
Für Honecker bis ans Ende der Welt
ca. 300 Seiten, Paperback, illustriert, 24,80 DM
ISBN 3-929161-23-0

erscheint Februar 1995

Horst Grunert war DDR-Diplomat. Er war deren erster Botschafter bei der UNO in New York, später in Kanada und der
USA. Er vertrat die zweite deutsche Republik in Asien und in
Afrika. Die Liste seiner protokollarischen und privaten Begegnungen mit den Großen dieser Welt ist lang. Sie endete jedoch
Mitte der achtziger Jahre, als Grunert nicht mehr willens war,
gute auswärtige Miene zum bösen inländischen Spiel zu
machen.
Ungeschminkt, kritisch und selbstkritisch stellt erstmals einer
der langjährigen DDR-Diplomaten seine Beobachtungen und
Ansichten aus drei Jahrzehnten zur Diskussion. Horst Grunert
leistet damit einen Beitrag zur sachlichen Auseinandersetzung
mit der Vergangeheit jenseits von Klischees und Vorurteilen.
Der umfangreiche Erinnerungsband ist überdies eine lesens-
werte und informative Lektüre.

Heinz Niemann
Meinung in der DDR
ca. 300 Seiten, Paperback, 24,80 DM
ISBN 3-929161-26-5

erscheint Februar 1995

In der DDR arbeitete seit 1965 ein Institut für Meinungsforschung. Es wurde 1979 von Honecker geschlossen, weil es
ihm offenbar nicht das bestätigte, was er bestätigt haben
wollte: das stetig wachsende Vertrauensverhältnis von SED
und Volk. Weil sein Anspruch und die Realität sich zunehmend
auseinander bewegten, versuchte er nicht etwa die Realität zu
verändern, sondern er korrigierte eben deren Widerspiegelung.
Niemann hat seinerzeit der Order, alle Unterlagen zu vernichten, nicht entsprochen und darum wertvolle Untersuchungs-
ergebnisse gerettet. Sie lassen heute verläßliche Aussagen zu,
was seinerzeit in der DDR wirklich gedacht und gefühlt wurde.
Überraschend und erschreckend nur für die, die heute vom
»Völkergefängnis DDR« schwätzen: In der DDR gab es etliche
Jahre eine recht qualifizierte Mehrheit, die diesen Staat bewußt
getragen hat, weil er für sie wesentliche Fragen positiv beant-
wortete – Arbeit, Wohnung, Bildung, soziale Sicherheit,
Perspektive ...
Und weil eine solche Aussage nicht ins Bild paßt, was man im
Westen über die DDR gern verbreitet, zog ein Kölner Verlag,
der mit Niemann die Herausgabe dieses Buches vertraglich
vereinbart hatte, die Zusage zurück.
Die edition ost hingegen war der Meinung, daß eine solche
Darstellung durchaus der Aufarbeitung von Geschichte
dienlich sein könnte und sprang daher ein.
Der weithin nicht nur in Fachkreisen geschätzte und bekannte
Soziologe Helmut Steiner hat Niemanns Text ein profundes
Nachwort eingefügt.

Egon Winkelmann
Moskau? Das war's
ca. 250 Seiten, Paperback, illustriert, 24,80 DM
ISBN 3-929161-29-X

erscheint Februar 1995

Egon Winkelmann arbeitete in den achtziger Jahren als
Botschafter der DDR in Moskau. Honecker selbst hatte ihm
1981 in einem Vier-Augen-Gespräch die Marschroute gege-
ben. Arrogant, selbstherrlich und für den Parteifunktionär
Winkelmann überraschend negativ urteilte der SED-Generalse-
kretär über den »Großen Bruder«, den Winkelmann künftig an
der Moskwa auf die Füße treten sollte. Das geht aus dem
Stenogramm hervor, welches Winkelmann seinerzeit anfertigte
und hier erstmals veröffentlicht.
Die ohnehin gespannten Beziehungen zwischen Moskau und
Berlin spitzten sich nach Gorbatschows Machtantritt auch für
Außenstehende sichtbar zu. Winkelmann mußte in den
Kulissen als Diplomat moderieren und Wogen der Erregung
glätten. Er saß bei offiziellen und bei Geheimverhandlungen
zwischen den Spitzen von SED und KPdSU mit am Tisch, er
erlebte Heuchelei und Gerangel aus nächster Nähe und spürte
vielleicht früher als mancher andere, daß das Fundament, auf
dem die »unverbrüchliche Freundschaft« stand, nicht nur
einfach brüchig, sondern in weiten Teilen unsolide war.
1987 wurde Winkelmann, der Anhängerschaft von Glasnost
und Perestroika verdächtigt, abberufen und in die Wüste
geschickt. Die wahren Gründe erfuhr er nach der Wende aus
der Zeitung.
Egon Winkelmann hat sich erst spät an seine Protokolle
gemacht und diese kritisch gesichtet. Herausgekommen ist
ein Buch, das kenntnisreich und differenziert die schwierigen
Beziehungen zwischen DDR und UdSSR darstellt. Es ist eine
weitere Teilantwort auf die zentrale Frage: Warum, wann und
auf welche Weise hat Moskau seinen wichtigsten Verbündeten
fallengelassen?

Kurt Gossweiler
Die Strasser-Legende
Mit einem Vorwort von Gregor Gysi
150 Seiten, Paperback
ISBN 3-929161-16-8

Die rechte Szene hat zwei neue Idole: Gregor und Hugo Strasser.
Die beiden Brüder gelten manchem als die »wahren« nationalen
Sozialisten. Und damit ernten ihre heutigen Jünger kaum Widerspruch, denn: Die beiden Strassers sind kaum bekannt. Sie
beziehen ihre vermeintlich unbefleckte Aura aus dem Umstand,
daß der eine seinen Mitfaschisten 1934 in der »Nacht der langen
Messer« zum Opfer fiel und der andere ins Ausland flüchtete, um
von dort – angeblich – Hitler zu bekämpfen.
Alles Legende, wie der international renommierte Faschismus-
forscher Kurt Gossweiler in seinem Buch nachweist. Er füllt
damit nicht nur weiße Flecken in unserem Geschichtsbild aus,
sondern setzt sich auch überzeugend mit Dokumenten und
Äußerungen der Strassers auseinander.
Norbert Nadloch, ein gleichfalls sehr bekannter Faschismus-
forscher und Kenner der neurechten Szene, geht in seinem
Beitrag den Spuren nach, welche die Strassers in der rechts-
extremistischen Bewegung auf unserem Kontinent hinterlas-
sen haben.
Das Buch ist die bislang umfangreichste Darstellung und Kritik
an diesen beiden namhaften Ideologen des deutschen Faschismus.

Alle Titel sind zu beziehen
über den Buchhandel

oder direkt zu bestellen beim Verlag

edition ost
Am Treptower Park 30
12435 Berlin
Fax (030) 28 32 051 oder 68 83 4409